U0309553

时空论

陈国权 ◎ 著

清华大学出版社
北 京

内 容 简 介

本书提出了"时空论"的思想和方法体系。全书包括三部分，共 16 章：第一部分阐述了时空论的基本思想，即人的思维和行动的有效性（效能）取决于其所持有的时空观念和拥有的时空资源，并提出了若干重要概念及其运用；第二部分阐述了时空论在领导和管理领域的应用，即领导和管理的时空理论和方法；第三部分阐述了时空论在个人成长和组织发展领域的应用，包括人的有限理性、领导者的智慧发展、组织学习、组织的智慧发展、组织博弈、组织发展的时空轨迹等。

本书是作者长期研究和积累的成果，适合高校各专业的师生、各行各业的人士，以及所有希望提高自身思维和行动的有效性的人士阅读。

本书封面贴有清华大学出版社防伪标签，无标签者不得销售。

版权所有，侵权必究。 举报：010-62782989，beiqinquan@tup.tsinghua.edu.cn。

图书在版编目（CIP）数据

时空论 / 陈国权著 . —北京：清华大学出版社，2024.3
ISBN 978-7-302-65801-6

Ⅰ . ①时… Ⅱ . ①陈… Ⅲ . ①时空观 Ⅳ . B016.9

中国国家版本馆 CIP 数据核字 (2024) 第 056253 号

责任编辑：高晓蔚
封面设计：汉风唐韵
版式设计：方加青
责任校对：王荣静
责任印制：沈　露

出版发行：清华大学出版社
　　　　　网　　　址：https://www.tup.com.cn，https://www.wqxuetang.com
　　　　　地　　　址：北京清华大学学研大厦 A 座　　　　　邮　　编：100084
　　　　　社 总 机：010-83470000　　　　　邮　　购：010-62786544
　　　　　投稿与读者服务：010-62776969，c-service@tup.tsinghua.edu.cn
　　　　　质 量 反 馈：010-62772015，zhiliang@tup.tsinghua.edu.cn
印 装 者：北京鑫海金澳胶印有限公司
经　　销：全国新华书店
开　　本：170mm×230mm　　　印　　张：19.25　　　字　　数：327 千字
版　　次：2024 年 5 月第 1 版　　　印　　次：2024 年 5 月第 1 次印刷
定　　价：88.00 元

产品编号：106091-01

时间明先后，空间通层维。

身心修一体，寿福论双全。

家国天下泽，盛世本源长。

——陈国权

推 荐 语

陈国权教授在新作《时空论》中，建立了人的时空观念和时空资源对思维和行动的效能影响的模型，并具体探讨了该模型在领导和管理领域，以及个人成长和组织发展领域的应用。该理论自成体系、别具一格，给人以启迪，为我国自主知识体系的建设作出了积极的探索。作者的学术创新精神值得倡导。

——赵纯均，清华大学经济管理学院原院长，中国管理现代化研究会名誉理事长

陈国权教授多年以来从时间和空间的视角出发积极进行新知探索，持续发表系列论著。他在新作《时空论》中，提出了时空效能方程，刻画了人的时空观念和时空资源对于思维和行动效能的影响，及其在各领域的应用，具有重要的理论和实践意义。该书立意新颖、视野广博、洞察深入，是对我国管理学自主知识体系建设和发展的有益贡献。我积极推荐该书，相信各界人士将从中获得启迪。

——陈国青，清华大学文科资深教授，校学术委员会副主任，经济管理学院原常务副院长

《时空论》是陈国权教授继《领导和管理的时空理论》和《时空领导力》之后又一本时空系列方面的力作，将时空思想上升到更为一般和基础的层面，探讨人的思维和行动如何受到其持有的时空观念和拥有的时空资源的影响，具有更为普遍的理论和实践意义。我积极推荐给广大理论界和实践界的人士学习和应用。

——赵曙明，南京大学人文社会科学资深教授，商学院名誉院长，行知书院院长

时空论

中国发展进入新时期要求管理学界在改革开放实践基础上建立有中国特色的新型理论体系。陈国权教授在多年研究的基础上，从时空这一基本概念出发进行探索，在《领导和管理的时空理论》和《时空领导力》之后，又推出了《时空论》这一力作，探讨如何从时空观念和时空资源出发来提升人们思维和行动的效能，将他的研究从领导和管理的领域拓展到更加通用和基础的领域，对中国自主知识体系的建设和发展作出了贡献。《时空论》对每个人的工作和生活都很有启发，我积极推荐给各界人士学习。

——薛澜，清华大学苏世民书院院长，文科资深教授

在几十年企业经营管理的"戎马生涯"中，我深刻感到领导者决策和行动的效能是关乎企业的生存和发展的重大问题。清华大学陈国权教授在《时空论》中建立的时空效能方程，探索了人持有的不同时空观念和拥有的不同时空资源如何影响思维和行动的效能，同时讲述了大量相关的跨越时空、古今中外的实例。我相信这本书会对领导者的理念、思维和行动产生积极的冲击和启迪，建议大家阅读。

——宋志平，中国建筑材料集团有限公司和中国医药集团公司原董事长，中国上市公司协会会长，清华大学经济管理学院管理实践教授，北京大学光华管理学院杰出管理实践教授

建立中国自主管理学知识体系是当今管理学界的重要使命。清华大学陈国权教授完成了包括本书《时空论》以及《领导和管理的时空理论》和《时空领导力》共三本时空系列著作，为管理学自主知识体系，以及原创性管理理论和方法的建立开展了有益的探索，作出了重要的贡献。我积极推荐给广大理论工作者和各行各业的实践者开展学习，在实践中加以应用并产生成效。

——石勇，中国管理现代化研究会联职理事长，国务院参事，发展中国家科学院院士，中国科学院大学管理学院教授

陈国权教授著作《时空论》的出版，是中国管理学派建设的一件大事。从《易经》乾卦"元亨利贞"的整全性、有利性、可行性、可持续性原则，到产品生命周期理论与管理权变理论，都体现了"时空"对于管理的重要性。因此，构建独立自主的管理学知识体系，离不开对"时空"这一概念的管理学诠释，相信本书的出版必将为中国管理理论与实践提供新思想与新启迪。

——吴照云，中国企业管理研究会副会长，江西财经大学原副校长

陈国权教授的《时空论》是一本管理理论和管理实践相结合的进阶性著作。作者极富创意地运用时空理论阐释了个人、团队和组织发展的核心议题。书中穿插了丰富精彩的古今中外案例，大到决定一国国运的战争，小到公司经营的策略、人才选拔等微观操作，充分体现了时空视角下多层次、多维度和动态的现象，展示了管理的科学性、艺术性和想象力。

——刘霄，联办传媒集团副总裁，《财经》杂志社副社长、总经理，《哈佛商业评论》中文版联合出品人、总经理

陈国权教授在新作《时空论》中提出了人的时空观念和时空资源对思维和行动的效能影响的突破性理论。作者运用丰富的模型和实例，系统性阐述了该理论在领导和管理的工作方法、领导者的智慧发展、组织的智慧发展、组织学习、组织博弈、组织发展的时空轨迹等方面的具体应用。本书是作者多年以来在时空理论方面研究成果的结晶，是对中国管理学在原创性理论发展方面作出的积极贡献。

——朱旭峰，清华大学公共管理学院教授、院长

陈国权教授长期以来致力于探索和建构原创性的时空理论。他的新作《时空论》系统地阐述了时空论的基本思想和相关概念及其在领导和管理、个人和组织发展等领域的应用，是我国管理学科乃至更广泛的基础学科自主知识体系建设的重要成果，其中的理论和方法值得广大理论界和实践界人士深入地学习和应用。

——谢小云，浙江大学管理学院教授、常务副院长、党委副书记

陈国权教授在《时空论》中创造性地提出了时空效能方程、时空论三大定律和系统化的观点，以此诠释了古今中外的重大事件。这既是经济管理领域理论的创新，也是实践方面的重要思想武器。我积极推荐广大领导和管理人员学习本书，并思索以本书提供的新视角来构建持续的竞争优势。

——焦捷，清华大学五道口金融学院教授、院长

探索未知和发现规律是推动人类社会发展的重要力量。清华大学陈国权教授在《时空论》一书中，提出了时空效能方程和时空论三大定律，阐述了人持有的时空观念和拥有的时空资源对思维和行动效能的影响规律，并用各领域大量的实例加以说明，这是具有重要创造性的成果，给人耳目一新、大道至简的感觉。我希望，《时空论》的出版及其思想的传播，为改善人类的思维和行动、

建设更美好的社会发挥积极的作用。

——傅晓岚，牛津大学技术与管理发展研究中心创始主任、教授，英国社会科学院院士，联合国可持续发展技术促进机制顾问小组成员

陈国权教授的《时空论》带来了引人深思的学术创新。他从时间和空间这两个基本概念出发，建构了时空效能方程，探索了人的思维和行动的有效性如何受到其持有的时空观念和拥有的时空资源的影响。这一理论框架不仅会在很大程度上影响现有的思维模式，而且在领导和管理领域的应用中展现出了巨大的潜力。陈教授的研究不仅为学术界带来了新的思路，也为解决实际问题提供了有力的工具和方法。我期待这一理论能够在更广泛的领域产生深远的影响。

——刘瑞明，麻州大学（波士顿）管理学院教授

《时空论》不仅精妙地揭示了时空观念和时空资源如何真切地影响人们日常在变幻莫测的世界中作出有效的决策，而且为组织研究和实践提供了崭新的视角，为企业在面对复杂性和不确定性时制定更加前瞻性和灵活性的战略提供了有力的理论支持和实践指南。《时空论》是那些希望在动态变化的环境中获得领先优势的企业领导者和战略规划者的必读之作。

——王鹤丽，新加坡管理大学研究生院院长，战略管理与创新讲席教授

人类生活在时空之中。陈国权教授在《时空论》中，从时间和空间这两个基本概念出发，建构了时空效能方程，探索了人的思维和行动的有效性（效能）如何受到其持有的时空观念和拥有的时空资源的影响，体现了大胆的学术创业精神，取得了新颖的学术创新成果。我相信，《时空论》一书将会对管理学以及其他科学领域产生重要的影响，对人们的工作和生活也会带来有益的启发。

——林志军，澳门科技大学原副校长，商学院原院长、教授

过去几十年间，国内外学者在研究管理，特别是在探讨中国管理现象和问题时面临的最大挑战，在于如何将西方管理理论同中华智慧紧密融合。陈国权教授的著作《时空论》成功填补了这一智慧鸿沟。陈国权教授在书中提出的"时空效能方程"，以简洁的公式对中西管理智慧进行了深刻的剖析和总结，对管理理论的发展、管理实践的进步和领导人才的培养具有深远而积极的影响。

——黄旭，香港浸会大学管理学院副院长、教授

　　"时空"这个议题是我这些年来一直热爱和探索的主题。我在2022年出版了《领导和管理的时空理论》和《时空领导力》这两本书，在领导和管理领域逐步建立了基于时空思维的理论和方法体系，并在其他相关领域也进行了相应的思考和探索。随着研究的进展，我发现时空的视角具有普适性，可以用于分析和解决各个领域的问题。因此，我萌生了一种想法，那就是建立一个更为基本的、普适的关于时空的理论——"时空论"，用来分析人们的思考、决策和行动，并将其推广、应用到更广泛的领域，包括个人的议题如建立理性、发展智慧、解决问题、成长进步等，人际关系议题如沟通、谈判、冲突、识人用人、心理咨询等，组织的议题如组织变革、战略分析、组织间博弈、组织发展轨迹等，从而对个人和组织等的发展产生积极的影响。

　　当今，建构中国自主知识体系已经成为人们的共识，我希望时空论的建立能够对发展中国自主知识体系产生推进作用。自主知识体系的发展是中国作为大国发展的需要，是在国际学术界拥有话语权的需要，是让中国学生读到中国人的理论、增强民族自信心的需要，这是管理学界同仁的责任和使命。

　　然而，如何建构中国自主知识体系？这是摆在我们面前的难题，不同的人由于思维方式和学科领域不同，可能会采用不同的方法。我崇尚"大道至简"，喜欢从最基本的概念出发来探讨这一问题。经过长期思考和领悟，我认为"时间"和"空间"是人人皆知且极其重要的基本概念，从这两个基本概念出发可以发展形成基于时空的理论体系。回顾我们中华经典的思想和文化体系，历代的先哲们主要是从中国传统称谓的"阴"和"阳"这两个基本概念出发，按照"无极生太极，太极生两仪，两仪生四象，四象生八卦，八卦生万物"的逻辑，建立和形成了《周易》的思想体系。《周易》被誉为"群经之首，大道之源"，对中华传统文化的形成具有重要的影响。中华国学经典，如包括《周易》在内的"五经"（《周易》《诗经》《尚书》《礼记》《春秋》）和"四书"（《大学》《中庸》《论语》《孟子》），以及《老子》《庄子》《墨子》《荀子》《孙子兵法》《韩非子》等，经历几千年历史的沉淀，对中华民族甚至世界发展产生了重要的影响。因此，我们作为后人，需要不断地将这些经典继承和发扬光大。同时，我们作为龙的传人，还应该继承先辈的创新精神，在新的时代下敢于探索和尝试。我撰写《时空论》是想尝试着站在巨人的肩膀上，迈开新的步伐，希望能够从"时间"和"空间"这两个基本概念出发，建立一套理论和方法体系，帮助人们更好地思考、决策和行动，从而不断地丰富和发展中华民族的思想和文化体系。我经过长期的探索和积累，逐步形成此书，并将不断修订、丰富和完善。

本书包括三部分，共 16 章内容。第一部分是"时空论概述"，共 2 章；第二部分是"时空论在领导和管理领域的应用"，共 8 章；第三部分是"时空论在个人成长和组织发展领域的应用"，共 6 章。这三大部分的逻辑关系是很清楚的：第一部分阐述时空论的核心思想，以及相关的重要概念；第二部分阐述时空论在领导和管理领域的应用；第三部分阐述时空论在一般领域，如个人成长和组织发展领域的应用。显然，第一部分的内容会在第二部分和第三部分进行运用。

第一部分"时空论概述"中，第 1 章是"时空论的基本思想"，主要包括时空论三大定律。时空论第一定律：人的思维和行动的有效性（效能）取决于其持有的时空观念和拥有的时空资源，可以表达为时空效能方程 $E=f((T_V, S_V), (T_R, S_R))$。这是时空论中最核心的观点。时空论第二定律：在特定的情境下，人只有具有和该情境相适配的时空观念和时空资源，才可能取得良好的思维和行动的有效性（效能）。时空论第三定律：人的时空观念和时空资源是相互作用的，人的时空观念会影响时空资源，时空资源也会影响时空观念。第 2 章是"时空论中的若干重要概念及其运用"，主要阐述了时空论中的若干重要概念，譬如"时空势""空时比""时空信息""时空压缩""时空延伸""时空区域""时空区域的特定效应""时空全息""时空守恒""时空弯曲""时空优化"。通过大量的实例，阐述了这些概念的内涵及其应用。

第二部分"时空论在领导和管理领域的应用"，主要是从更基本的时空思维出发，探讨时空思维在领导和管理领域的应用。首先阐述了基于时空论进行领导和管理工作的三个哲学前提命题：时空是组织存在的形式、时空是组织运行的方式、时空是组织追求的结果。基于这三个哲学前提命题，提出了组织是时空系统、朝时空方向发展、追求时空成效的观点，由此形成了这部分的逻辑关系：领导者和管理者只有从时间和空间这两个视角出发，多层次、多维度和动态地对带领的组织进行认识和分析、设计和决策、采取适当的行动和举措，才能使组织取得良好的表现，并保持可持续生存和健康和谐的发展。这部分的内容具体包括：第3章"领导和管理的时空理论：模型和观点"、第4章"空间层次论"、第5章"空间维度论"、第6章"时间动态论"、第7章"时空叠加论"、第8章"时空互动论"、第9章"时空竞争论"和第10章"时空成效论"。

本书第二部分主要包含了在《领导和管理的时空理论》和《时空领导力》两本书的框架基础上增加的大量新颖的观点、方法和实例。譬如：第3章更深层次地阐述了三个哲学前提、建立组织时空坐标系的推导过程；在阐述领导和管理的时空理论的总体模型的简化模型时，分别提出了四维理论、四维智慧和四大误区，即告诉领导者和管理者，什么事情必须做、什么事情绝不能做，给出了正反两个方面的指南；同时还指出了四维理论和时空理论之间的逻辑关系，使读者能够更深刻地理解二者之间的关系。第4章"空间层次论"强调了空间层次是自然和社会系统的基本特征，列举了大量的例证，并阐述了利用多层次思维解决问题的案例。第5章"空间维度论"强调了空间维度是自然和社会系统的基本特征，列举了大量的例证，并阐述了利用多维度思维解决问题的案例。第6章"时间动态论"强调了时间动态是自然和社会系统的基本特征，列举了大量的例证，并阐述了利用时间动态思维解决问题的案例。除此之外，在阐述学习时，特别阐述了学习的几种方法、认知学习和情感学习，以及学习链等概念和实例。在阐述创新时，提出了创新的条件和方法。第7章"时空叠加论"生动形象地阐述了多层次之间上下相推、多维度之间左右相生、多时间之间前后相随的模型和实例。第8章"时空互动论"系统地阐述了时空如何兼顾、切换和转换，用生动有趣的实例来说明。第9章"时空竞争论"详细阐述了8种竞争策略。第10章"时空成效论"阐述了评价领导和管理成效的时空标准，使领导者和管理者知道如何评价自己和他人的时空成效，并以此对领导和管理行为进行反思、反馈和改进。

第三部分"时空论在个人成长和组织发展领域的应用"，主要是探讨时空论如何应用于个人成长和组织发展的场景。第11章"人的有限理性的时空根源和应对策略"提出了个人的有限理性产生的根源是其所经历和掌握的时空信息的有限性，并从时间视角和空间视角提出了解决的方法，且对终极智慧进行了探索。第12章"领导者时空智慧发展的过程和影响因素"阐述了个人发展出智慧的过程，以及时间因素和空间因素如何影响个人智慧的发展。这两章是时空论在个人成长领域的应用。第13章"组织学习的时空理论和方法"主要从时间和空间这两个视角出发，阐述了组织学习的六种基本学习模式和具体案例。第14章"组织时空智慧的发展过程"阐述了组织如何通过主动和被动这两个过程，使组织的智慧在时空上——多层次、多维度和动态上——发展壮大、"羽翼丰满"。第15章"时空思维在组织博弈中的应用"阐述了在组织博弈的过程中，如何通过改变时间和空间的思维框架，来解决看似无解的问题。这三章是时空论在组织发展领域的应用。第16章"领导者带领组织发展的时空轨迹"阐述了领导者如何将古今中外的思想融合在一起，通过"授人以鱼"和"授人以渔"这两种方式，使领导者理解和掌握关于组织发展过程的思想武器，带领组织走出一条更好的时空轨迹。这一章阐述了个人成长和组织发展之间的互动。

基于上面的逻辑，就形成了全书的思维导图。思维导图反映了书中各部分和各章节内容的概貌和相互之间的逻辑关系，使读者能够更好地理解、阅读和掌握全书的内容。

这些年来，我一直在给各种不同项目的学生讲授领导力和组织行为学方面的课程。在给每个班授课的过程中，由于时间和空间的不同，加上随时间和空间变化而产生的周边环境变化、社会上各种问题和国内外形势的变化，我产生了很多新的想法，所以我在给每个班授课前总会不断地更新讲义。除了授课，这些年来我经常受邀在不同的学术会议和大学发表演讲或作主题报告，每次由于时间和空间的不同，我总会给听众呈现更新的内容，而新的时空场景也会激发我产生很多新的观点。我平时会让专业人员帮我把所有这些上课和演讲的内容记录下来，通过整理和积累形成了宝贵而丰富的原始材料。另外，我有一个习惯，就是喜欢思考，并将所思所想随时记录下来。总之，通过授课、演讲和思考，汇聚了几百万字的内容。这些内容都集中呈现在这本新书《时空论》中。可以说，本书凝聚了我多年以来研究成果的结晶，还包含我上课和演讲的内容，以及在日常的工作和生活甚至旅途中记录下来的点点滴滴的感悟。

在本书中，我引用了很多国内外学者的理论、方法、观点和案例，在此向他们表示衷心的感谢。我虽然尽最大努力注明了引用文献的来源，但也可能有疏漏之处，敬请著者谅解和指正。

本书适合各专业的师生、各行各业的人士，以及所有希望提高自身思维和行动的有效性的人士阅读。我写作本书的初衷和终极目标，是希望能够给人们带来情感和智慧方面新颖的启发和积极的改变，使我们能够在人生的道路上行稳致远、创造佳绩，从而拥有美好的生活、贡献国家、造福社会、共同推动全人类的发展和进步！

感谢国家自然科学基金项目（72172071）、清华大学自主科研计划文科专项项目（2021THZWJC31）、清华大学经济管理学院"影响力"提升计划项目（2020051008）的支持。特别感谢我的学生们在本书写作的过程中给予的大力支持和帮助。感谢我的家人和朋友们给予的关心和鼓励。感谢清华大学出版社高晓蔚编辑的热心支持和大力帮助，使得本书得以面世，呈献给广大读者。感谢您——亲爱的读者，感谢您读这本书，希望对您有所帮助。

由于我的时间和水平有限，书中难免有不妥之处，希望大家不吝指正。我将不断改进，使其日臻完善。

陈国权
2024 年春天于北京清华园

本书思维导图

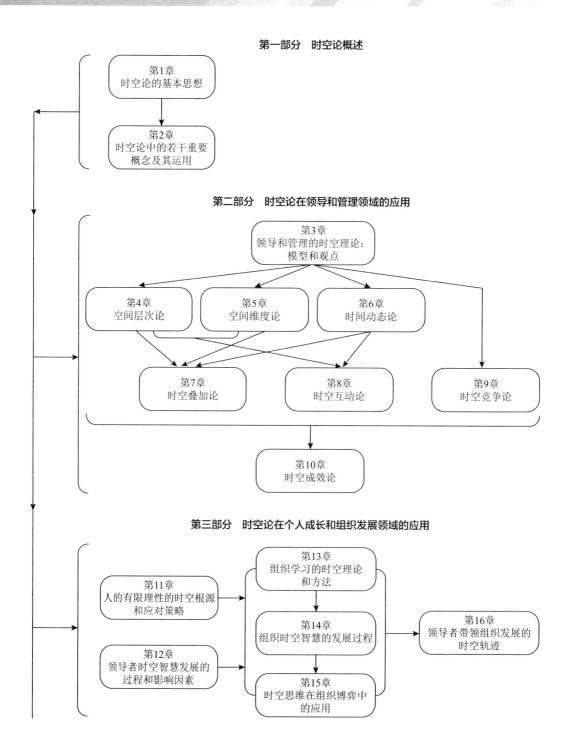

第一部分　时空论概述

第1章
时空论的基本思想

第2章
时空论中的若干重要
概念及其运用

第二部分　时空论在领导和管理领域的应用

第3章
领导和管理的时空理论：
模型和观点

第4章
空间层次论

第5章
空间维度论

第6章
时间动态论

第7章
时空叠加论

第8章
时空互动论

第9章
时空竞争论

第10章
时空成效论

第三部分　时空论在个人成长和组织发展领域的应用

第11章
人的有限理性的时空根源
和应对策略

第12章
领导者时空智慧发展的
过程和影响因素

第13章
组织学习的时空理论
和方法

第14章
组织时空智慧的发展过程

第15章
时空思维在组织博弈中
的应用

第16章
领导者带领组织发展的
时空轨迹

目　录

第一部分

时空论概述

第1章

时空论的基本思想

1.1 时空论的基本观点——三大定律及其中的时空效能方程

如何提高人的思维和行动的有效性（效能）是每一个人都关心的议题。关于这一议题，笔者认为"大道至简"，可以从最基本的概念出发进行探讨，达到"以简驭繁"。因此，本书从人人皆知的基本概念——时间和空间——出发，提出了一个基本理论——时空论。

本书提出的时空论主要是阐述人的思维和行动的有效性（效能）如何取决于人持有的时空观念和拥有的时空资源，其基本观点主要包含三大定律，其中第一定律也可以用时空效能方程来表示。

1.1.1 时空论第一定律

时空论第一定律：人的思维和行动的有效性（效能）取决于其持有的时空观念和拥有的时空资源。如以下"时空效能方程"所示。

$$E=f((T_V, S_V), (T_R, S_R))$$

其中，E 是人的思维和行动的有效性（效能）（effectiveness），T_V、S_V 分别是人持有的时间（time）和空间（space）的观念，统称时空观念（time-space view），也就是人看待时间和空间的方式；T_R、S_R 分别是人拥有的时间（time）资源和空间（space）资源，统称时空资源（time-space resource），也就是人具有的时机数量和时间长度，以及人力、财力和物力等资源；f 是函数（function），表示时空观念和时空资源对效能的影响关系。在本书的相关章节中，笔者会经常阐述时空观念和时空资源对效能影响的各种函数关系 f，只是对这些函数关系不一定用数学的方式表达，而以文字的形式进行体现。

从哲学的角度出发，时空观念侧重主观，譬如人的主观世界（包括其思想、精神和意识状态等）；时空资源侧重客观，譬如人的客观世界（包括其拥有的客观存在的实体资源等）。因此，时空效能方程实际上也是将人的主观因素和客观因素结合在一起，阐述二者如何共同影响人的思维和行动的有效性（效能）。

从学术研究和实践方法的角度出发，时空观念和"个人广义的精神文明"相关，强调人要努力超越现实，通过心灵、精神和思想等方面的修炼、精进来改善甚至重构自己的心理"程序"和"算法"，从而使自己拥有强大的内心和大智慧。时空资源和"个人广义的物质文明"相关，强调人要回归现实，通过掌握和拥有时间资源和空间资源来改善自己的生存环境，从而使自己拥有良好的生存空间和发展实力。因此，时空效能方程实际上也是将"个人广义的精神文明"和"个人广义的物质文明"结合起来，论述二者如何共同影响人的思维和行动的有效性（效能）。

显然，从时空效能方程中可以看出，建立"强大的主观能力"和"强大的客观能力"是提升人的思维和行动的有效性（效能）的重要途径。当然，在现实中，一个人很难同时拥有这两种强大的能力，拥有其中之一已经是幸运的。因此，人在不同的条件下，如何采取有效的措施和行动来提升这两大能力，是理论和实践中的重要课题，也是古今中外文化经典中所讨论的重要议题。当然，古今中外的实践中还有大量的案例和故事，至今对我们每个人都有很大的启迪和借鉴作用。在本书接下来的内容中，笔者会将这些经典中的智慧和案例适时地展示出来。

在现实中，我们需要认识到以下两点。

第一，人们持有的时间和空间的观念（时空观念）是多种多样的。

譬如，人们对事物随时间变化的发展规律持有不同的观点。有人认为，随着时间的改变，事物是恒定不变的；也有人认为，事物是随着时间的改变而不断变化的。在此基础上，尽管同样认为事物随时间的改变是变化的，有人认为这种变化是周期性、可预测的，也有人认为这种变化是随机的、不可预测的。

关于时间的作用，有人认为是线性的，也就是说，无论选择什么样的时刻

（时间点）、时长（时间长度），时间的作用总是均匀的、线性的。也有人认为，时间的作用是不均匀的、非线性的，也就是说，做一件事情，选择不同的时刻其效果不同，选择不同的时长其效果也不同。

还譬如，人们对事物随空间变化的发展规律也持有不同的观点。有人认为，随着空间的改变，事物是稳定不变的；也有人认为，事物是随着空间的改变而不断变化的。在此基础上，同样认为事物随空间的改变是变化的，有人认为这种变化是周期性、可预测的，也有人认为这种变化是随机的、不可预测的。

关于空间的作用，有人认为是线性的，也就是说，无论选择什么样的位置（空间点）、范围（空间大小），空间的作用是均匀的、线性的。也有人认为，空间的作用是不均匀的、非线性的，也就是说，做一件事情，选择不同的位置其效果不同，选择不同的范围其效果也不同。

关于看待空间的思维框架，有人是笼统地、非结构化地看待，也有人是从层次和维度两个方面结构化地剖析，既从层次来看待空间，也从维度来看待空间，这样就能将空间看得更加清晰。对于空间层次，有人只能看到自己周围的空间，有人则能看到更微观的空间以及更宏观的空间；对于空间维度，有人只能看到熟悉和常见的维度，有人则能看到更多不熟悉和不常见的维度。显然，由于人们持有的时间和空间的观念不同，其思维和行动的有效性（效能）也是不一样的。

第二，人们拥有的时间和空间的资源（时空资源）是不一样的。

譬如，关于时间资源，有人为执掌的企业创造了和平友好的环境，因此该企业拥有很长的发展窗口期；同时，企业的学习和创新的能力很强，因此在这样长的时间内会不断进步、积累业绩。

再譬如，关于空间资源，有人执掌的企业拥有丰富的人力、财力和物力资源，这就为企业达成其战略目标和取得良好的成效创造了有利的物质条件。

除了上面单独分析 (T_V, S_V)，即人们持有的时间和空间的观念（时空观念）；以及 (T_R, S_R)，即人们拥有的时间和空间的资源（时空资源），我们还应该将这两者结合起来，考虑它们之间的相互作用。这里的观点是：如果人们的时空观念和时空资源相匹配，那么其思维和行动就会取得良好的效能。

1.1.2　时空论第二定律

时空论第二定律：在特定的情境下，人只有具有和该情境相适配的时空观念和时空资源，才可能取得良好的思维和行动的有效性（效能）。

也就是说：

（1）人们的时空观念是多样的，在不同的时空观念下，人的思维和行动的有效性（效能）是不同的。对于特定的情境，人们如果具有和该情境相适配的时空观念，就更有可能取得良好的思维和行动的效能。

譬如，四渡赤水就是特定情景下和该情境相适配的时空观念带来成功的例子。在第五次反围剿时期，中央红军在湘江战役中损失惨重，兵力从 8 万多人锐减至 3 万余人，在紧急关头，中共中央于 1935 年 1 月召开了遵义会议，在组织上确立了毛泽东同志的领导地位，在战略上确立了北渡长江与红四方面军会合的总体方针。

① 四渡赤水的整个过程

四渡赤水的整个过程，包括每一次渡赤水河的时间、地点及相关重要事件 ① 具体如下。

第一次渡赤水河。中共中央在遵义召开会议，蒋介石得知后总共调集了包括中央军、川军、滇军、黔军等在内的近 40 万军队，对遵义展开包围之势。为了摆脱敌军，红军于 1935 年 1 月 19 日离开遵义，由于情报有误、敌情严重，在土城战役中与敌军相持不下。为了争取时间和保存力量，毛泽东同志决定放弃战斗，并让红军扔掉重武器、轻装前进。在 1 月 29 日，红军主力从土城等地第一次渡过赤水河，向西进入川南，准备寻找机会渡过长江。

第二次渡赤水河。第一次渡过赤水河之后，蒋介石迅速调集部队从南北两面包围红军，红军没有找到北渡长江的机会，为了摆脱包围，红军南下进入云南的扎西地带，并召开了扎西会议，对红军的建制进行了改编。敌军随即对扎西进行包围，准备将红军围歼于此。毛泽东同志提议，可以利用敌军认为红军还有北渡长江的计划，以及敌军在川黔边界集结兵力强、在黔北空虚兵力弱的机会，出其不意，杀个回马枪，向东行进。在 2 月 18 日和 19 日，红军由太平渡和二郎滩等渡口第二次渡过赤水河，攻打最薄弱的黔军，一路攻下桐梓、奇袭娄山关、再占遵义，取得了长征以来最大的一次胜利，缴获了大量物资，极大地鼓舞了士气。娄山关大捷后，毛泽东同志登上娄山顶峰，当即填词一首《忆秦娥·娄山关》："西风烈，长空雁叫霜晨月。霜晨月，马蹄声碎，喇叭声咽。雄关漫道真如铁，而今迈步从头越。从头越，苍山如海，残阳如血。"

后来发生了一个重大事件，那就是红军高层中多数领导者想要乘机扩大战果，取得更多的胜利，从而鼓舞士气和补充物质，因此，进攻打鼓新场的计划

---

① 青霖，编.四渡赤水 [M].北京：中共党史出版社，2017.

被提上日程。在苟坝的第一次会议上，红军最高指挥层有20人，其中，18人赞成、1人弃权、1人反对，通过了进攻打鼓新场的提议。毛泽东同志就是其中唯一持反对意见的人，认为进攻打鼓新场非常危险。当天晚上，他手持马灯，找到了周恩来同志和朱德同志，详细分析敌情，劝说他们放弃进攻打鼓新场。第二天，红军最高指挥层在苟坝继续开会，周恩来同志和朱德同志等跟大家做工作，所有人一致同意，会议作出了不进攻打鼓新场的决定。后来的情报显示，敌军已经在打鼓新场周围部署重兵，红军要是进攻就会陷入敌军的包围，很可能面临灭顶之灾。此后，为了在瞬息万变的战场形势下作出迅速有效的决策，中共中央决定改变以往由20人开会讨论的做法，精简了机构和流程，成立了毛泽东同志、周恩来同志和王稼祥同志组成的三人军事指挥小组，确立了毛泽东同志的直接军事指挥权。苟坝会议是继遵义会议之后的又一次重大会议，红军的指挥权掌握在以毛泽东同志为核心的三人小组手里，为今后的胜利建立了重要的领导和决策机制。

第三次渡赤水河。红军虽然重新占领了遵义，取得了阶段性胜利，但是并没有从根本上改变红军面临的不利形势和处境。蒋介石再次调动大军，对遵义和鸭溪一带形成包围之势，妄图将红军消灭于此。红军在鲁班场战役中，遭到了敌军的前后围攻。毛泽东奉行"打得了就打，打不了就跑"的策略，放弃战斗，指挥红军于3月16日和17日在茅台附近第三次渡过赤水河，向西重新回到川南，其目标是把敌军调回赤水河西面，再找机会快速进入贵州和云南，然后渡过金沙江进行战略转移。这是一条曲线转移的道路。

红军派出一支小部队向古蔺一带进发，表面上作出北渡长江的姿态，而实际上将主力部队埋伏在崇山峻岭之中。蒋介石以为红军又要北渡长江，于是紧急调集滇、川、黔的部队到川南进行包围，修筑了大量碉堡，妄图将红军消灭于古蔺一带。

第四次渡赤水河。蒋介石调集部队在川南包围红军，使得黔北兵力又空虚了。毛泽东同志当机立断，毅然决定回到黔北，向赤水河东边进发。在3月21日和22日，红军主力经太平渡、二郎滩等地第四次渡过赤水河，再南下突破乌江天险，向贵阳进发，作出要攻打贵阳、活捉蒋介石的姿态。蒋介石在恐慌之下，让云南王龙云调集滇军支援贵阳，使得昆明的兵力空虚。毛泽东同志又指挥红军直逼昆明，作出要攻打昆明的架势，云南王龙云于是调集西面金沙江的部队来驰援昆明。此时，金沙江终于出现了千载难逢的渡江机会！毛泽东同志指挥红军，在宽不到几公里的狭长地带，同敌军"大路朝天、各走一边"，以每天120里的速度行军，一路向南、然后向西，巧渡金沙江，把一直紧紧围追堵截的国民党军队远远地甩在了后面。在此过程中，毛泽东同志还让一个军团留在乌江北岸，伪装成主力，以掩护红军主力的战略意图。

红军渡过金沙江之后，继续北上，强渡大渡河，飞夺泸定桥，成功摆脱了敌军，完成了向北的战略大转移，为中国革命的成功保留了火种。

② 四渡赤水成功的原因——独特的时空观念

笔者曾经亲自在四渡赤水发生的时间段（1月份）到赤水河周边实地进行了考察和研究。赤水河位于川、黔、滇交界处，地理上崇山峻岭、道路曲折，晚冬和早春的气候上多雨多雾、寒冷潮湿。在这个地方，红军要生存下来都不容易，何况还要以3万余仅持有轻武器的兵力，对付由飞机、大炮武装起来的40多万敌军。红军逃脱敌军的包围不是一件容易的事情，任何一次决策失误、正面遭遇敌军大部队，都会使红军全军覆没。

毛泽东同志在这样艰难的处境下，其时空资源（红军队伍在大敌当前能够得以保存的安全期的时间长度，人力、财力和物力等）是极其有限的，所以他能够把握的主要是时空观念。在这场较量中，毛泽东同志必须随时掌握敌军在赤水河周边区域整个空间的分布位置和强弱情况，利用崇山峻岭和多雨多雾的环境，始终让红军处在一个相对安全的地带，并不断预判敌军的预判，通过空间上真真假假的动作，使得敌军的围歼计划无法实现，而我军则不断移动到有利的空间地带（偶然有机会还可以乘机打个胜仗），并最终找到一条可行的通道，把几十万敌军甩在身后，逃脱敌军的围追堵截。事实上，毛泽东同志是在几次"对弈"中，找到这样一条通道的：通过第一次和第二次渡过赤水河，毛泽东同志发现，从川南过长江难以成功，但是可以利用蒋介石认为红军希望从川南过长江的惯性思维，通过第三次渡赤水，再次造成假象，使蒋介石将主力调回川南，造成黔北空虚，然后迅速第四次渡过赤水河，在贵阳和昆明附近虚晃两次，使得金沙江附近出现渡江和突围的机会。最终，红军渡过云南西边的金沙江北上，达到了战略转移的目标。可以说，毛泽东同志在指挥上，很好地把握了我军和敌军在时间上的节奏、在空间上的布局，从而为红军突围找到了正确而稀有的道路。毛泽东同志在四渡赤水军事指挥上的胜利，可以说在很大程度上是其在时间和空间方面的全盘认识、运筹帷幄的结果，得益于其正确的时间观念和空间观念。四渡赤水反映了毛泽东同志高超的军事指挥能力，他自己也将四渡赤水称为其军事指挥上的得意之笔。

曾参加过长征的开国将领肖华同志创作了"长征组歌"，其中《四渡赤水出奇兵》是一部十分感人的作品，其中写道："横断山，路难行。天如火来水似银。亲人送水来解渴，军民鱼水一家人。横断山，路难行。敌重兵，压黔境。战士双脚走天下，四渡赤水出奇兵。乌江天险重飞渡，兵临贵阳逼昆明。敌人弃甲丢烟枪，我军乘胜赶路程。调虎离山袭金沙，毛主席用兵真如神。"这个作品脍炙人口，是对毛泽东同志在四渡赤水中高超的军事指挥艺术——时空大挪移——的真实写照。

还譬如，西安事变也是在特定情景下和该情境相适配的时空观念带来成功的另一个例子。在西安事变中，中国共产党和国民党能达成统一，建立抗日民族统一战线，体现了中国共产党对西安事变所处的特定情境的时空观念。在那个时候，红军经过万里长征顺利到达陕北，面临着民族危急存亡的重大历史关头，以毛泽东同志为核心的党的第一代中央领导集体为了维护全国团结抗战的局面、凝聚中国所有的抗日武装，主张释放蒋介石，促进了国共合作和全国抗日统一战线的形成。以毛泽东同志为核心的党的第一代中央领导集体在决策时，没有计较国共两党过去的恩怨，而是站在国家和民族的层次上考虑，并且把握时机做出正确的决定，制定了符合国家和民族利益的正确方针政策，为最后取得抗战胜利建立了很好的基础。可见，在西安事变这一特定的历史情境中，如果不具有这种时空观念，那可能会是另外一个结果。

（2）人们的时空资源是多样的，在不同的时空资源下，人的思维和行动的有效性（效能）是不同的。对于特定的情境，人们如果具有和该情境相适配的时空资源，就更有可能取得良好的思维和行动的效能。

譬如，在全球疫情的这几年里，掌握了成熟的远程技术、拥有充足的现金流等资源的组织，在这一情境下受到的影响较小，组织的生产运营也得以正常进行。

还譬如，在当前日益复杂变化的国际环境下，一个大国要想保护人民的安全、维护地区的和平稳定，就必须拥有强大的时空资源，包括充足的发展时间、数量上和质量上均良好的人力资源、强大的金融实力、领先的科学技术研究能力和生产制造能力、丰富的物资和地理资源等。

1.1.3　时空论第三定律

时空论第三定律：人的时空观念和时空资源是相互作用的，人的时空观念会影响时空资源，时空资源也会影响时空观念。

也就是说：

（1）人的时空观念和时空资源会相互作用，它们之间的关系类似意识和物质之间的关系（物质决定意识、意识对物质有反作用）。一方面，时空资源会影响时空观念。譬如，在时空资源不足的情况下，有些人的时空观念也许会进行调整，采用更加有效率的方式来提升时空资源的利用率，从而取得良好的思维和行动的效能。如在某些资源匮乏的国家，其企业的生产运营往往可能会采用精益生产（lean production）以及其中的准时制（JIT：just in time）生产等管理理念。在时空资源充足的情况下，有些人也许会采用较为粗放的方式来利用时空资源，因而不能取得良好的思维和行动的效能。如在某些资源丰富的国家，可能会存在"资源诅咒"的现象，具体体现为该国对某种相对丰富的资源的过度依赖，从而导致其比那些资源匮乏的国家发展得更为缓慢。另一方面，时空观念也会影响人们对待时空资源的方式，即人们的时空观念会影响其是否重视以及如何获取、存储和运用时空资源。

（2）我们只有同时考虑人的时空观念、时空资源，以及两者之间的相互作用，才能更好地提升人在思维和行动方面的效能。

从上述时空论的基本观点出发，可以得出时空论在不同学科和领域的推论。譬如，时空论在领导和管理领域、学习领域、教育领域、心理咨询领域、冲突管理领域、谈判领域、沟通领域等，都可以得出相应的、更具体的模型和观点。本书的第二部分主要阐述了时空论在领导和管理领域的应用，即基于时空论的领导和管理的理论和方法。本书的第三部分则阐述了时空论在个人成长和组织发展领域的应用。

1.2　时空论中的时空观念和时空资源

1.2.1　时空观念的具体概念及实践应用

时空观念包括时间观念和空间观念，也就是公式 $E=f((T_V, S_V), (T_R, S_R))$ 中的 (T_V, S_V)。下面，对时间观念（T_V）和空间观念（S_V）进行讨论。

1.2.1.1　狭义的时空观念

从狭义上说，时间观念（T_V）是指选择时间点（时刻）和/或时间长度（时长）的观念。空间观念（S_V）是指选择空间点（位置）和/或空间大小（范围）的观念。时间点（时刻）的选择和时间长度（时长）的选择、空间点（位置）的选择和空间大小（范围）的选择之所以重要，是因为时间和空间的作用在很多情况下是不均匀的、非线性的，选择不同的时间点（时刻）、时间长度（时长），和 / 或空间点（位置）、空间大小（范围），所取得的思维和行动的效能是不同的。

在不同的时间点做同一件事情可能会产生不同的效能，有些时间点适合做某些事情，有些时间点就不适合做某些事情，这反映了时间观念中时间点（时刻）选择的重要性。

例如，在军事方面，受党中央的批准，韩先楚将军把握了 1950 年台风来临之前的 3 月份至 5 月份的有利时机，一举解放了海南岛。

在开发新产品方面，根据企业产品发展中的双 S 曲线，每个产品的发展都会先经历上升阶段，再经历下降阶段，企业应该在第一个产品发展的上升阶段（即第一条 S 曲线的上升阶段）就开始第二个产品的开发（即开始进入第二条 S 曲线），而不要等到第一个产品发展到最高点甚至下降阶段，才开始第二个产品的开发。

在选拔接班人方面，企业领导者也要在自己身体健康、大脑清醒的时候选拔接班人，而不是等到自己健康状态低下、神志不清的时候临时指定接班人。

在教育方面，孩子大脑"硬件"在 13 岁左右形成，所以很多技术性的知识，比如音乐、绘画等，在 13 岁之前学习更可能会有事半功倍的效果。

在医药卫生方面，有的药适合早晨吃，有的药适合下午吃，有的药适合晚上吃。

在谈判方面，和对方谈棘手的问题，选择下午 4 点左右最好，因为上午人的阳气最盛，情绪起伏较大；下午则阳气减弱，情绪起伏较小，有助于化解谈判中的冲突和矛盾。

在农村改革方面，安徽在 1978 年夏发生了严重的旱灾，当时的省委做出了"借地度荒"的决定，即把土地借给农民种粮种菜，农民生产的粮食和蔬菜可以留作口粮，这一决策在大旱之年取得了很好的成效，旱灾形势得到了迅速的扭转[1]。在此影响下，安徽的农村悄然兴起了包干到户、包产到户等做法。1978 年年底，安徽省凤阳县小岗村生产队 18 户农民悄悄签下了契约："我们分田到户，每户户主签字盖章，如以后能干，保证完成每户的全年上缴和公粮，不再伸手向国家要钱要粮；如不成，我们干部坐牢杀头也甘心。大家社员也保证，把我们的小孩养活到十八岁。"[2] 结果小岗村的首创做法取得了成功，粮食生产

---

[1]　胡小平等 . 新中国农业经营制度变迁 [M]. 成都：西南财经大学出版社，2019.

[2]　陈桂棣，春桃 . 小岗村的故事 [M]. 北京：华文出版社，2009.

实现大丰收。1980 年，安徽省委书记万里对小岗村进行视察，对小岗村的这一尝试给予了高度评价 ①。小岗村的创举受到了越来越多的关注，支持和反对的声音也随之而来，在全国引起了争论。就在这关键的时刻，邓小平同志一锤定音，选择顺势而为，肯定了小岗村的做法，自此农村改革实现了突破。

总之，我们常说要抓住时间窗口，就是要选择合适的时间点，譬如，春天播种，夏天生长，秋天收获，冬天储藏。在不同的季节做合适的事情，才能事半功倍。

在不同的时间长度内做同一件事情可能会产生不同的效能，有些事情适合做得慢，有些事情适合做得快，这反映了时间观念中时间长度（时长）选择的重要性。例如：在军事方面，《孙子兵法》②认为"兵贵胜，不贵久"，因为"凡用兵之法，驰车千驷，革车千乘，带甲十万，千里馈粮，则内外之费，宾客之用，胶漆之材，车甲之奉，日费千金，然后十万之师举矣"，这是在说，战争打得太久、资源消耗过多、成本很高；"其用战也胜，久则钝兵挫锐，攻城则力屈，久暴师则国用不足。夫钝兵挫锐，屈力殚货，则诸侯乘其弊而起，虽有智者，不能善其后矣。故兵闻拙速，未睹巧之久也。夫兵久而国利者，未之有也。故不尽知用兵之害者，则不能尽知用兵之利也"，这同样是在说，战争打得太久、士气损耗过多、财力损耗也过多。《曹刿论战》③也提到"夫战，勇气也，一鼓作气，再而衰，三而竭。彼竭我盈，故克之"，这是在说，随着时间的推移，士气会逐渐损耗。历史上很多观点认为战争要在短时间内完成才更好。但是，毛泽东同志认为，在不同的情况下，战争的时间长度应该是不同的。譬如，他提出抗日战争快不得、解放战争拖不得的思想。当然，在军事上，战争的时长常常是双方博弈的结果。诸葛亮发动第五次北伐，多次挑衅司马懿，甚至还送给他女人的衣服来刺激他，但司马懿不为所动、不应战，不断消耗时间，直到诸葛亮的军队粮草耗尽、士气疲乏。类似地，刘备讨伐东吴时，陆逊下令坚守不战，直到六月酷暑刘备将营地驻扎在山林中，陆逊抓住时机、火烧七百里连营。从这两个例子中可以看出，战争中的一方往往想要速战速决，但另一方会想方设法阻止速战速决，这都是选择有利于自己的时长来破解对方的策略。

在不同的空间点做同一件事情可能会产生不同的效果，在有些空间点适合做某些事情，在有些空间点就不适合做某些事情，这就是空间观念中空间点选择的重要性。

① 欧阳淞，高永中 . 改革开放口述史 [M]. 北京：中国人民大学出版社，2018.
② 陈曦，译注 . 孙子兵法：中华经典名著全本全注全译丛书 [M]. 北京：中华书局，2011.
③ 郭丹，译注 . 左传（中华经典藏书·升级版）[M]. 北京：中华书局，2022.

譬如，解放战争时期，毛泽东同志指挥刘邓大军千里挺进大别山[①]，对战略反攻的胜利起到了重要的作用。1947 年初，国民党军队集中兵力重点进攻山东和陕北两大解放区腹地，解放区内的人口、面积和物资急剧减少，解放军受到严重威胁。为了减轻两个解放区的压力，以及为战略反攻作准备，毛泽东同志和中央军委计划下一着险棋，让刘伯承同志和邓小平同志率领部队挺进中原，插入国民党军队的腹地——大别山，并创建根据地。大别山位于湖北、河南和安徽交界，如果刘邓大军能够在此立足并建立根据地，向东可以威胁南京，向西可以威胁武汉，有助于打乱国民党的战略部署。刘邓大军不负众望，跨越千里，历经艰难险阻，付出了很大的代价，成功挺进大别山，站稳了脚跟，建立了根据地，迫使蒋介石将北方的部分军队南撤，减轻了山东和陕北两大解放区的压力，为辽沈战役和平津战役的胜利创造了有利条件，也为淮海战役中完成对国民党军队的大合围打下了坚实的基础。因此，毛泽东同志和中央军委让刘邓大军千里挺进大别山虽然是一着险棋，但是确实击中了国民党军队致命的"穴位"，使得我军的整个"经络"更加通畅，盘活了我军的"棋局"，为取得三大战役（特别是淮海战役）和战略大反攻的全面胜利产生了重要而深远的作用。可见，在战争中空间点的选择是多么的重要。

再譬如，辽沈战役要从沈阳这个"咽喉部位"开始打，才能避免溃败的国民党部队从山海关南下，汇成对今后战役产生影响的强大力量。这对解放战争的胜利、中国没有分裂成"划江而治"的两部分等结果产生了重要的影响，可以说，这个空间点的选择关乎中国命运，选对了开局点，后面便节节胜利。

又例如，企业开拓市场、政府改革等，选择突破的空间点很重要。在企业开拓市场方面，其一是自上而下的变革，如字节跳动的产品有今日头条、抖音、飞书、火山引擎等，今日头条的开发是由于推荐算法的发展；抖音的开发是由于通信技术的发展，出现了 4G、5G 等技术可以支持视频播放；飞书的开发是由于协调办公的需求；火山引擎的开发是由于社会对算力的需求。这些产品的出现主要体现了企业自上而下的变革，即大环境中的技术突破、市场需求等带来了新的机会，企业高层发现了这些机会并进行了产品开发。其二是自下而上的变革，如字节跳动在运营抖音时，一线员工发现用户上传视频时有剪辑视频的需求，因此其一线员工开发了剪映，并取得了成功。在政府改革方面，国家选择深圳作为改革开放的试点地，因为它紧挨着香港，可以学习香港成熟的经验，并且深圳从小渔村开始发展壮大，具有很大的对比度，可以很好地体现改

---

① 中共中央文献研究室. 邓小平传 1904—1974（全二册）[M]. 北京：中央文献出版社，2014.

革的成效。改革之前的深圳还没有形成成熟的产业，因此选择这一空间点进行改革并不会损害人们的利益、反而还增加了人们的收益，可以获得更多的支持。此外，对越自卫反击战的胜利也为中国的南方建立了和平稳定的环境，这样，深圳的改革开放就可以顺利进行。

选对空间点就像按摩按到了正确的穴位，穴位通畅了，人体就舒服了。可见，空间点选对了，决策就更容易成功。因此，组织在布局变革时，应选择恰当的空间点，在此基础上慢慢总结、归纳，再进一步推进。值得注意的是，关于空间点的选择，需要考虑该空间点的空间层次和空间维度。

同一件事情在不同的范围内做可能会产生不同的效果，有些事情适合在大范围内做，有些事情适合在小范围内做，这就是空间观念中空间大小选择的重要性。有些企业的组织变革，如数字化转型，涉及组织的各个层次、各个部门的变革，并且这些变革还需要相互协同，属于大范围的组织变革。而有些企业的组织变革，如会计电算化系统的升级，只涉及某些层次或某些部门的变革，属于小范围的组织变革。范围太大可能导致刺激太大、影响太多利益相关者、组织不稳定等，范围太小可能导致刺激太小、效果不显著等，范围太大或太小都可能对组织变革的效果产生负面的影响，因此每个行动都有其最佳的范围。前面提到的改革开放，也是根据发展阶段确定与之相适配的空间范围，从深圳、珠海、汕头、厦门四个经济特区（"点"），到十四个沿海港口城市（"线"），再到三个沿海经济开放区，最后到内地的开放（"面"），空间范围从"点"到"线"再到"面"，每一步都是可控的。改革开放和竹子生长的规律类似，竹子是"缓扎速长"，先花很长的时间在地下长出庞大的根系，再如雨后春笋般地向上生长，而改革开放也是先打好基础、做好试验，再广泛地铺开。

同时具备时间观念和空间观念，即同时强调公式 $E=f((T_V, S_V), (T_R, S_R))$ 中的 T_V 和 S_V，这在现实中有着丰富的例证。

例如，1962 年，中国抓住了美苏两个大国陷入古巴导弹危机的时间窗口期，开展了对印自卫反击战。这是一场空间范围和时间长度都同时考虑到的边境战争，中国当时已经打到距离印度首都新德里约 300 公里处，但由于这场战争是为了捍卫领土主权，因此中国在取得胜利后，主动撤回中印实际控制线 20 公里处。这场战争的时长为 32 天，战争结束后中国释放和遣返被俘印度官兵，并归还所有缴获的武器弹药。

还例如，1979 年，邓小平同志访美时，被问到越南侵扰中国边境一事，邓小平同志回应道："小朋友不听话，该打屁股喽。"春节刚过，中国就打响了对越自卫反击战，占领谅山后，很快就能推进到其腹地，但就在这时，中国军队收到了撤退回国的命令。这同样是一场空间范围和时间长度都同时考虑到的自卫反击战争。

对印自卫反击战和对越自卫反击战在时间上都强调了速战速决，在空间上都强调了点到为止。

左宗棠收复新疆采用的"先北后南，缓进速战"策略也反映了他同时考虑时间观念和空间观念。1876 年，左宗棠率清军进入新疆后，在空间上的战略是"先北后南"，当时阿古柏的主要势力位于南疆，其在北疆的势力比较薄弱，因此，清军从北疆进攻的难度较小；在时间上的战略是"缓进速战"，其中"缓进"就是积极治军，左宗棠花了一年半的时间来筹集军饷，整顿军队，增强军队的战斗力。"速战"就是大军一旦进攻就速战速决，以获取全胜。

毛泽东同志在抗日战争中同样运用了时空观念。在时间选择的战略上，毛泽东同志写下了《论持久战》，他在文中分析了抗日战争中我国和日本双方的基本特点，并从全国的战略全局出发，深刻论述了抗日战争在时间上是一场持久战；在空间选择的战略上，我国从东向西进行抵抗，充分利用了在西部的战略纵深和地形的优势，从战略防御、战略相持到战略反攻，最后取得了抗日战争的伟大胜利。但毛泽东同志在解放战争中采取了跟抗日战争不一样的时空观念，在时间选择的战略上，毛泽东同志曾写下"宜将剩勇追穷寇，不可沽名学霸王"，暗示了解放战争在速度上要快。在空间选择的战略上，中共做出了"向北发展，向南防御"的战略部署，即赶在国民党军队之前控制东北，再收缩南方战线，抵御国民党向华北和东北的进攻。

以上是战争领域的例子，在企业实践中，存在并行工程的产品开发流程的做法，强调尽可能在产品开发早期就让跨职能团队参与其中，时间越早越好，空间范围越大越好，这样才能更好地基于各部门的共同认知进行产品开发。

1.2.1.2 广义的时空观念

从广义上说，时空观念还体现在空间视角下的多层次思维、空间视角下的多维度思维、时间视角下的动态思维，以及"层维动"综合思维。

● 空间视角下的多层次思维。人们常说某个人的层次不够、格局不够，意思主要是这个人思考问题的层次不够全面。对于一个特定的问题，有些时候我们考虑个人，有些时候我们考虑团队，有些时候我们考虑整个组织，有些时候我们考虑整个行业，有些时候我们考虑整个地区，有些时候我们考虑整个国家，有些时候我们考虑全球，这些就是思考问题的不同层次。

● **空间视角下的多维度思维。**同一个层次上有许多维度，例如领导者要做一个员工的思想工作，就要考虑这个人的不同维度，包括个性、能力、价值观、背景等；领导者要管理一个组织，就要考虑组织的战略、实现战略的途径、组织结构、流程制度、组织文化、利益和权力关系、人力、财力、物力等实力，这些就是思考问题的不同维度，领导者要不留盲区、全方位地加以考虑。

● **时间视角下的动态思维。**不同的层次和维度就形成了空间，而时间强调动态变化。例如，中美关系是动态变化的，在"二战"期间是盟友，朝鲜战争时期变成了对手，中美建交时期又变成了朋友。如今中国迅速崛起，中美关系又发生了变化。行业的发展也是动态的，例如房地产行业曾经十分发达，但最近几年很多房地产企业转型为后台的物业管理企业等。所以，世界上没有一成不变的东西，人的成长、人和人的关系、企业的发展、国家的发展、国与国的关系，以及人类面临的挑战等，都是动态变化的。时间观念下的动态思维不仅强调变化，也强调不变。"太阳底下没有新鲜事"和"太阳每天都是新的"这两句话都是正确的，前者是因为总有不变的东西，例如人性，所以历史上发生过的事情经常再次发生。就像我们常说的历史周期律，每一个朝代在开始的时候都是励精图治、奋发有为，到后面就开始有所怠慢，然后民众就开始不满，最后推翻这个朝代。而"太阳每天都是新的"则是因为总有变化的东西，例如科技，所以历史上发生过的事情经常以新的形式再次发生。

● **"层维动"综合思维。**空间视角下的多层次思维、空间视角下的多维度思维和时间视角下的动态思维结合起来是"层维动"综合思维。毛氏宗祠的上联是"不大地方可家可国可天下"，下联是"寻常人物能文能武能胜神"，横批是"鉴古通今"。上下联反映的是空间，其中，上联反映的是空间层次，下联反映的是空间维度；而横批反映的是时间。

广义的时空观念在以下领域都有重要的影响。

● **沟通。**在沟通领域，人们常说的"两人说话不在一个频道上"，基于时空论，"不在一个频道"主要有三层意思：其一是空间层次，即沟通双方讨论的问题不在一个层次上。比如在一个企业里，员工和领导者不在一个频道，主要是因为领导者考虑的层次是企业层次、关注企业的发展，而普通员工考虑的层次是个人层次、关注个人的发展。如果双方不能理解对方关注的层次和自身关注的层次之间是否一致，就不能达到很好的沟通效果，所以要让领导者和员工的谈话达到一个好的效果，首先在层次上需要达到一致。其二是空间维度，即沟通双方讨论的问题不在一个维度上。有的人关注的是技术维度的问题，而有的人关注的是战略维度的问题。沟通不在一个维度上，可能使得沟通难以达成共识。其三是时间，即沟通双方讨论的问题不在一个时间框架内。有的人考虑的是长远的问题、从长期着眼，而有的人只关注短期效益，这样就很难谈到一起。因此，沟通双方需要在同样的层次、同样的维度，同样的时间框架下才能达到同频共振。人们常说的两个人特别投缘、彻夜长谈、相见恨晚等等，归根结底就是因为两人的频道一致。所以，这是从时空论的理论视角解释沟通，人们可以从沟通双方的空间层次、空间维度和时间框架出发，进行相应的调整使其一致，从而产生良好的沟通效果。

● **心理咨询**。在心理咨询领域，当有人遇到了心理问题需要进行咨询时，咨询师可以从时空论的理论视角出发提供帮助。

佛教中讲的"转念"，就是通过转变思维方式来达到开悟的状态。譬如，在空间层次、空间维度和时间动态方面都可以转变思维，如一个人经商失败想不开，其可以从空间层次进行转念，即虽然自己个人失败了，但是其失败可以为整个家族提供经验和教训，这也是一种善因。其还可以从空间维度进行转念，即虽然其经商失败，失去了物质财富，但是却获得了经验、智慧等精神财富。笔者认为，顺境得财富，逆境得智慧。人还可以同时从时间和空间两方面转变思维。人的大智慧大都是通过逆境获得的，正所谓"失之东隅，收之桑榆"，东隅是早晨太阳升起的地方，桑榆是傍晚太阳落下的地方，其意思是，此时此地有损失，但是彼时彼地也有收获。所以，有一句话说"凡是你所经历的一切事都是好事"，有时候看似在某一方面失败了，但是却有可能成为今后成功的基础。俗话说"吃一堑长一智""失败是成功之母"等，很多人的成功大都是这么来的。因此，心理咨询的本质就是帮助人们转念，转换那些只有单一视角的念头。

咨询师在咨询之初需要首先听咨询者的倾诉，人在倾诉后心理会得到缓冲，然后咨询师再帮他分析。比如人得了癌症后，最初的反应就是绝望且不接受治疗。譬如，有一位新英格兰医院的医生，他专门对那些刚得癌症、陷入绝望、不想治疗的人进行心理辅导。这位医生的手里有一份名单，名单上有 5 个活过 5 年的癌症患者，他让这 5 个人和刚得癌症的人谈话，取得的效果是很好的，这是一种带有希望感的榜样力量，比安排一个健康的人来谈话更有说服力。人最容易从同伴或具有同样经历的人身上找到力量，这位医生就是运用一个特殊小群体的力量来帮助个体转念。

● **战略选择**。在战略选择上，企业怎么通过业务上的战略选择来避免内卷？最重要的就是要在空间层次、空间维度、时间动态上和竞争对手有所差异。

举个例子，某地有一个金矿，有很多企业在这里挖金矿，一个企业若想利用这个金矿赚得一杯羹，就不能选择和竞争对手们一起挖金矿，因为这会使企业陷入红海战略。此时若能转换思维，想到有这么多企业在此地挖金矿，那就会有衣食住行的需求，因此可以开饭馆、酒店、超市等，为这些挖金矿的人提供衣食住行等服务，而不是跟着这些企业陷入同一个内卷的行业。当该企业帮助他人成功的时候，它自己也成功了。因此，企业在进行战略选择时，可以转换空间维度，不陷入内卷的行业，而是提供另外的产品或服务。

同样是金矿问题，企业还可以搭建一个平台，把挖金矿的各个资源都汇总到一个平台上，将市场需求和供给能力在平台上进行整合，提高了战略的空间层次，从而不陷入内卷的行业。

同样还是金矿问题，竞争对手在一个时间段内只做挖金矿的业务，而企业若能在同一时间段内打通金矿业务的后端、把内卷的时间段错开，那么就有可能获得商业上的成功，因此战略规划非常重要。

《从 0 到 1》①一书认为商业的成功取决于做新的产品和服务，而不是简单地重复别人已经做过的事情，也就是采取蓝海战略，高度竞争的市场是很难赚到钱的，赚钱最好的方法就是不竞争。所谓不竞争，就是要能够在空间层次、空间维度和时间动态上和竞争对手不同。

● **人才培养**。在人才培养上，培养内心强大、有大智慧的领导者主要包括以下几个方面的实践。第一，历练。一个人要到领导岗位，需要有多层次、多维度和多时间点的经历。譬如，在多层次的经历上，他当过车间工人、车间主任、部门主管等；在多维度的经历上，他在战略部门、生产部门等不同部门都工作过；在多时间点的经历上，他在企业发展好的时候工作过，在企业遇到危机时也工作过，等等。这些都叫历练。第二，磨炼。笔者认为，历练长见识，磨炼长本事。人不能只长见识，还要长本事。"练"是绞丝旁，而"炼"是火字旁，人是要经过"严峻的考验"从而长本事的。所以一定要通过多层次、多维度、多时间点的历练和磨炼来培养人才。第三，转念。光有历练和磨炼还不够，人还需要有转念的能力，比如在长征这么艰苦的环境下，毛泽东同志的诗词总是展现出雄伟、豪迈的气势，并将这种气势传递给红军队伍，激发他们的积极情绪，最后带领红军取得长征的胜利。

---

① ［美］彼得·蒂尔，［美］布莱克·马斯特斯．从 0 到 1：开启商业与未来的秘密 [M]．高玉芳，译．北京：中信出版社，2015.

● **军事作战。**《孙子兵法》[①] 所阐述的用兵之道，在很多地方就体现了多层次、多维度和动态的，以及多方协同的时空观念。

在多层次观念上，譬如，"故善战者，求之于势，不责于人，故能择人而任势"体现了空间视角下的多层次思维，其意思是，一个善于带兵打仗的将军要让战争获得胜利，首先要营造一种有利于战争获胜的态势，这里的"势"体现了多层次观念，比如国家支持、百姓支持、粮草充备，而不要让士兵在毫无获胜可能性的情况下打仗。所以将军能够选择人才去适应和利用已形成的"势"。

在多维度观念上，譬如，"昔之善战者，先为不可胜，以待敌之可胜。不可胜在己，可胜在敌。故善战者，能为不可胜，不能使敌之可胜"体现了空间视角下的多维度观念，其意思是，要让自己不能被战胜，然后等待敌人可以被战胜。

在动态观念上，譬如，"胜兵先胜而后求战，败兵先战而后求胜"体现了时间视角下的动态观念，其意思是，能够取胜的军队是事先规划、计算出能够胜利才同敌人交战，而失败的军队则先同敌人交战再寻求胜利。

在协同观念上，譬如，对于自己的军队，要做到"故善用兵者……击其首则尾至，击其尾则首至，击其中则首尾俱至……同舟而济……其相救也如左右手……齐勇若一……刚柔皆得……故善用兵者，携手若使一人"，其意思是：善于指挥作战的人……打它的头部，尾部就会来救应；打它的尾部，头部就会来救应；打它的腰部，头部和尾部都会来救应……他们能像左手帮右手一样相互救援……使士卒齐心协力勇敢作战，全军上下就像一个人一样……刚强的士卒和柔弱的士卒均能拼出全力……所以善于用兵的将领，能使全军携起手来，就像一个人一样。还譬如，对于敌方的军队，则要做到"古之善用兵者，能使敌人前后不相及，众寡不相恃，贵贱不相救，上下不相收，卒离而不集，兵合而不齐。合于利而动，不合于利而止。敢问：敌众整而将来，待之若何？曰：先夺其所爱，则听矣。兵之情主速，乘人之不及，由不虞之道，攻其所不戒也"。其意思是：古代善于用兵的人，能使敌人的部队前后不能相互策应，主力和小部队不能相互依靠，官兵之间不能相互救应，能使敌军上下失去联系，能使敌军的士卒散乱而无法集中，队伍集合起来了却不整齐。符合我军利益就行动，不符合我军利益就停止。试问：敌人兵力众多而又阵容严整，将要前来与我决战，我方该如何对付？回答是：首先夺取敌人所重视的要件，敌人会听从我方调遣。用兵的原则是贵于神速，神速就能趁敌人尚未赶到，从敌人意料不到的路径，攻击敌人不加戒备的地方。

---

① 陈曦，译注.孙子兵法：中华经典名著全本全注全译丛书 [M].北京：中华书局，2011.

1.2.2 时空资源的具体概念及实践应用

时空资源包括时间资源和空间资源，也就是公式 $E=f\,((T_V, S_V), (T_R, S_R))$ 中的 (T_R, S_R)。下面，对时间资源（T_R）和空间资源（S_R）进行讨论。

时间资源（T_R）体现在允许组织发展的时间窗口期的长度以及在此期间组织学习能力和创新能力的大小。空间资源（S_R）体现为组织多层次资源和多维度资源的总和。

第一，时空资源存在于个体、团队、组织、国家、全球等不同的层次上。 例如，中国人强调的家国情怀，有家才有国，有国才有家。又例如，反思人生成败，不仅考虑到自身的努力、家庭的支持、团队的合作，也考虑到平台的作用、国运的力量、世界的和平，这样才能"胜不骄、败不馁"。

领导者一定不能忽视组织里的那些看似平凡、但掌握了重要信息的人。

领导者也要关注团队，企业的成败很多时候取决于领导班子是否有能力、是否同心协力。东软的董事长刘积仁原来是东北大学副校长，也是中国第一个计算机博士，他就拥有很强大的左膀右臂。"玻璃大王"曹德旺说他经常做决策，自己并不知道能不能实现，但底下的人就可以把他那些看似不可能实现的决策变成现实，这就叫做执行力强、靠谱。但是有的领导者用错了人，甚至可能把自己送进监狱。和毛泽东同志相比，蒋介石的很多策略也不错，但就是无法落地，而毛泽东同志领导的部队就可以将其策略变成现实。

领导者还要关心国家政策、懂政治、知道如何和政府建立"亲清"的政商关系。红顶商人胡雪岩帮助左宗棠收复新疆，但却因为李鸿章和左宗棠之争被抄家。由此可以看出，领导者处理好和政府的关系是非常重要的。

领导者还要注意全球局势。某非洲国家有家中国超市，价廉物美、非常红火，但由于该国的政策变化以及当地商贩生意变差，最终政府就关闭了该超市。小米进入印度市场，印度政府先是要求其零部件在印度生产，后来又要求其高管都是印度人，最后小米在印度的经营出现了很多问题。不同国家的文化千差万别，政治生态千差万别，领导者要有多层次的时空资源，才能够使企业发展壮大。

第二，时空资源存在于软实力、硬实力等不同的维度上。 例如，《周易》[①] 系辞中说"德薄而位尊，知小而谋大，力小而任重，鲜不及矣"，其中，德、知（通"智"）、力就是领导者需要具有的三个维度。再例如，人力资本不仅包括智

---

① 郭彧，译注.周易：中华经典藏书 [M]. 北京：中华书局，2006.

力资本，还包括经济资本、社会资本、心理资本和生理资本，任何一种资本的缺乏都不利于个人的发展。还例如，提拔一个领导者，要对这个人进行多维度的考察，包括价值观、能力、性格、经历、背景、身体素质等。首先要看这个人的价值观，也就是这个人追逐什么、奋斗目标是什么、是不是一个成就感驱动的人；其次要看这个人的能力，能力既包括智商也包括情商；然后要看这个人的性格，有的人比较沉稳，遇到紧急情况比较镇静，能够稳健地处理问题，但有的人就比较冲动；再者要看这个人的经历，一个从来没有犯过错误的人、一个从来没有取得过成功的人都是不能使用的，一个好的领导者通常是经历过70%以上的成功，同时也经历过30%左右的失败；还要看这个人的相关背景；最后要看这个人的身体素质。

第三，时空资源存在于不同的时间点上。例如，变革成败的关键在于是否把握变和不变的辩证统一，历史上所有成功的变革都是把握了变和不变，所有失败的变革都是只把握了变而没有把握不变。

例如，秦国商鞅变法从变革结果上来说无疑是成功的，商鞅把握了人性不变的规律，即人都想要出人头地、想要得到更高的地位、得到更多的物质回报。商鞅变法在秦孝公的大力支持下，实行破除井田制、重农抑商、奖励耕战、制定二十级军功爵位制等举措，大大提高了秦国的实力，使秦国成为最强盛的诸侯国。但是商鞅变法从商鞅本人的结局上来说是失败的，因为他触动了很有影响力的既得利益者的利益，秦孝公离开之后，商鞅便遭受了车裂的刑罚。

又例如，北宋王安石变法，王安石在政治、经济、军事、文化等方面采取了一系列举措，但有些举措不符合实际、有些举措没有很好地贯彻执行，增加了百姓的负担，也触动了既得利益者的利益，最终导致了变法的失败。

又例如，明朝张居正改革，张居正在担任明朝内阁首辅时期强化了中央集权、充实了财政、提高了国防力量、推动了商品经济的发展，但是改革触动了很有影响力的既得利益者的利益。张居正因病去世后，改革时重用的官员被罢免，反对改革的官员恢复名誉和官职，改革以失败告终。

又例如，清朝雍正改革，雍正用坚决的铁腕手段克服了既得利益者的阻力、推行了一系列改革，包括设立军机处、摊丁入亩、火耗归公、士绅一体当差等，不仅极大地充盈了国库，还减轻了百姓的税负，从结果来看是成功的。但雍正只在位13年，传位给乾隆后，乾隆废除了一部分改革措施，国库很快就被挥霍一空，因此这场改革的效果并没有持续很久。

还有，清朝戊戌变法要求进行政治、经济、文化等方面的变革，包括改革政府机构、任用维新人士、开办新式学堂、翻译西方书籍、开放言论、训练新式陆军海军、废除科举考试中的八股文等。但是戊戌变法触及了以慈禧太后为首的守旧派的利益，慈禧太后等人发动了戊戌政变，最终戊戌变法宣告失败。

新中国的改革开放把握了变和不变：社会主义国家也可以有市场经济、打破大锅饭等，这些是变；坚持中国共产党领导、坚持社会主义制度等，这些是不变。正因为如此，这场变革才取得了成功。

还例如，对于企业来说，在自身发展的初期，要学会韬光养晦，努力获得长时间发展的机会和快速的学习能力，避免引起竞争对手的注意。在发展过程中，企业要积极开展自我批评和自我革命、努力进行学习和创新，以求得可持续发展。

1.2.3 时空观念和时空资源的有机结合及实践应用

爱因斯坦认为时间和空间是相对的，时空论的基本观点也认为，不同的人对同一件事情的看法可能是不同的，即公式 $E=f((T_V, S_V), (T_R, S_R))$ 中的 (T_V, S_V) 不同。有的人看到更长的时间、更大的空间，有的人则看到更短的时间、更小的空间，就像毛泽东同志和林彪对于辽沈战役先打锦州还是先打长春的争论，体现了两人看到的时间和空间不同。

同一个人在不同的时空下对同一件事情的看法也可能是不同的，这是由于这个人在不同的时空下拥有的时空资源不同，即公式 $E=f((T_V, S_V), (T_R, S_R))$ 中的 (T_R, S_R) 不同。一个人和关系好的人相处比起和关系不好的人相处，感受到时间流逝的速度会更快。根据积极情绪的拓展—建构理论，人在积极情绪下的思维和行动范围是扩展的，也就是说，可以看到更广阔的时间和空间，反之，在消极情绪下只能看到狭窄的时间和空间。此外，由于时空的变化，同一个事物、同一种思想会产生不同的效果，比如"橘生淮南则为橘，生于淮北则为枳"、马克思主义的中国化、佛教的中国化等等。

"不谋万世者，不足谋一时，不谋全局者，不足谋一域。"这句话表明，我们在做决策的时候，在时间上，要考虑长一点的时间，不仅要考虑当下，还要考虑过去的历史、未来的发展；在空间上，要考虑大一点的范围，不仅要考虑自己和自己所在的组织，还要考虑行业趋势和世界局势，要利用好不同时间、不同层次、不同维度的时空资源。也就是说，我们在做决策的时候要有更大的时空覆盖范围。因此，短视的决策、只考虑某一个群体的利益的决策是不会有生命力的。譬如，辽沈战役时，林彪要攻打沈阳或长春，但是毛泽东同志坚持要攻打锦州。毛泽东同志是个重视放权的人，但在这个问题上，他不断地和林彪讨论，坚持要林彪攻打锦州。因为锦州处在东北和内地的"咽喉位置"，如果攻打沈阳或长春，国民党战败后，余部就很容易逃走并形成新的有生力量，这会增强对手的时空资源，以后就有可能产生"划江而治"的局面，这就顺了有些国家希望中国南北分治的想法。因此，毛泽东同志认为辽沈战役打的不仅仅是东北，而是全中国。攻打锦州后，国民党的余部要么被歼灭，要么被改编成共产党的部队，这样就增强了自己的时空资源、削弱了对手的时空资源。可以说，毛泽东同志先攻打锦州的这一决策对之后的平津战役和淮海战役有着重要的影响，避免了"划江而治"的局面，对新中国的成立和全中国的统一具有深远的意义。从辽沈战役的决策中可以看出，毛泽东同志的观念是一种全局观念、长期观念，他的做法就是谋万世、谋全局。毛泽东同志之所以能够成功，就是因为其时空观念优于对手，尽管其时空资源，如先进的军事装备等逊于对手。人和人之间的竞争、企业之间的竞争、国家之间的竞争都和时空观念有关。

中国的古代经典里包含的时空观念和时空资源相关的论述还有很多，比如《大学》①中的"生财有大道，生之者众，食之者寡，为之者疾，用之者舒，则财恒足矣"，其意思是，发财需要具备合理的时空观念和时空资源，赚钱的人多、花钱的人少，赚得快、花得慢，就会富有。这句话里，"众"和"寡"指的就是空间，"疾"和"舒"指的就是时间。人们常说的古今中外，古今是时间，中外是空间。《黄帝阴符经》②中有一句话"绝利一源，用师十倍，三反昼夜，用师万倍"，其意思是，当把人们所有的力量用在一处，就会产生十倍的效果；当人们的时间都用来反复做一件事，就会产生万倍的效果。前者是空间观念和空间资源，后者是时间观念和时间资源。综上所述，这些论述都既强调了时空观念，也强调了时空资源。

人们如果有了合理的时空观念和足够的时空资源，就能够提高思维和行动的有效性（效能）。

---

① 陈晓芬，徐儒宗，译注 . 论语 · 大学 · 中庸：中华经典名著全本全注全译丛书 [M]. 2 版 . 北京：中华书局，2015.
② 黄帝 . 阴符经集释 [M]. 伊尹 等，注 . 北京：中国书店，2013.

第2章

时空论中的若干重要概念及其运用

2.1　时空势

2.1.1　时空势的基本概念

根据 势 $= \dfrac{差别}{距离} = 差别 \times 联系$ [①]，笔者将时空势（time-space shi，或 time-space potential，简称 P_{TS}）定义为针对某一个主题或事件，基于时间和空间（包括层次和维度）形成的差别大而联系强的力量，从而形成的势，用数学形式表达如下：

$$P_{TS} = \sum_{t}^{T} \sum_{s_2}^{N} \sum_{s_1}^{M} P(s_1, s_2, t)$$

其中，s_1 表示空间层次，s_2 表示空间维度，t 表示时间。

时空论为建立"势"提供了系统的方法，给出了形成"差别"和"联系"、从而形成"势"的途径，其步骤是：先选择某个主题即"联系"，这个主题可以和某个空间层次、空间维度或时间方面相关，然后紧密围绕此主题建立联系，可以给出不同的空间层次、空间维度和时间方面上丰富多样的例子，还可以通过排列组合，来形成"势"。譬如，只选择在空间层次、空间维度或者时间方面上不同的例子，共有 $C_3^1 = 3$ 种情况，分别如下：只考虑空间层次上不同的例子的势是 $\sum_{s_1}^{M} P(s_1, s_2, t)$、只考虑空间维度上

---

① 李德昌. 势论 [J]. 系统科学学报，2008，（1）：35-40.

不同的例子的势是 $\sum\limits_{S_2}^{N} P(s_1, s_2, t)$、只考虑时间上不同的例子的势是 $\sum\limits_{t}^{T} P(s_1, s_2, t)$；

选择在空间层次、空间维度和时间视角中的两个方面上不同的例子，共有 $C_3^2 = 3$ 种情况，分别如下：同时考虑空间层次和空间维度上不同的例子的势是 $\sum\limits_{S_2}^{N} \sum\limits_{S_1}^{M} P(s_1, s_2, t)$、同时考虑空间层次和时间上不同的例子的势是 $\sum\limits_{t}^{T} \sum\limits_{S_1}^{M} P(s_1, s_2, t)$、

同时考虑空间维度和时间上不同的例子的势是 $\sum\limits_{t}^{T} \sum\limits_{S_2}^{N} P(s_1, s_2, t)$；选择在空间层次、空间维度和时间视角三个方面上都不同的例子，共有 $C_3^3 = 1$ 种情况，即

$$\sum\limits_{t}^{T} \sum\limits_{S_2}^{N} \sum\limits_{S_1}^{M} P(s_1, s_2, t)。$$

譬如，以选择信仰和价值观维度的主题为例。华为公司为了宣传其"以奋斗者为本"的文化，出版了《以奋斗者为本》一书、投放了"芭蕾脚"的广告、在海外拍摄了《美梦成真》的广告、使用了弹痕累累的伊尔 2 轰炸机的图片，创始人任正非在公司内部发表了相关的讲话和接受了公开的采访，等等。这些知识在表现形式上差别大，涉及企业管理、艺术、军事等领域，采用文字、图片、语音等形式，但这些知识的内在联系强，都很好地体现了"以奋斗者为本"这同一主题。华为基层、中层、高层以及各个部门的人都通过这些表现形式差别大、内在联系强的知识深刻贯彻了"以奋斗者为本"的文化，从通过 24 小时服务开拓欧洲市场、到引领 5G 技术开发等，华为壮大的过程也很好地体现了"以奋斗者为本"的文化。因此，根据时空势的定义，华为在宣传其"以奋斗者为本"的文化上具有很高的时空势。

下面简要阐述领导者在工作中如何应用时空势。

领导者在各项工作中要善于建立时空势。譬如，领导者要建立讲话、报告或发言的"势"，其讲话就要聚焦于一个主题，同时用很多不同的例子来阐述。这样，听众就会觉得这个领导者讲话很有水平、很有深度。这便是因为他的讲话运用了势科学，既不偏离主题，内容又非常丰富，这叫做"形散而神不散"。又譬如，除了"言"上的"势"，领导者还要在"行"上造势。领导者一方面要和员工有所差别，例如要比员工在时空上站得高、看得远、有更广阔和更长久的时空视角，但另一方面又要和员工有紧密的联系，例如秉持的价值观、行事的规则等。领导者在和员工沟通的过程中，要建立基本的沟通平台，在这个平台上，大家对于时间和空间的概念要保持一致，这就涉及组织的文化建设。

如果领导者和员工在对时间和空间的认知上有很大的差别，缺少知识的共同基础，就无法沟通。但是作为领导者，又要比员工更加高瞻远瞩。因此，领导者和员工之间既有共同的知识，又有不同的知识，不同的知识体现在时空认知方面的差别。如果领导者和员工之间没有这种差别，员工和领导者一样把问题看得很清晰，领导者就失去了领导魅力。此外，在为领导力发展进行培训内容的规划时，可以给受训的领导者看多篇具有"势"的文章，即为其提供不同空间层次、不同空间维度、不同时间点，但主题一致的领导案例，让其发现、分析和学习其中的"势"，从而能够有效地提升其领导力。除了领导力发展的培训内容要具有"势"，领导者在路径选择、任务执行等方面也要具有"势"。譬如，在路径选择上，领导者不仅要注重职级的提升，即从基层到中层再到高层，还要注重在不同部门的经历，从生产部门、营销部门到人力部门、行政部门等。在任务执行上，领导者也要注重跨层级、跨部门的合作交流，这样才能增加自己的时空势。

在某些特定的情境下，领导者要善于运用时空势的原理来造势。例如，要解决某一个问题时，可以找到不同层次、不同维度、不同时间点上的人或信息进行了解，最后综合这些信息得出解决方案，这就是通过提高自己的时空势来形成优势。有人造势，就有人破局，破局就是要破对手的时空势。例如，通过差别更大、联系更强的多股力量共同形成比对手的时空势更强的时空势。《黄帝阴符经》[①]中有一句话"绝利一源，用师十倍。三反昼夜，用师万倍"，其意思是：当我们把所有的力量用在一处，就会产生十倍的效果，当我们把时间都用来反复做一件事，就会产生万倍的效果。《孙子兵法》[②]的势篇中有一句话"激水之疾，至于漂石者，势也；鸷鸟之疾，至于毁折者，节也。是故善战者，其势险，其节短。势如弩，节如发机"，其意思是：湍急的河水快速流动，产生的作用力使河床上的石头漂浮起来所形成的态势，这就是"势"的体现；猛禽在较短距离内突然加速发起进攻，捕获到了猎物，这就是"节"的体现。所以善于指挥作战的将帅，所营造的态势是险峻有力的，向敌人发起进攻的距离是较短的。势就像弓弩拉满后的状态，节就像在较短距离内瞄准敌人触发弩机。

2.1.2 时空势的实例分析

下面通过迫降哈德逊河案例来具体详细地阐述时空势的概念及其影响。

---

① 黄帝.阴符经集释[M].伊尹 等，注.北京：中国书店，2013.
② 陈曦，译注.孙子兵法：中华经典名著全本全注全译丛书[M].北京：中华书局，2011.

迫降哈德逊河案例

美国东部时间 2009 年 1 月 15 日下午 3 时 26 分，全美航空公司 1549 号航班的空客 A320 飞机在执行编号为 N106US 的任务时，从纽约拉瓜迪亚机场起飞 6 分钟后，因遭受鸟击导致两个发动机失去动力，林博格机长在纽约哈德逊河紧急迫降，155 名人员全部生还。

航班起飞后不久，攀升到 3200 英尺时，机长林博格向机场塔台报告飞机上两个发动机都遭受鸟击而失去动力，要求立即折返机场。但随后机长发现飞机已经不能掉头，于是塔台工作人员安排客机飞往新泽西州的泰特伯勒机场作紧急降落，但林博格机长又发现当时飞机的飞行高度及下降速率都无法让客机安全降落于泰特伯勒机场。于是，机长决定冒险让客机紧急降落在纽约哈德逊河上。

飞机水上迫降的技术要点是保持机身的平衡。"在水上迫降，一旦机身倾斜，阻力不一样，飞机就会解体。"水上成功迫降后，自救和待援也需要一定的时间，有可能因为协调不合理而错过救援时机。林博格机长要在极短的时间内让机翼完全处于水平状态，还要让飞机机头稍稍抬起，同时将飞机的降落速度刚刚高于最低飞行速度。他还要保持与机场塔台航管的联系，同时注意避免撞到河上的渡轮、驳船和其他货船。幸运的是这架飞机配置了延伸跨水飞行的设备，包括可用的前置紧急滑梯和救生筏，尽管并未要求必须如此装备。

一般来说，在飞机需要紧急迫降时，飞行员应当依据迫降检查单进行紧急程序的操作。这就要求航空公司印刷的检查单等资料方便易读，以前排版印刷的版本，在相关页的边缘有伸出外边一点，并有编号的标签自上而下排列。这样便于飞行员迅速找到所需的页面。但由于公司削减成本，全美航空公司印刷的这类手册已经没有在页边缘的标签了，而是把程序号码印在对应的页面上，这就需要飞行员逐页翻查才能找到正确的页面，这就提高了迫降时的操作要求。

一名乘客回忆，当机身完全停止后，机身开始慢慢下沉，紧急疏散程序立即展开。当时机上的乘客都保持秩序，让妇孺先离开机舱。机长负责指挥疏散，并且两次仔细检查机舱是否仍有乘客，确定所有乘客离开后才最后离开客机。机上所有人都停留在机翼上及紧急充气逃生滑梯上等待救援。

在事故发生的同时，当地警方和消防队在接到相关通知后立即出动：消防蛙人在5-7分钟的时间内乘坐直升机到达哈德逊河面，开始在冰冷的河水中拯救生还者；哈德逊河上附近的渡轮也自发地参与救援活动：渡轮上的人将所带的救生衣抛下河中以便让被困乘客获得救助，同时帮助把没有受伤的乘客载至河畔的餐厅安顿；受伤的乘客也立即被转移到附近的医院，获得及时的救治。

事故后的医疗救护包括附近餐厅内及时的抗低温、轻度瘀伤治疗；航空公司对事故旅客的安排包括入住拉瓜迪亚机场假日酒店、成立家庭帮助中心；航空公司、保险公司的赔付工作包括寄发道歉信和支票，承诺退还机票和升舱。在事故原因调查方面，国家运输安全委员会找到黑匣子、飞机碎片，并约谈机组人员，在1个月内（2月12日）发布调查报告。

迫降哈德逊河是时空势很高的情境，155名乘客和机组成员的获救离不开不同层次、不同维度、不同时间点上的差别大、但联系紧密的力量所构成的强大的时空势。

在空间层次上，有机长的个体层次、机组人员的团队层次，以及包括救援各方（警方、消防队员、医疗救护人员、海岸警卫队、商业渡轮、直升机等）、塔台航管人员、乘客、全美航空公司、纽约当局、美国联邦航空局、美国国家运输安全委员会、飞行员委员会等的组织层次。

在机长的个体层次上，第一，在人力维度上，机长技术过硬、飞行经验丰富。第二，在目标和方法维度上，他决策果断，反应迅速，意识到两个发动机失去动力后，他即刻决定接手控制飞机，并且未采纳航管员的指令，而是选择水上迫降。他的心理素质很好，专注、沉稳、镇定，并且具有很强的职业素质和责任心，在迫降后两次巡视机舱，确认无人后，才最后离开。

在机组人员的团队层次上，第一，在迫降前，在人力维度上，副机长按照应急工作清单做好相关准备，乘务员引导乘客做好应急姿势；第二，在迫降后，在目标和方法维度上，副机长按照紧急撤离检查单进行相关检查，乘务员引导乘客撤离。

在救援各方、塔台航管人员、乘客、全美航空公司、纽约当局、美国联邦航空局、美国国家运输安全委员会、飞行员委员会等的组织层次上，在迫降前，第一，在人力维度上，全美航空公司拥有一批技术过硬、飞行经验丰富的机长，人为操作失误导致的事故率很低，且并没有给机长安排过量的飞行任务；第二，在目标和方法维度上，塔台航管人员冷静、迅速地按照常规程序做出指令，言简意赅，节省沟通时间，不干扰机长的决策。在迫降后，第一，在信仰和价值观维度上，乘客受到美国社会"忠于职守、乐于公益、妇孺先行"理念的倡导，互帮互助，有序撤离，没有造成二次伤害事件。第二，在人力维度上，后续救援人员十分齐全，包括警方、消防队员、医疗救护人员、海岸警卫队、商业渡轮、直升机、红十字会等。第三，在物力维度上，尽管条例并未要求，但飞机偶然配置的延伸跨水飞行的设备，包括前置紧急滑梯和救生筏为水上迫降提供了帮助。全美航空公司还设立了家庭帮助中心，并给乘客寄发道歉信和支票、退还机票和升舱等补偿。第四，在目标和方法维度上，救援各方的行为具有高度有序性，例如警方迅速封锁了现场，维护现场秩序，指挥救援；渡轮经常性的防灾演习保证了高效救援；医疗救护人员对受伤的乘客进行了医疗处理，并由警方护送至附近医院或临时安置处。

这一情境的时空势如下：

$$P_{TS} = \sum_{t}^{T}\sum_{s_2}^{N}\sum_{s_1}^{M} P(s_1, s_2, t)$$

$$= \sum_{s_2}^{N}\sum_{s_1}^{M} P(s_1, s_2, 迫降前) + \sum_{s_2}^{N}\sum_{s_1}^{M} P(s_1, s_2, 迫降后)$$

$$= P(个体, 目标和方法, 迫降前) + P(个体, 人力, 迫降前)$$

$$+ P(团队, 目标和方法, 迫降前) + P(团队, 人力, 迫降前)$$

$$+ P(组织, 目标和方法, 迫降前) + P(组织, 人力, 迫降前)$$

$$+ P(个体, 目标和方法, 迫降后) + P(个体, 人力, 迫降后)$$

$$+ P(团队, 目标和方法, 迫降后) + P(团队, 人力, 迫降后)$$

$$+ P(组织, 信仰和价值观, 迫降后) + P(组织, 人力, 迫降后)$$

$$+ P(组织, 物力, 迫降后) + P(组织, 目标和方法, 迫降后)$$

　　根据上述分析，迫降前、迫降后的多层次、多维度上的不同力量为拯救 155 个生命这一共同目标制造了强大的时空势，这也是迫降哈德逊河成功的原因。

2.2　空时比

2.2.1　空时比的基本概念

　　空时比（space-time ratio，简称 R_{ST}）的定义为空间强度和时间长度的比值，其中，空间强度为 M 层次和 N 维度上问题的加总，用数学形式表达如下：

$$S_{\mathrm{intensity}} = \sum_{i=1}^{M} \sum_{j=1}^{N} \mathrm{intensity}_{ij}$$

$$R_{\mathrm{ST}} = \frac{S_{\mathrm{intensity}}}{T_{\mathrm{length}}} = \frac{\displaystyle\sum_{i=1}^{M} \sum_{j=1}^{N} \mathrm{intensity}_{ij}}{T_{\mathrm{length}}}$$

　　空时比有两种特殊形式，当层次 M 不变时，空时比即为空维比，用数学形式表达如下：

$$S_{\mathrm{intensity}} = \sum_{j=1}^{N} \mathrm{intensity}_{j}$$

$$R_{\mathrm{ST}} = \frac{S_{\mathrm{intensity}}}{T_{\mathrm{length}}} = \frac{\displaystyle\sum_{j=1}^{N} \mathrm{intensity}_{j}}{T_{\mathrm{length}}}$$

　　当维度 N 不变时，空时比即为空层比，用数学形式表达如下：

$$S_{\mathrm{intensity}} = \sum_{i=1}^{M} \mathrm{intensity}_{i}$$

$$R_{\mathrm{ST}} = \frac{S_{\mathrm{intensity}}}{T_{\mathrm{length}}} = \frac{\displaystyle\sum_{i=1}^{M} \mathrm{intensity}_{i}}{T_{\mathrm{length}}}$$

　　当事件为正面事件时，该事件的空时比大意味着个体、群体或组织需要在短时间内抓住较大的机会；当事件为负面事件时，该事件的空时比大意味着个体、群体或组织需要在短时间内应对较大的挑战。这两种情况都需要个体、群体或组织在平时有充分的准备，并且在有限的时间内能够快速有效地调用人力、财力、物力等各种资源，从而有效地进行应对。除了应对空时比，个体、群体和组织还要善于管理空时比，即需要对机会和挑战采取措施来降低空间强度、降低空间上的冲击，并且增加时间长度、增加"发展窗口期""战略机遇期"。

2.2.2　空时比的实例分析

下面通过俄美飞机相撞案例来阐述空时比的概念及其影响。

俄美飞机相撞案例

德国当地时间 2002 年 7 月 1 日晚，一架俄罗斯的图 -154 客机和一架美国敦豪（DHL）公司的波音 757 商用大型运输机在德国南部的伯林根上空猛烈相撞，坠毁在康士坦茨湖附近，两架飞机上 71 人全部遇难。

波音 757 货机和图 -154 客机上都安装有空中防撞系统（traffic collision avoidance system，TCAS），由于这种系统彼此间可以互相应答，因此处于有相撞可能航线上的飞机，从理论上来说是不会发生碰撞的。事故发生时，两架飞机上的撞机预警系统（也称防止空中交通事故系统）都在正常工作。事故发生前不到 1 分钟时，两架飞机的撞机预警系统都发出"事故！事故！"的报警；在撞机前 40 秒，波音飞机的预警系统发出下降指令，图 -154 的预警系统命令飞机爬升。但是仅 1 秒后，瑞士苏黎世机场导航中心却要求图 -154 飞机下降。两个指令相互矛盾，到底听谁的？又过了约 14 秒钟，地面控制人员发出第二次紧急指令后，图 -154 飞行员做出了重大选择：按照技术规程，应该提升飞机的高度，但地面几次要求他下降，肯定是有无可争辩的把握和根据的，因为人毕竟比机器更灵活。因此，他还是相信了瑞士导航中心，降低飞行高度。两架飞机同时下降……悲剧就这样发生了。

俄罗斯的图 -154 客机和波音 757 货机的航线交叉点处于德国和瑞士两国边界附近，德国卡尔斯鲁厄机场导航中心在撞机前 2 分钟发现了险情，并试图联系苏黎世机场，但是电话总是占线，即使使用优先线路都无法接通。苏黎世机场导航中心的 4 条电话线当晚有 3 条因维修而关闭，剩下的 1 条线也一直在占线。

苏黎世导航控制中心有两个工作平台，也有两个导航员值班，但却只有一个人在工作。唯一值班的空管员彼得·尼尔逊意识到自己的工作超出负荷，曾打电话要求加派人手，但也因为电话线路太过繁忙而联络不到。他花了几分钟去解决另一个屏幕上显示的另一起可能发生碰撞的险情，当他发现图 -154 和波音 757 的险情时，已经剩下太少时间。航空界的标准预警时间应为 90 秒。通常情况下，地面控制人员应该在两架有可能经过同一点的飞机交叉前 10 分钟发出警报。因为电话线路的繁忙，图 -154 的飞行员不能及时得到尼尔逊的指引，因为当时尼尔逊正和 DHL 的货机进行对话。直到两架飞机发生相撞前 50 秒，尼尔逊才和图 -154 取得联系。苏黎世导航控制中心还有一套防止空难的预警系统，但当晚也因为要维修而关闭了。

据英国《泰晤士报》报道，6 个月以前，欧洲航空交通管制部门降低了对飞机飞行中彼此之间所保持距离的要求，以便在有限的空间里同时允许更多的飞机飞行。这项名为降低垂直分离最小值（RVSM）计划规定，飞机在欧洲上空 29000 英尺高度飞行时，彼此之间相隔的距离由原来的 2000 英尺减少为 1000 英尺；而在 29000 至 41000 英尺高度时，这一距离应保持为 2000 英尺。虽然许多飞机上都装有提醒飞行员避开其他飞行物的雷达预警系统，但是在飞行速度达到每小时 500 英里时，飞行员往往只有几秒钟的时间可以做出反应。

有人说，不管有多少因素，其实这起悲剧还是可以避免的。因为在这起空难发生前一年，在日本就曾经发生过类似的例子。那次两架飞机也是在相同的轨道上，飞行员也得到了相反的指示——空管员和撞机预警系统的命令完全相反。幸运的是，两架飞机的飞行员最后都决定遵从撞机预警系统的指引，避过一劫。当时两架飞机距离只有 100 米远。

俄美飞机相撞是个典型的空时比很高的情境。

就空间强度来说，这次事故涉及俄飞行员的个体层次、俄美飞行员以及德国和瑞士空管员的群体层次，还有包括欧洲航管局、瑞士空管、德国空管、国际民航组织（ICAO），以及日本、欧洲四国的航空管理机构等的组织层次的问题。

在包括欧洲航管局、瑞士空管、德国空管、国际民航组织，以及日本、欧洲四国的航空管理机构等的组织层次上，第一，存在人力维度的问题，事故发生当晚，瑞士空管只有空管员彼得·尼尔逊1人值班，需要同时监控几架飞机，负担重，压力大，未能更早地发现事故发生的可能性，当他发现险情时，已经剩下太少时间。第二，存在物力维度的问题，苏黎世导航控制中心的一套防止空难的预警系统因为维修而关闭，4条电话线中的3条因为维修而被切断，仅剩的1条电话线占线。第三，存在目标和方法维度的问题，即管理上的问题。在事故发生的6个月前，欧洲航空交通管制部门通过了降低垂直分离最小值计划，对飞行员在几秒钟时间内做出正确决定的要求更加严苛。在这起空难发生前一年，日本就曾经发生过类似的事件，但航空界并没有从经验中学习，也没有针对飞机预警系统和空管员指令冲突制定明确的标准。此次事故发生后，由于危机沟通方法较差，还进一步导致了空管员被杀害的次生灾害。

在俄美飞行员以及德国和瑞士空管员的群体层次上，第一，存在人力维度的问题，这一问题体现在空管员之间、空管员和飞机之间、飞机和飞机之间的沟通上。例如，4条电话线中仅剩的1条占线，导致德国空管员和瑞士空管员之间无法及时沟通；图-154和波音757没有沟通；瑞士空管员和图-154沟通不及时，且和波音757没有沟通；按照规定德国空管员和两架飞机不能沟通。由于群体中每个成员都只掌握了能够做出正确决策的部分信息，信息不完备加上沟通问题导致了悲剧的发生。第二，存在信仰和价值观维度的问题，这一问题体现在俄飞行员习惯于听从人的指令，而美飞行员习惯于听从机器的指令，而这两个指令是互相冲突的。在日本类似事件中，两个飞行员都同属于日本文化，就更容易做出不冲突的决策。

在俄飞行员的个体层次上，由于听到预警系统和空管员的指示是矛盾的，且无法从其他渠道，例如波音757、德国空管员等那里获取更多有用的信息，他的飞行经验中也并没有关于处理这种矛盾的规则和方法，于是他按照文化要求，选择了听从瑞士空管员的指令。

因此，这一情境涉及多层次、多维度的问题，空间强度很高。

就时间长度来说，从两架飞机的预警系统发出警报到飞机相撞事故发生仅有 50 秒时间,瑞士空管员发出指令后,俄飞行员要在不到 40 秒的时间内做出是听从飞机预警系统、还是听从瑞士空管员的指令的重大抉择,决策的时间长度是很短的。

这一情境的空时比如下:

$$R_{ST} = \frac{S_{intensity}}{T_{length}} = \frac{\sum_{i=1}^{M}\sum_{j=1}^{N} intensity_{ij}}{T_{length}}$$

$$= \frac{\begin{aligned}&组织层次\begin{cases}人力维度(瑞士空管只有1人值班)+\\物力维度(预警系统维修关闭、电话线或被切断或占线)+\\目标和方法维度(RVSM计划、未从日本类似事件中学习)\end{cases}+\\&群体层次\begin{cases}人力维度(空管员、空管员和飞机、飞机和飞机之间的沟通)+\\信仰和价值观维度(俄美飞行员对人和机器的指令的倾向不同)\end{cases}+\\&个体层次\begin{cases}人力维度(没有处理矛盾指示的相关经验)+\\信仰和价值观维度(俄飞行员听从人的指令)\end{cases}\end{aligned}}{预警系统发出警报后50秒内(瑞士空管员发出指令后40秒内)}$$

根据上述分析,这一情境空间强度高、时间长度短,因此空时比很高,飞行员难以应对,最终导致了不可挽回的悲剧。

从该案例中,我们可以得到以下重要的启示。

● 任何一个问题的发生,特别是极小概率事件的发生,都是个体、群体、组织和环境等多方面因素相互作用造成的结果。现实中,问题发生后,追究责任的时候人们往往会追究那个与问题发生的时空距离最近和最直接的人和因素。因此,领导者和管理者必须具备跨层次认识、分析和解决问题的能力。

● 自然和社会的发展在某种程度上具有规律性和周期性,因此使得某些重合点的产生具有可预测性,这些重合点对人类的安全和发展会有重要影响。人类要学会在这些重合点上加倍关注和细心。譬如,复杂动态系统中容易有重合点;在某些时期容易有重合点;无论是公司还是国家,在转轨过程中容易出现重合点;每年中秋月圆时大潮很壮观,但是却易把观赏风景的人卷进去,等等。

● 一个事件的结果,往往是由系统因素(多层次、多维度的因素)在动态变化过程中相互作用形成的。为了防止问题的发生,我们需要系统思考。系统思考要求我们在工作过程中,学会看清系统的构成因素、发现系统中各因素相互作用的规律、预测系统出现的运行结果，并有效地干预系统，以达到我们工作的目标。

● 我们在工作中需要运用空时比的原理，有效地管理险境和管理繁荣。

其中涉及两个重要概念——管理险境和管理繁荣。具体含义如下。

管理险境是指，当人们可能会碰到不好的事情时，需要认识和洞察到整个系统中的各种敏感因素，从时间和空间上错开这些因素，避免不利事情的发生，从而驾驭险境。

管理繁荣是指，当人们可能会遇到好的事情时，也需要认识和洞察到整个系统中的各种敏感因素，从时间和空间上使这些因素同时具备，促使有利事情的发生，从而促进繁荣。

● 只有对问题进行多层次、多维度和动态的分析，才有可能真正弄清原因，找到解决问题的方法，达到所期望的目标。

2.3 时空信息

时空信息指的是一个主体或事物由于经历了一定长度的时间和一定范围的空间，从而积累和具有的信息。时空信息在人和人之间沟通、协作、解决矛盾和冲突，以及领导者识人、用人等方面都有很重要的作用。人们对同一个问题、同一个事件的看法不同，往往是因为人们拥有的时空经验、背景和认知能力不同，譬如人们常说的自说自话、各自为政，以及毛泽东同志提出的"你打你的，我打我的"战略战术，都是由于不同的人拥有的时空信息不同。

《论语》[①] 中记载了三季人的故事，曾经有一个穿着绿衣服的人找到子贡，问他认为一年有几季，子贡说有四季，那个人说只有三季，两人争论不休，去找孔子评理。孔子说一年只有三季，子贡不解。孔子后来对子贡说，那个穿绿衣服的人就像是田间的蚱蜢，蚱蜢是春天生、秋天亡，其一生只经历春、夏、秋三个季节，在蚱蜢的世界里根本就没有冬季的概念，所以就没有四季的体验。类似地，庄子说："井蛙不可以语海，夏虫不可以语冰"。其意思是，井底之蛙看到的只有井口的大小，和它谈论大海是不可能的，只能在夏天生存的虫子活不到冬天，和它谈论冬天也是不可能的。柏拉图曾提出的洞穴理论也是这个

---

① 陈晓芬，徐儒宗，译注. 论语·大学·中庸：中华经典名著全本全注全译丛书 [M]. 2 版 . 北京：中华书局，2015.

道理。生活在洞穴里的人每天所看到的就是石壁上的人影，认为影子就是整个世界。直到有一天，一个人走出洞穴看到外面真正的光明世界，回来和其他人说，但怎么都无法说通。《周易》①中的"二人同心，其利断金。同心之言，其臭如兰"也说明了人与人之间的交流需要同频共振，拥有相同的时空信息是沟通的基础。

在识人用人方面，领导者可以从一个人经历的时空来识别和判断人的特点，并且把拥有合适时空信息的人用在合适的时空。除了这些方面，时空信息也可以帮助我们了解人和事物的价值以及其影响力的来源，例如一棵古树，经历了久远的时代，"阅"尽了无数的人和事，年轮记载了其时空信息，所以显得弥足珍贵。

时空范围广的人比时空范围窄的人做决策，从更大的空间和更长远的时间来看是更有效的。舆论战中控制舆论的方法就是通过减少层次、维度、时间，让人看不到多层次、多维度和多时间的信息。在当前复杂的国际环境下，谁掌握了更多的时空信息、具有更大的时空智慧，就会取得更大的相对优势。

2.4 时空压缩和时空延伸

时空压缩（time-space compression）指的是将某个主体在较长的时间长度和较大的空间范围里需要经历的事情，压缩到较短的时间长度和较小的空间范围里让其去经历的现象。时空压缩和快镜头类似。

时空延伸（time-space prolongation）指的是将某个主体在较短的时间长度和较小的空间范围里需要经历的事情，扩大到较长的时间长度和较大的空间范围里让其去经历的现象。时空延伸和慢镜头类似。

时空延伸类似量变或渐进式改进，时空压缩类似质变或突破式改进。这两个概念还和空时比有关，空时比越大，时空压缩越大。空时比越小，时空延伸越大。

例如，领悟领导力的真谛可以有下面两种途径。

一是渐悟，通过时空延伸来实现。比如尤克尔提出的正式训练、发展活动、自助活动这三种领导力发展途径，中国古代的格物、致知、诚意、正心、修身、齐家、治国、平天下，都是强调循序渐进地修炼。譬如，我们常说"路遥知马力，日久见人心"反映的是，如果时间足够长、空间足够大，就可以把一个人的方方面面都摸透。

---

① 郭彧，译注. 周易：中华经典藏书 [M]. 北京：中华书局，2006.

二是顿悟，通过时空压缩来实现。很多好莱坞电影的主人公，一开始平平无奇，突然因为某一个特殊的环境、特殊的机遇、特别的苦难，成就了一段英雄之旅，实现了领导力的大幅提升。例如，在电影《国王的演讲》中，主人公约克公爵自幼患有口吃，无法在公众面前演讲，好几次都在大型仪式上出丑。他的妻子四处找寻医生，为丈夫治疗口吃。一次，她遇到了一位来自澳大利亚的语言治疗师罗格。罗格的治疗方式与众不同，虽然第一次治疗不欢而散，但约克公爵发现自己在听音乐时、朗读莎士比亚的作品时并不会口吃，便逐渐信任罗格，配合治疗。后来，乔治五世驾崩，约克公爵临危受命，成为乔治六世，并流利地发表了著名的圣诞讲话，鼓舞了二战中的英国军民。本尼斯和托马斯 ① 曾提出"严峻的考验"（crucible）这一概念，并认为一个人只有经历过人生道路上的各种"严峻的考验"，才能真正形成领导力。比尔·乔治等人提出人在领导力发展过程中同样需要经历"严峻的考验"。事实上，所有难题往往是由于时间和空间被压缩，如果时间足够长、空间足够大，很多问题都能迎刃而解。"严峻的考验"是指一个特别的事件，比如让一个人原本在 5 个岗位上经历的磨炼压缩到在一个岗位上完成，或者原本 5 年经历的磨炼压缩到在一年内完成，其中涉及的空间很大，但是给的时间很短，是一个被压缩的时空。

因此，我们既可以通过厚积薄发、时空延伸的方式培养领导者，也可以通过"严峻的考验"、时空压缩的方式培养领导者。相比较而言，前者时间长、空间小（如图 2-1（1）所示），后者时间短、空间大（如图 2-1（2）所示），但二者对培养领导者提供的总能量是接近的（如图 2-1 中两个阴影面积相等，即 $S_1 = S_2$）。

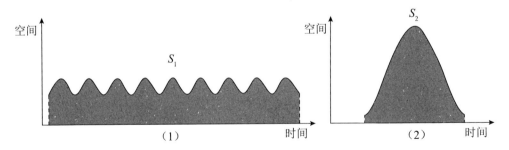

图 2-1　时空延伸和时空压缩示意图

关于时空压缩和时空延伸，我们需要做到兼顾、切换和转换。

第一，我们要学会兼顾时空压缩和时空延伸。 既要考虑时空延伸，例如：

① Bennis W G, Thomas R J. Crucibles of Leadership [J]. Harvard Business Review, 2002, 80.

每天进步一点点，日有寸进；每到一处，每做一事，都有小的收获；"做时间的朋友""做空间的朋友"；相信复利的力量；"善弈者通盘无妙手，善医者无煌煌之名，善战者无赫赫之功"①。又要考虑时空压缩，例如急中生智、一战成名、一剑封喉。扁鹊三兄弟的故事中，大哥治未病，二哥治已病，扁鹊治末病，这是从时空延伸到时空压缩的过程。我们既要像大哥那样未雨绸缪、二哥那样见微知著，也就是时空延伸，也要像扁鹊那样力挽狂澜，也就是时空压缩。

第二，我们要学会切换时空压缩和时空延伸。根据不同的情境使用时空压缩或者时空延伸。例如在改革开放初期，我们要摸着石头过河，这就是时空延伸的智慧，当改革进入深水区，我们就要采取刮骨疗法，这就是时空压缩的智慧。另外，我们还要对不同的人选择性地使用时空压缩或时空延伸。例如，对于抗压能力强、个人素质高、资源充足的人，可以使用时空压缩的方式帮助其提高领导力，而对于抗压能力低、个人素质低、资源不足的人，只能使用时空延伸的方式帮助其提高领导力。很多问题只要拉长时间和空间、拥有更大的时间窗口和空间资源就可以解决。

第三，我们要学会时空压缩和时空延伸之间的转换。以前面提到的迫降哈德逊河为例，这是个典型的时空压缩情境，要在短短的几分钟内做出决定并成功迫降哈德逊河，且需要在飞机沉没前将所有人救出，这是具有十足挑战性的情境。但是，正所谓厚积薄发，就林博格机长而言，他16岁学习驾驶螺旋桨飞机、经历了美国空军学院的磨砺、参加空军事故调查委员会、服役空军期间成功处理战斗机险情、曾因乘客突发病情迫降飞机、参加机组资源管理工作小组、设身处地思考调查的事故并形成"情景意识"、成千上万次尽力沿着"最佳飞行轨迹"等，有了这些"厚积"，即时空延伸，他才能有迫降哈德逊河的"薄发"，即时空压缩。也正所谓"养兵千日，用兵一时"，就美国社会而言，机组人员的专业素养、美国公民"妇孺优先"的风度、消防部门制度性的演习、渡轮经常性的防灾训练、海岸救援队定期的演习、高层建筑定期的逃生演习等，有了这些"养兵"的方法，才有迫降后成功救援的"用兵"的机会。因此，时空延伸为1549号航班的奇迹积累了资源和能量，使得机长和美国社会在关键情况下抓住时空压缩提供的机会，大幅度提升自身的资源和能力，这是从时空延伸到时空压缩的转换。反过来，时空压缩产生的资源和能力，可以通过长期和更大范围的辐射和溢出效应，使得新的时空延伸成为可能。林博格机长后来著书《最高职责》、华纳兄弟公司出品传记影片《萨利机长》等都对当时的社会产

---

① 陈曦，译注. 孙子兵法：中华经典名著全本全注全译丛书 [M]. 北京：中华书局，2011.

生了鼓舞人心的作用，并且林博格机长退休后担任飞行安全顾问，也为他人的时空延伸起到了重要作用。

2.5 时空区域和时空区域的特定效应

时空区域指的是一定长度的时间和一定范围的空间所形成的区域范围。《三国演义》①中的很多战役都体现了应该如何在不同的时空区域行动，以及如何等待恰当的时空区域的出现。譬如，诸葛亮草船借箭的成功，正是借助了大雾天气；赤壁之战中，诸葛亮借东风使得火攻铁索连环的曹操大军成为可能；诸葛亮在上方谷火攻司马懿，但大火正熊熊燃烧之时，天降大雨，这对司马懿来说是好的时空区域，司马懿大呼"天不亡我"，带兵突出重围；诸葛亮北伐期间，司马懿只守不攻，甚至面对诸葛亮送来女装挑衅，司马懿也不出战，这正是为了错开诸葛亮认为的好的时空区域；陆逊耐心等待时机，避开刘备大军士气最旺盛的时候，只为积蓄力量，等到刘备大军资源消耗殆尽，连营百里后，陆逊再借助风势，火烧七百里连营；荆州四通八达，自古就是兵家必争之地，但刘备的援军到达荆州的路途艰险，再加上关羽轻敌，最终被吕蒙夺取荆州并击败。

时空区域的特定效应指的是任何一种时空区域都会因为其独有的时间和空间带来的资源禀赋而在某些事情上产生特定的效应。例如轴心时代、第一次世界大战、第二次世界大战、美国的婴儿潮等都是时空区域的特定效应。

关于变化有周期理论和不确定性理论，文明的发展有种族论、环境论和互动论，笔者认为时空区域的特定效应可以用周期理论和文明的环境论共同解释。德国哲学家雅斯贝尔斯②提出了轴心时代的概念，轴心时代指的是公元前800年至前200年之间，人类知识出现井喷的时期，这个时期出现了孔子、释迦牟尼、苏格拉底等哲学家。这就是在特定的时间和空间内产生的特别现象，也就是时空区域的特定效应。轴心时代之所以会产生，有时间和空间两个方面的因素。在时间上，中国处于春秋战国时代、印度处于列国时代、希腊处于城邦混战时代、两河流域更是帝国频繁更替，这期间各种纷争不断、促进了各种思想的爆发。在空间上，这些地方主要在北纬25度到35度之间，

---

① 罗贯中. 三国演义（全二册）[M]. 北京：人民文学出版社，1998.
② [德] 卡尔·雅斯贝尔斯. 论历史的起源与目标 [M]. 李雪涛，译. 上海：华东师范大学出版社，2018.

笔者认为，这个区域的气候特点是有明显的季节变化，四季都能呈现，有各种不同的景象，给人适度的刺激。而且都有河流，一方面适合灌溉，促进农业产生，百姓能够长久居住，另一方面又有水患，需要人们的智慧治水。

进一步地，笔者认为，事物在不同的时空区域中，会进行不同方式的运动，进而产生不同的特定效应。举例来说，第一，一个球如果放在山顶，这个球可能会去往任何不同的方向（如图 2-2（1）所示）。在混沌理论中，复杂的结构产生于混沌的边缘（edge of chaos），类似地，多样性的文明和思想也更容易产生于混沌的边缘，就像山顶上的球，可能向各个方向滚动；第二，一个球如果放在山谷，这个球受到任何小的扰动都会再次回到原位（如图 2-2（2）所示），这就是封闭系统、超稳结构，系统的变革是很困难的；第三，一个球如果放在平地，这个球会按照其初始速度和方向前进，如果受到扰动则有改变运动方向的可能（如图 2-2（3）所示），这就是中等稳定的系统，变革也是可以发生的。

（1）混沌的边缘　　　　（2）超稳结构　　　　（3）平面

图 2-2　混沌的边缘、超稳结构、平面示意图

战争或太平盛世也是一种时空区域的特定效应，历史上兵家必争之地在空间上（如空间的相关特征）都是类似的，战争与和平在时间上也是周期性的。国运也是如此，例如，中东地区石油资源丰富，造就了很多富豪；中国西北高东南低，既有天然屏障又方便发展国际贸易。冯友兰先生曾经总结道：在中国近代史上，有几个地方影响力最大。譬如广粤地区，这是中国对外开放的门户；又如湖南，这里为中国近现代史输送了大量经纶治世之才。

广粤地区作为最早对外开放的地区，外来文化和本地文化在这里进行了交融，也造就了该区域人民开放、兼容和创新的性格。由于最早受到外来文化的影响，特别是近代西方先进文化思想的影响，得风气之先，加上冒险、创新的气质，在中国近代史中，广粤地区精英辈出，在推翻封建帝制、建立新中国以及改革开放、发展经济中，有一种宝贵的"敢为天下人先"的品格特征，涌现了诸如孙中山（1866 年生）、郑裕彤（1925 年生）、李兆基（1928 年生）、郭得胜（1911 年生）、何鸿燊（1921 年生）等一大批名人。

中国近代在湖南省出现了很多名人，这也是一种时空区域的特定效应。例如：晚清四大名臣中的曾国藩（1811 年生）和左宗棠（1812 年生）、中国首位驻外使节、湘军创建者之一的郭嵩焘（1818 年生）、戊戌六君子之一的谭嗣同（1864 年生）、同盟会创始人之一的黄兴（1874 年生）、军事将领程潜（1882年生）、革命家宋教仁（1882 年生）、革命家和军事家蔡锷（1882 年生）、伟大的无产阶级革命家毛泽东（1893 年生）、中华人民共和国十大元帅中的贺龙（1896 年生）、彭德怀（1898 年生）和罗荣桓（1902 年生）、无产阶级革命家刘少奇（1898 年生）、中共第一代领导集体的重要成员任弼时（1904 年生）等等。近现代教育家蔡元培曾在《论湖南的人才》一文中曾写道："湖南人性质沉毅，趋新也趋得很急。湖南人敢负责任。"

2.6　时空全息

所谓"天垂象，见吉凶，圣人象之"，任何事情的发生都会有征兆，我们可以从"象"蕴含的吉凶中了解这些征兆，了解到事物的发展趋势，并据此采取行动。"象"的意思有以下三解。

一是自然现象。一方面，人们通过思考看到的自然现象，理解象，然后判断吉凶，进而采取措施。《周易》[①]系辞中说："是故变化云为，吉事有祥；象事知器，占事知来。"其意思是：遵循《易经》变化的道理而有所作为，就会出现吉祥的事物；观察卦爻的象征，能够知道制器的方法；占卜事情的吉凶，可以预知未来的结果。一些自然发生的变化和现象，从道理上看也许不相关，然而却可能是另一些事件的征兆。如蝴蝶振翅就有可能引起龙卷风暴。另一方面，大自然中的"象"同样蕴含了丰富的哲理，《周易》的基本逻辑是"象"中包含"理"，"理"中包含"数"。因此，应该先研究"象"，再研究"理"，进而研究"数"。

以竹子为例，其生长过程和形状结构具有下面这些特征。第一，竹子的生长过程先是在土壤里向下和横向生长，根系盘根错节，需要经过长时间的积累。打好了扎实的基础后，竹子开始向上迅速生长。竹子的生长体现出"先下后上、缓扎速长"的特征。《周易》中乾卦的思想体现了这一哲理，先是"潜龙勿用"，

---

① 　郭彧，译注 . 周易：中华经典藏书 [M]. 北京：中华书局，2006.

然后是"见龙在田，利见大人"，接着是"君子终日乾乾，夕惕若，厉，无咎"，进而"或跃在渊，无咎"，达到"飞龙在天，利见大人"。换言之，人在年轻的时候应该懂得积累扎根，企业在创建的初期应该扎扎实实做事，把基础打牢。第二，竹子有节，这是一种合理的力学结构，使竹子抗风和保持稳定。越是下面，节和节之间的间距越小，使得竹子的基础更加稳固。节除了力学作用，还有人文含义，人们从大自然的竹子中感悟到了丰富的人生哲理，比如气节（志气情感）。中国文化中有很多描写竹子气节的诗句，如"可使食无肉，不可使居无竹""此君气节极伟特，令人爱之舍不得"等。气节这个词倒过来是节气，可以引申出调节的智慧。中国有 24 个节气，反映了农民在不同的节气里应该做不同的农活，该播种播种，该生长生长，这就是调节的智慧。《周易》有六十四卦，其中有一卦就叫节卦，节卦代表人在不同的人生阶段，不同的年龄，一定要做阶段性的调节，要调整人生方向。由此可见，从竹子节的结构中，人们感悟了两个重要的哲理，一个是情感上的气节，一个是认知上的节气。竹子的神形表现出"用节稳固、以节升华"的形象。正如《道德经》[①] 中所说："人法地，地法天，天法道，道法自然"，这里的"法"是效法、学习的意思。笔者认为，这句话的意思是：人要效法地，要向大地上的万事万物学习，例如人向鸟学习就发明了飞机，鸟有翅膀，飞机也有翅膀。地要效法天，这里"天"是指地球附近的太空系统。天要效法道，这里"道"是指人类能够认识到的规律。道效法自然，这里"自然"是指整个宇宙系统。大自然中的竹子对我们的人生态度有启发，对企业的经营管理也有启发。在中国文化里面松、竹、梅被称为岁寒三友。竹子、松树和梅花都是处在严寒中的植物，它们都有坚定的意志，能够耐得住严寒。因此，大自然的"象"包含了"理"，如果将"理"定量化就是"数"，如定量模型等。

二是人为造象。如通过环境的规划、物品的摆放、图片的设计等，人为地产生一定的影响。譬如，大学是一个培养人才的环境，因此在校园里面多种树，会使师生们在校园里联想到"十年树木、百年树人"的使命。在公司员工的座位边摆放一张员工的全家福，会给员工一种积极的影响，激发他们的责任心、减少其在工作中的不道德行为。在接待贵宾的会议厅的墙壁上挂一幅迎客松的画，就会使贵宾们感受到主人的欢迎和尊重。此外，一个人注意个人形象、一家公司注重公司形象，也属于人为造象。本书在第 3 章绘制的领导和管理的时空理论的总体模型中的组织是一个多层次、多维度、动态的结构，和传统的金

---

① 张景，张松辉，译注 . 道德经：中华经典名著全本全注全译丛书 [M]. 北京：中华书局，2021.

字塔形组织结构明显不同，给人以系统、动态的感觉，因而能够使人更好地理解组织的本质，并采取适当的行动。这也属于人为造象。

三是心理图象。心理学家荣格在《共时性》^①一书中，提出了共时性（synchronicity）现象，共时性是指个体的某种心理图象，如某个梦境中的主观意象、思想意识、心理状态等，和外部事件出现了"奇怪的巧合"，而这两者之间没有任何因果关系的证据，但却存在一种特殊的相互依存的关系。共时性现象主要包括三种情况：

其一，个体的某种心理图象和外部事件即时相合。如你脑海中没来由地想起了好几年没联系过的朋友，忽然电话响起，另一端传来的正是你想的那位朋友的声音。又如"说曹操，曹操到"。

其二，个体的某种心理图象和其知觉领域之外（空间距离）的外部事件相对应，外部事件由于空间距离在随后才能得到证实。例如，你在梦境中看到你处于千里之外的好朋友考上了理想的学校，随后在现实当中，你的好朋友真的考上了理想的学校，并且把这个好消息分享给你。

其三，个体的某种心理图象和还未发生的未来事件相对应，未来事件由于时间距离在随后才能得到证实。

上述这些情况我们通常也视为缘分，缘分在某种程度上是偶然性和必然性的辩证统一。一方面，它的偶然性体现在缘分的产生是许多时空因素偶然地聚合到了一起的结果；另一方面，像组织一样，时空也是事物存在的形式、运行的方式和追求的结果，缘分又具有必然性，如冥冥之中早已注定。

荣格将上述这些现象称为共时性现象，他在书中举了一个例子，他治疗的一名年轻妇女，做事偏执，过分追求完美和理性，但总是做不到。有一天她做了一个梦，在梦境中，有个人赠送她一件贵重饰品，是一只漂亮的金甲虫。她在治疗室给荣格讲述这个梦境时，荣格听到窗外有噪声，他打开窗户看到了一只金甲虫，他抓住这只金甲虫放到妇女手中，告诉她，这就是她梦里那只金甲虫。这件共时性事件使得妇女非常惊讶，打破了她偏执性的狭义理性人格，而后治疗得以持续下去，且成效显著，随着荣格对人类部落图腾的研究，他发现金甲虫是重生符号的一种象征。金甲虫作为这名妇女梦境中的心理图象，在现实中通过窗户飞进来，而荣格发现了金甲虫作为一种重生的象征，预示了这名妇女转变过程的开始。受到爱因斯坦相对论早期思想的启发，荣格把共时性看作是以心灵为条件的时空相对性，也就是说，在心理图象和外在事件出现共时性现

---

① ［瑞士］荣格. 共时性：一个非因果关系的法则 [M]. 邓小松，译. 北京：华龄出版社，2020.

象时，对于这种巧合，空间和时间可以说是"有弹性的"，即对于心理图象来说，时间可以通过非因果联系的对应方式，在不同的空间中同时表现出自身的本质。

此外，量子纠缠在某种程度上是微观领域中共时性现象的体现，假设一对粒子分别向相反的方向移动。当对一个粒子的属性，如自旋方向进行测量时，无论另一个粒子在何处，它的状态都会立即改变为和测量结果匹配，即使这两个粒子相隔很远，也不影响二者的同时响应。据此，当我们看到其中某个粒子的变化，我们就可以推测出另外一个粒子也发生了同样的变化，二者之间存在着共时性。这就好比中国古代所说的"天人感应"，即上天能影响人事、预示灾祥，而人的行为也能感应上天。又如，人和人之间的心灵感应，在爱情关系中，两个人即使不在同一个地方，也能感应彼此的情感和想法，如某个人的情绪变化会引起另一个人的心理波动。

上述情况就包含了时空全息（time-space holography）的思想。时空全息可以为人们的预测提供参考依据。

从空间视角来看，局部的时空信息可以反映总体的时空信息（譬如：以小观大、以微观看宏观、窥斑见豹、麻雀虽小五脏俱全、分形结构中局部和整体相似），而总体的时空信息也可以用来分析局部的时空信息（譬如：以大观小、以宏观看微观）。

从时间视角来看，某个时间点的时空信息会包含另外一个时间点的时空信息，如当前某个地方的现象会包含该地方未来的时空信息。

简单地说，在这里，时空全息就是局部包含总体、总体包含局部。譬如，人在地球上任意一个有信号的地点拿着手机，就会收到来自各个地方的网络信息，能看到世界各地的节目，如体育赛事、演唱会等，这些是发生在同个时空中的事件，个体在某个点上都能看到，这体现了时空全息的概念。

时空全息是我们用来观察和认识事物的重要概念。

第一，以大观小，就是用更大范围的时空信息分析较小范围的时空信息。这是天气预报的基础和原理，也是预测学的基础之一。天气预报是通过获得更大范围的卫星云图照片，来事先估计和预告未来一定时期内的天气变化。

第二，以小观大，就是局部的时空信息可以反映总体的时空信息。我们常说的"三岁看小，七岁看老"，意思是三岁、七岁的时空信息表示的状态和未来存在一定关系，也就是用某一个时间点的信息来预测未来更长的时间段的信息。又如，我们在局部做皮试，就能知道一个人对某个药物的免疫反应；采集人体局部的体液或者细胞，就可以获得人的基因遗传信息；地震前动物异样的表现预示了地震的发生；宋太祖杯酒释兵权，一杯薄酒反映出宋朝积贫积弱的社会现象。所谓"一花一世界，一木一浮生，一叶一菩提"，局部可以是整体的缩影，一朵花、一块木、一片叶子等都包含了宇宙的信息，每朵花、每片叶子自成一个生态系统，树木的年轮蕴含了丰富的时空信息，包括气候、天文、环境等。一个人的内心也包含了宇宙的信息，六祖惠能曾说："何期自性，本自具足"，这强调了不向外求而是向内求，例如王阳明龙场悟道发展了"心学"，他提出了"心即理"，认为人的内心中包含了外部世界的信息，人们探寻自己的内心世界，也就可以理解外部世界的信息。此外，March 等（1991）[1]在《组织科学》（*Organization Science*）上的文章《从一个或更少的样本中学习》（*Learning from samples of one or fewer*）中发现，由于重大事件的样本极小，人们从极小样本中学习应该要尽可能地从中学习到经验和教训，通过对极小样本进行丰富的解读（如增加单个事件的观察者的数量和多样性等）、充分发挥想象力等来解剖小样本的重点案例，从而得到更全面的信息。

总体上，大中包含小，小中包含大。我们需要将"以大观小"和"以小观大"相结合。譬如，人们对天气的预判有两种方法，一方面可以从更大范围的卫星云图照片中看；另一方面也可以从池塘里鱼的反应来看，因为大雨来临之前池塘里的鱼会将头浮出水面。人们将这两种方法相结合，对天气的预判的效果会更好。

2.7　时空守恒

时空守恒包括层次守恒、维度守恒和时间守恒。

● **层次守恒**。例如，一个人也许不能在微观层次上做得非常出色，但是他可能在宏观层次上表现得很好，比如企业领导者能够高瞻远瞩；反之，一个人也许不能在宏观层次上表现得很好，但是他可能在微观层次上做得非常出色，例如大国工匠可以把某一种产品、某一种工艺做到极致，这就是层次守恒。

● **维度守恒**。例如，王阳明"亭前格竹"，对着竹子"格"了七天七夜，什么都没有格出来，后来他就放弃了程朱理学，而后"龙场悟道"，提出了自己的心学理论。"失之东隅，收之桑榆"，其意思是，在某一方面失利，但在另一方面得到了补偿，同义词有"塞翁失马，焉知非福""因祸得福"等。也

---

① March J G, Sproull L S, Tamuz M. Learning from Samples of One or Fewer [J]. Organization Science, 1991, 2(1): 1-13.

就是说，一个人可能无法在所有维度上都获得成功，智慧有总量，在某一维度上达不到的，可以在另外的维度上显现。《黄帝阴符经》[①]里也有"瞽者善听，聋者善视"的说法，其意思是，盲人虽然看不到，但是听力很好；聋人虽然听不到，但是视力很好。这就是维度守恒。

● **时间守恒**。例如，风险投资家不可能对任何一个企业的任何一个阶段都判断得很准确，有的风险投资家擅长在初始阶段投资，有的则擅长在企业已经初步有发展势头之后投资，还有的擅长在企业成熟之后投资。这就是时间守恒。

时空守恒可以帮助我们理解人群多样性的形成机制。因为不可能每个人都在所有的层次、所有的维度、所有的时间上都占据优势，不同的人在不同的层次、不同的维度、不同的时间上有一个优势的分布，比如有的人擅长宏观，有的人擅长微观，有的人软实力维度好，有的人硬实力维度好，有的人少年得志，有的人大器晚成，等等。这实际上就构成了很多排列组合，也就形成了人群的多样性。因为人的能力是有限的，一些企业家能够创建企业，但不能保持企业的持久发展，就把企业出售给其他一些能够将企业带向可持续发展的企业家经营，这就是一种战略选择。

时空守恒除了和人群的多样性有关，还和组织的战略选择有关。例如，有的咨询公司提供战略分析、政策分析等宏观的咨询业务，有的提供财务、审计等中观的咨询业务，有的提供领导者选拔、员工面试方法等微观的咨询业务，这是空间层次上的战略选择，这和企业的层次守恒有关。有的企业做原材料，有的企业做粗加工，有的企业做精加工；有的企业做研发，有的企业做制造，有的企业做组装，这就是空间维度上的战略选择，这和企业的维度守恒有关。有的企业家有个很好的想法，在创业初期也能让企业有一个好的发展趋势。但是企业家可能认为自己没有长时间经营企业的能力，于是就把企业培育起来之后，找个合适的时间点出售企业，这是时间上的战略选择，这和企业的时间守恒有关。

和时空守恒相关的有一个概念，叫作时空局限。所谓时空局限就是每个主体所持有的时空观念和所拥有的时空资源是有限的，而时空守恒就是在这局限内，层次、维度和时间上是守恒的，某一方面不好，可能就会在另一方面好，"世界为你关闭了一扇门，就一定会为你打开一扇窗。"全面发展的组织是在时空观念上广博深远、在时空资源上丰富充足的，比如中国拥有齐全的产业链，因

---

① 黄帝.阴符经集释[M].伊尹 等,注.北京：中国书店,2013.

为中国国土面积大、人口多，可以容纳几乎所有的产业。但是有的国家国土面积小、人口少，产业链不齐全，例如只能发展资源型产业等，这就是因为这些国家的时空资源不够。因此，个体的发展、组织的战略选择，是单层次、单维度和/或单时间，还是多层次、多维度和/或多时间，需要视其时空局限而定。只有时空观念广博深远、时空资源丰富充足的个体和组织才能够在更多层次、更多维度、更多时间上深耕发展。

2.8　时空弯曲

在爱因斯坦提出的广义相对论中，时空弯曲是一个很重要的概念。时空弯曲指的是由于物质的存在，时间和空间会发生弯曲，弯曲的程度取决于物质的质量。如果简单地来理解时空弯曲，就是把一个铁球放在一块布上，铁球会造成布的凹陷，布上原本笔直的线条花纹也会变得弯曲。在宇宙中，遥远恒星的光线经过太阳会发生偏折，黑洞附近的时间变得很慢，这都是因为时间弯曲。

在数学上，我们常说"两点之间线段最短"，但在实际生活中，也可能是两点之间曲线最佳，我们要善于使用时空弯曲的方法，来达到《道德经》①中"曲则全，枉则直；洼则盈，敝则新；少则得，多则惑"的境界。在这里，空间弯曲指的是我们很多时候需要通过第三方来传递信号、通过在空间上走弯路来达成目的。例如，中美建交之前，巴基斯坦曾开辟了一条"巴基斯坦渠道"为中美领导人传递口信，促成中美双方的接触；在中国的积极斡旋下，沙特外交大臣和伊朗外长在北京举行了7年多来的首次正式会晤，随后两国签署联合声明、恢复外交关系，等等。同样，在这里，时间弯曲指的是我们很多时候需要经历更长的时间、在时间上走弯路来达成目的。俗话说"不撞南墙不回头"，就像小孩子没有经历过摔倒是学不会骑自行车的，有的时候人要经历必要的挫折才能领悟道理。

2.9　时空优化

时空优化指的是我们要根据事物与时间和空间的关系特征来有效地进行时间资源和空间资源的投入和分配以达到更好的效果。时空优化的理论基础之一

① 张景，张松辉，译注．道德经：中华经典名著全本全注全译丛书[M].北京：中华书局，2021.

是古希腊著名哲学家毕达哥拉斯提出的"数是万物的本原"，我们可以对时间上有关的数和空间上有关的数进行优化。

● **时间优化**。譬如，心理学有一个分支是时间心理学，就是从时间视角研究人的心理和行为。例如，近因效应指的是人们通过最近获得的信息来形成对事物的印象和评价，先入效应指的是人们通过第一次获得的信息来形成对事物的印象和评价，也就是我们常说的"先入为主"。根据近因效应和先入效应，我们可以在时间上有更好的优化和统筹。例如，在举办大型晚会时，可以严格把关，并将更多的资源投入开始和结尾的节目。又例如，如果能早半小时出门，就可以避免早高峰堵车，节省的时间远远超过半个小时。还例如，社会、经济、行业等的发展都有周期，企业要踩准外部环境变化的节奏，就像《计然之策》[①]中干旱造船、雨季造车的建议，要在发展周期的低谷进入、在发展周期的最高点离开。产品发展也有周期，一开始销售数量快速增长，然后趋于稳定，最后下降直至退出市场。企业应该在某一个产品发展到趋于稳定之前就着手发展下一个产品，然后在前一个产品发展速度减缓时推出新的产品，而不应该在前一个产品已经发展乏力甚至要退出市场了，才开始业务重塑。这些都是时间上的优化。

● **空间优化**。譬如，黄金分割比 0.618 在建筑、音乐、科学实验、管理等诸多领域都有应用。例如：五角星中所有线段的长度关系都符合黄金分割比；舞台报幕员站在舞台长度的黄金分割点报幕最符合美学；埃及的胡夫金字塔、古希腊的帕特农神庙等都使用了黄金分割比例来呈现建筑的美感；华罗庚提出在实验区间的黄金分割点处做实验，这种优选法可以用最少的实验次数来找到最优解。这些都是空间上的优化。

● **时间和空间的同时优化**。例如，在乒乓球比赛中，选手要经常改变其击打方式（包括节奏、速度和位置等参数）才能有胜利的机会。又例如，很多领导培训课程必须在人们有了一定时间长度的工作经历，既有成功经历也有失败经历、既有目标也有问题的时候，教育和培训的效果最好。在资源有限的情况下，这些领导培训课程应该选择有影响力的中高层，尤其是在人际网络中心节点上的群体更为有效。还例如，一个公司进行物质激励要"变奏"，即变换方式（譬如改变激励的时间节奏、激励的类型和强度等）去激励更有效，否则一成不变的激励很容易失去效果。

---

① 司马迁. 史记（精注全译）（套装共 6 册）[M]. 李瀚文，主编. 北京：北京联合出版公司，2016.

第二部分

时空论在领导和管理领域的应用

第3章

领导和管理的时空理论：模型和观点

3.1 领导和管理的时空理论的意义

3.1.1 培养领导和管理人才需要新理论

当今组织面临复杂多变的、机会和挑战并存的环境。一个组织要取得并保持可持续的竞争优势，需要内心强大、具有大智慧的领导者和管理者。笔者提出基于时空论的领导和管理理论和方法的目的在于为建立一种新的领导和管理思维与领导和管理能力提供理论和工具 ①。

回顾中国共产党成立 100 多年以来的历史，从 1921 年南湖红船上的十几个人，到如今拥有超过九千万名党员，中国共产党之所以能够在各个阶段取得成功，现如今走在民族复兴的道路上，一个非常重要的原因是中国共产党在各个重要的历史阶段都有内心强大、具有大智慧的领导者。譬如，在国内革命战争初期，红军只有小米加步枪，而国民党军队拥有先进的枪支弹药、飞机大炮和充足的后勤补给。1934 年，红军选择了一条艰难的道路——长征。红军以惊人的意志力、顽强的战斗精神以及挑战人类生存极限的勇气，爬雪山、过草地，在人迹罕至的地方坚强地寻找生存和发展的希望。在这期间，毛泽东同志以其无与伦比的军事智慧指挥了四渡赤水，使三万红军摆脱了四十万国民党军队的围追堵截，创造了世界战争史上的奇迹。红军经过二万五千里长征，

---

① 陈国权 . 领导和管理的时空理论 [J]. 中国管理科学，2017，25（1）：181-196.

成功到达陕北，保存了革命的力量。毛泽东同志在领导红军长征的这段特殊时期，写下了"红军不怕远征难，万水千山只等闲"等著名诗词，展现了中国共产党人在应对艰难险阻时的革命乐观主义精神、必胜的信心以及伟大的智慧。红军长征避开并削弱了国民党军队在武器装备和物资供给方面的优势，保存了中国革命的火种和有生力量。在西安事变中，张学良和杨虎城对蒋介石实行"兵谏"，国内局势动荡不安。以毛泽东同志为核心的党的第一代中央领导集体在这重大的历史关头，为了形成全国团结抗战的局面、凝聚所有的抗日力量，主张释放蒋介石，促进了国共合作和全国抗日统一战线的形成。当时，以毛泽东同志为核心的党的第一代中央领导集体在决策时，没有计较国共两党过去的恩怨，而是站在国家和民族的层次上考虑，做出了正确的决定，使我国最终取得了抗战的胜利。毛泽东同志在抗日战争时期，面对国内出现的不同想法和态度，写了一篇非常著名的文章——《论持久战》。在《论持久战》里，毛泽东同志批驳了"亡国论"和"速胜论"，并提出两个重要的观点：第一，中国会取得战争的胜利；第二，取得战争的胜利需要比较长的时间。毛泽东同志对这些观点进行了全面、系统和翔实的论证。毛泽东同志的第一个观点鼓舞了国民的士气，但是第二个观点又让国民清醒地意识到取得战争胜利的过程是艰苦的，要做好打持久战的准备。毛泽东同志的这些精辟论断给全国人民抗战带来了鼓舞和智慧。中国人民最终取得了抗日战争的胜利。在解放战争时期，毛泽东同志以其卓越的智慧带领人民解放军，在辽沈战役、平津战役和淮海战役等战役中不断取得胜利。在革命即将取得全国胜利之时，动身"进京赶考"前，在西柏坡召开了中共七届二中全会。会议上提出了"两个务必"，即：务必使同志们继续保持谦虚、谨慎、不骄、不躁的作风，务必使同志们继续保持艰苦奋斗的作风。在胜利面前，毛泽东同志多次提到李自成，十分重视明末清初李自成领导的农民起义军最后失败的历史教训，要求党内同志在胜利面前要保持清醒的头脑，注意反腐防变。最后，以毛泽东同志为核心的党的第一代中央领导集体建立中华人民共和国，中国人民从此站起来了。从 1921 年中国共产党建立到 1949 年中华人民共和国成立，一共 28 年的时间，中国共产党以其强大的内心和大智慧带领中国人民取得了新民主主义革命的胜利。然而之后不久朝鲜战争爆发。在武器装备相对弱小的情况下，毛泽东同志敢于亮剑，做出了抗美援朝、保家卫国的决策。在抗美援朝战争中，中国人民志愿军在极其艰苦的情况下，取得了最后的胜利。1978 年，在国际国内形势变化、国家亟待发展的关键时刻，中国共产党召开了十一届三中全会，邓小平同志提出了"把全党工作的着重点和全国人民的注意力转移到社会主义现代化建设上来""实行改革开放"等具有大智慧的决策，使国家得到了快速发展。邓小平同志虽然三起三落，却以其巨大的政治勇气和大智慧，提出了"一国两制"并促成了香港、澳门的回归，为国家的经济发展与和平统一都做出了巨大贡献。1998 年，长江发生了特大洪灾，在抗洪抢险的关键时刻，江泽民同志抵达抗洪前线，慰问受灾群众，为抢险人员打气，发出"中国人民是不可战胜的"的强音。面对 2003 年非典迅速蔓延全国、2008 年汶川发生 8 级特大地震等重大事件，以胡锦涛同志为总书记的党中央采取了一系列强有力的措施，带领整个国家顺利渡过难关，取得各项事业的成功。当今，以习近平同志为核心的党中央正带领全国人民在习近平新时代中国特色社会主义思想的正确指引下，奋发努力、昂首挺胸地行走在中华民族伟大复兴的道路上，不断取得举世瞩目的成就……可以说，在每一个重要的历史关头，我国都有内心强大且具有大智慧的领导者，带领人民战胜了一个又一个的困难，取得了一个又一个的胜利。这些光辉的历史给了我们每一个中国人坚定的信心和勇气。

在北京天安门城楼上，有两句标语，一句是"中华人民共和国万岁"，祝愿中国；另一句是"世界人民大团结万岁"，祝愿世界。这样的两句标语同时出现在一个国家最具象征性意义的建筑上，在世界上实属罕见。这既体现了中国的领导者们关怀国家和世界的强大内心和博大胸怀，也反映出他们认识到了实现国家繁荣发展和世界安宁治世的智慧和大道。这种强大的内心和大智慧体现了我国经典著作《大学》①中"物格而后知至，知至而后意诚，意诚而后心正，心正而后身修，身修而后家齐，家齐而后国治，国治而后天下平"的思想。中国的领导者们不仅继承了这一传统，而且结合当今中国和世界的现实，正在为实现这两句标语中的目标而努力。

然而，世界现实和我们美好的愿望并不一样。当今的世界，正面临政治、经济、文化、科技、环境等各方面的挑战。国与国之间的关系正在发生复杂的变化，矛盾、冲突和战争不断出现且还有扩大的迹象，全球公共卫生事件严重阻碍了经济的发展，科技的迅猛进步在给人类带来便捷的同时也带来了忧虑，全球气候变化也不断为人类的生存敲响警钟。当今，我们面临百年未有之大变局，无论是企业、地区、国家还是整个人类社会都在面临挑战。领导和管理的本质不只是自己发出能量，而是用一种行之有效的办法把大家的力量激发出来。

---

① 陈晓芬，徐儒宗，译注. 论语·大学·中庸：中华经典名著全本全注全译丛书 [M]. 2 版. 北京：中华书局，2015.

领导者和管理者的工作是要激发大家的热情和智慧，同时也要用热情、勇气来自我驱动。领导者和管理者的一念之差、一个决定就能够轻易影响很多人。阿基米德说"给我一个支点，我就可以撬动地球"，领导者和管理者就是掌握这个"杠杆"的人。如何在充满挑战的环境下，采取有效的措施，促进企业、地区、国家和人类社会的健康、可持续发展，需要内心强大、具有大智慧的领导者和管理者，这样的领导者和管理者是国家和社会重要、稀缺的资源，能给企业、国家和社会带来繁荣、和平和福祉，保障可持续发展。

然而，如何培养内心强大、具有大智慧的领导者和管理者，需要一种新的理论。"工欲善其事，必先利其器"，本书的第二部分正是希望系统地阐述基于时空论的领导和管理理论的思想、观点和方法，为培养内心强大、具有大智慧的领导者和管理者提供理论和工具。

3.1.2　建立认识和影响世界的新视角

组织是一个社会技术系统（sociotechnical system），领导者和管理者需要对组织进行认识、分析和设计。首先，领导者和管理者要理解组织，就像医生给病人治病要先对人体结构了如指掌一样。然后，领导者和管理者要设计组织，同时要对组织面临的重大问题做决策。时空论的关键是时间和空间这两个基本的视角。空间是多层次和多维度的，时间是动态的。因此，时空视角体现在具体方面就是多层次、多维度和动态的能力，简称"层维动"综合的能力。

以爬山欣赏风景为例。在爬山的时候，从山脚到山腰再到山顶，人所处的高度是不一样的，人在不同的高度看到的风景是不一样的。这里的高度就是层次，领导者和管理者要处理好企业的问题，首先要处于不同的层次、不同的高度，来看到不同的风景、掌握不同的信息，即同时要有微观视野和宏观视野，这就叫做多层次。当人处在山的某一高度，如在山腰，转向不同的方向时，看到的风景也是不一样的，这就叫角度。这里的角度就是维度，如果领导者和管理者能够透过不同的维度、不同的角度，来看到不同的风景，就有可能掌握更为全面的信息。因此，当领导者和管理者能够站在不同的层次，同时掌握同一层次中不同的维度，就能很好地把握空间信息。进一步地，人在爬山时，在不同的时间，如在早晨、中午和晚上，或是在春天、夏天、秋天、冬天，看到的风景也是不一样的。因此，多层次、多维度和动态在爬山的例子中，体现为人在一天中不同的时刻、一年中不同的季节，能够站在山的不同高度和不同角度来欣赏风景，这样就可以看到较为全面的景色。

多层次、多维度和动态的时空视角就是要把握动态的、立体的时空信息，这就好比大数据，大数据就是包含了足够多的层次信息、足够多的维度信息和足够长的时间信息，如果再加上人工智能的推算，可以帮助领导者和管理者做出判断和决策。所以，基于时空论的领导和管理理论重视以信息赢得天下，以不同的时间视角和不同的空间视角产生的优势赢得天下。试想，当一个人能从不同层次、不同维度、动态地看问题时，他还会有什么想不开的事情呢？正所谓"横看成岭侧成峰，远近高低各不同"，山是一个客观的存在，但人怎么看山同样很重要。佛教常说"转念"，人们在空间层次、空间维度和时间动态方面都可以转念。比如做生意赔本了，转念意味着可以改变对这件事的看法，在维度上，你可以想到：顺境时获得财富，逆境时获得智慧。虽然做生意赔本了，但是得到了经验、智慧和教训，也是一种收获。在层次上，你可以想到：尽管这次做生意失败了，但是家庭中其他成员，尤其是孩子们在未来接班时就有了教训。在时间上，你可以想到：失败是成功之母，只要下次再有机会，我还可以东山再起。多层次、多维度、动态的心智模式，可以使我们内心强大，而且具有大智慧。世界上厉害的人大都是拥有多个不同视角看问题的人。譬如，司马懿被曹氏家族压制，但他能屈能伸，时时努力练武提升自己。诸葛亮北伐时为了刺激司马懿，送给他女人的衣服，司马懿就把女人的衣服穿身上，还觉得挺好看的。再举个反例，同样是面对诸葛亮，司马懿和周瑜的态度截然相反，在周瑜看来，诸葛亮的突出表现不利于自己的发展，发出了"既生瑜，何生亮"的愤慨。而在司马懿看来，诸葛亮是自己走向成功的垫脚石。

所以，当一个人拥有开阔的时空思维时，他能获得更多的信息，在进行决策时有充分的依据，因此会拥有大智慧；时空思维也能让人在遇到困难、想不开时，能够从多层次、多维度和动态视角进行转念，因而拥有强大的内心。譬如，红军长征时期条件艰苦，而毛泽东同志的诗句却充满了慷慨激昂的情感，描写了北国风光的豪迈壮丽、红军不怕远征难的昂扬斗志等，通过转念把红军的积极情绪激发起来，最后带领红军取得长征的胜利，他的转念是成功的。一个人转念而且成功之后，他的内心一定是强大的。所以，如果没有经历过挫折，没有在挫折中成功转念，而且没有运用这个转念的积极效应去影响其领导和管理的组织成员，那么领导者和管理者的内心是很难变得强大的。

基于时空论，领导者和管理者能运用时间和空间的总体系统观来认识、分析和设计组织，从不同的层次、维度、时间出发来考虑组织面临的问题和对应的解决方案。其中，不同层次指的是有时候需要着眼于宏观，有时候需要着眼于微观，但并不强调哪个层次更好；不同维度指的是要根据情况来改变维度，但并不强调哪个维度更好；不同时间指的是要站在不同的时间点上看待问题，能够对组织发生的不同情况做出有针对性的决定，但并不强调哪个时间点更好。

时空论的思维方法和中国传统文化以及一些领导者和管理者的讲话是吻合的。清代陈澹然曾说："不谋万世者，不足谋一时。不谋全局者，不足谋一域。"要让一个决策具有生命力，领导者和管理者就要考虑更长的时间和更大的空间，其中就同时包含了时间和空间的思想。著名哲学家冯友兰曾说："《周易》不仅是中国的，也是东方的，更是世界的，不仅是古代的，也是现代的，更是未来的。"邓小平同志曾经提出："教育要面向现代化，面向世界，面向未来。"其中，面向未来反映了时间，面向世界反映了空间。又例如，陈继儒在《小窗幽记》①中写道："花繁柳密处，拨得开，才是手段；风狂雨急时，立得定，方见脚跟。"可见，很多著名的观点都同时包含时间和空间的概念。

时空思想和中国传统的阴阳思想是有所不同的。时空是"格物"的基础，"格物"涉及分类，分类的标准之一有时间和空间。譬如，位置有上和下之分，可以分别看作是阳和阴的一种具体表现，但在讨论位置的上和下之前，人们需要先认识到位置的存在，这反映的是空间层次的分类概念；性别有男和女之分，也可以分别看作是阳和阴的一种具体表现，但在讨论性别的男和女之前，人们也需要先认识到性别的存在，这反映的是空间维度的分类概念。因此，说起阴阳，首先得有变量，而变量的提出离不开时空论中的空间层次、空间维度、时间动态的视角，这是提出时空论的理由之一，也反映了提出时空论的必要性。

中国西汉的《淮南子》②中有这样的论述："往古来今谓之宙，四方上下谓之宇。"其中，"宙"代表时间，"宇"代表空间。所以笔者用"时空"命名这个理论，提出"时空论"，表达了要建立更为宏大和具有普适性的理论的愿望，强调了我们需要具有认识和影响世界的时空意识。时空意识不仅强调空间上的全面性和系统性，还强调时间上的动态变化，在此基础上将时间和空间加以整合，强调时间和空间是相互依存的、不可分割的统一体。例如，时间是通过空间的改变来定义的，比如一年就是地球绕太阳转了一圈，一个月就是月球绕地球转了一圈。因此，时间和空间是不可分割的统一体，如果二者割裂，就会出现问题。

中文是象形文字，可以直接把人带入情境中。中文也是二维文字，其书写

---

① 陈继儒．小窗幽记：中华经典藏书 [M]. 成敏，译注．北京：中华书局，2016.
② 刘安．淮南子 [M]. 陈广忠，译．北京：中华书局，2023.

形态和发音特征具有视觉和听觉的冲击力，文字本身的形状能代表其含义，从某种意义上可以认为带有一定的"能量"。用"时空"命名本理论，从认知的角度来讲，表达了领导者和管理者应该具有的智慧；从情感的角度来讲，表达了领导者和管理者应该具有的情怀。情怀可以体现为对历史、现在和未来是否关心，比如做一件事是否尊重历史、是否善于利用历史资产并从中学习、是否关注当下、是否着力解决当前的现实问题、是否考虑到未来、是否考虑到子孙后代的幸福等，这些都反映了时间上的情怀。在空间上，比如部门主管不仅关心自己管理的部门，也从组织的角度出发，考虑部门应该如何适应组织的战略，又比如地区领导者考虑到国家、国家领导者考虑到全球，这些都是情怀在空间上的表现。

西方哲学家维特根斯坦认为，人类使用的语言建构和影响了人们对世界的认识和行为，我们是无法理解语言之外的东西的，语言本身限制了我们对世界的理解。心理学中有一个名词叫做启动效应（priming effect），意思就是通过语言、文字等多种方式启动人脑中的一些想法。因此，用"时空"命名是想表达我们对长远的时间和广阔的空间的关注，也为人们拥有强大的内心和大智慧提供有益的启发。

3.2　领导和管理的时空理论的三个哲学前提

在这里，笔者提出领导和管理的时空理论的三个哲学前提：时空是组织存在的形式，时空是组织运行的方式，时空是组织追求的结果。

3.2.1　时空是组织存在的形式

时空是组织存在的形式。一方面，任何一个组织在时间视角上都有其表现形式，譬如组织的年龄。另一方面，任何一个组织在空间视角上都有不同的表现形式，譬如地理空间、产品空间、人数规模空间、市场空间等等。

中国历经夏商周秦汉、魏晋南北隋、唐宋元明清等朝代更迭，其中不乏文景之治、光武中兴、贞观之治、开元盛世、康乾盛世等时期，在经济发展、军事外交、文化创新等方面都十分强盛，也有五胡乱华、安史之乱、靖康之耻等导致朝代衰落的历史事件。每个朝代的发展既有规律性，即"历史周期律"，经历兴衰治乱，也有不确定性。这些都反映了国家存在的时间形式。

国家包括个体、团队、家庭、组织、地区等，是一个多层次的系统，每个层次都有不同的维度，这些层次和维度也都在不断变化。例如，在利益和权力维度，从改革开放、允许一部分人先富起来，到西部大开发、振兴东北老工业基地、先富带动后富，再到第三次分配助推共同富裕；在人力维度，从计划生育到全面开放二孩政策，再到开放三孩政策，等等。这些都反映了国家存在的空间形式。

以上是对国家的分析，对企业来说，时空也是企业存在的形式。例如，华为从成立到逐渐发展壮大，再到现在成为世界 500 强企业；从国内市场到俄罗斯、亚非拉、欧美等国际市场，其业务市场的层次不断提高；从代理商到电信设备制造商，到电信整体解决方案提供商和服务商，再到进军"云"市场、目标成为世界一流的设备供应商，其业务覆盖的维度也在不断拓宽。这些是华为存在的时间形式和空间形式。

3.2.2 时空是组织运行的方式

时空是组织运行的方式。在组织不断成长和发展的过程中，面临着时间和空间两个方面的变化。从时间上来看，组织可以从成立之初发展成为有数十年甚至上百年历史的组织；从空间上来看，组织的发展不仅包括狭义的空间，即组织在地理范围上的扩张，还包括广义的空间。换言之，组织可以在地理范围、员工人数、产品类型总数和资金规模等多个方面不断发展壮大。以企业为例，以企业年龄为时间轴，选取企业的经营地区范围作为空间轴，可以构建组织的时空发展模型（如图 3-1 所示）。

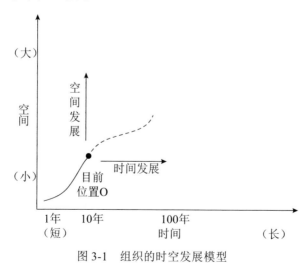

图 3-1　组织的时空发展模型

比如华为，在空间上首先是沿着不同的层次发展，从深圳到华南到中国再到全世界，这是地理上的空间层次发展；其次是沿着不同的维度发展，从以前只制造通信设备，到制造移动终端，到现在进入能源等领域，这是产品上的空间维度发展。同时，华为的人数规模、资产规模、客户遍布的区域也在变化，这些是人力、财力上的空间维度发展；在时间上，华为从1987年诞生至今，随着时间的推移，不断积累经验、学习创新。所以，组织的发展就是一个在时间和空间上不断扩展的过程，但有时候也可能是一个不断收缩的过程，或是一个不断转变的过程。

3.2.3　时空是组织追求的结果

时空是组织追求的结果。例如，组织一方面追求时间上的基业长青，也就是持久发展的景象，这是时间上的结果；另一方面追求空间上的繁荣昌盛，也就是欣欣向荣的景象，这是空间上的结果。天安门城楼上刻有"中华人民共和国万岁"和"世界人民大团结万岁"这两句话，万岁体现了对时间的关注，从中华人民共和国到世界人民大团结体现了对空间的关注。岳麓书院中有两面墙，墙上写着"寿"和"福"两个大字。这里可以引申一下，"寿"代表时间长，"福"代表空间大。因此，"寿"和"福"分别体现了时间上的结果（基业长青）和空间上的结果（繁荣昌盛）。

每个组织从初创开始会逐渐形成一条组织价值曲线。其中，横轴代表组织发展的时间，纵轴代表组织价值，即组织在运行过程中所创造的经济价值（如财务绩效、市场占有率等）和社会价值（如创造就业机会、提高员工满意度等）。这条曲线的高低起伏变化（如波峰和波谷）体现了在组织的不同发展时期其经济价值和社会价值的波动性，组织价值对时间的积分则代表组织总价值，是组织从创建之初到特定时点所创造的价值总和。不同组织在其发展过程中对这两个目标的实现情况千差万别，也因而呈现出形状各异的价值曲线。由此，可将组织发展的时间和组织价值作为两个坐标轴，按照价值曲线轨迹大致将组织学习的成效分为一般型、脉冲型、长寿型和长青型共4种类型（如图3-2所示）。

（1）一般型。有些组织发展的时间相对短暂，且在有限的时间内创造的组织价值水平不高。譬如，有些小型企业，因没有雄厚的资金、缺乏真正的竞争优势，仅凭一支规模不大的技术人员团队开展技术开发或外包等业务，无法创造较大的价值，运行几年后便退出市场。这类组织学习成效的类型属于一般型。

（2）脉冲型。脉冲是指物理学上的电磁脉冲，描述了波形在短时间内发生突变，又迅速返回原始值的变化过程。有些组织获得了较高的组织价值，但发展时间不长，在短暂辉煌后便销声匿迹。例如，有研究表明，我国改革开放中，有些企业在经历了短暂、较好的发展势头后，就出现了经营管理不善、人财物等方面资源不足等问题，最后导致企业无法持续发展①。这类组织学习成效的类型属于脉冲型。

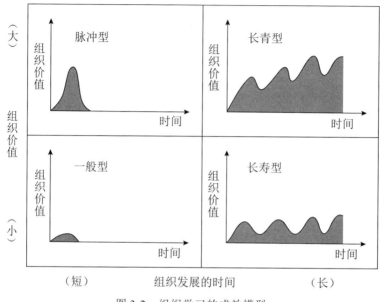

图 3-2　组织学习的成效模型

（3）长寿型。阿里·德赫斯②提出长寿型组织的概念，指的是有些组织经历了较长时间的发展，且在各个时期创造的组织价值波动幅度不大。例如，在国内外均有一些小型手工业企业，依靠传统的特殊技术保持生产，规模不大，但长期拥有一定的市场份额；还有一些依靠着特定环境保障的企业，创造着比较稳定的经济、市场和社会等方面的价值，比较明显的特征是发展的时间也比较长。这类组织学习成效的类型属于长寿型。

（4）长青型。一些组织发展的时间较为长久，组织价值尽管波动但却能保持较高水平甚至不断提升。例如，柯林斯等③指出，一些企业能够努力延长组织发展的时间，而且始终坚守正确的经营理念，强调产品和服务的不断改进，重视员工、客户等各方面利益相关者的需求，从而保持着长期良好的发展。在

①　吴晓波.激荡三十年：中国企业 1978—2008 [M]. 北京：中信出版社，2014.

②　德赫斯 A. 长寿公司——商业"竞争风暴"中的生存方式 [M]. 王晓霞，译. 北京：经济日报出版社，1998.

③　柯林斯 J，波勒斯 J. 基业长青 [M]. 真如，译. 北京：中信出版社，2009.

中国，也有一些组织能够持续地进行学习和改进，在组织运作涉及的各方面能够尽量保持平衡，从而获得可持续的生存和健康和谐的发展。这类组织学习成效的类型属于长青型。

延长组织发展的时间和提升组织创造的价值是每个组织所追求的目标，且二者相互促进，价值越大则组织越有可能具有较长的发展时间；组织发展的时间越长，则可能创造和积累的价值也越高。然而，组织实现双重目标、迈向基业长青之路却非易事，只有通过不断学习和改进，把握所面临环境的变化特征并采取相应的组织学习模式，才可能取得良好的学习成效。

3.3 领导和管理的时空理论的总体模型和主要观点

3.3.1 领导和管理的时空理论的总体模型

领导和管理的时空理论将组织比喻为包含时间和空间的时空系统（time-space system）。基于这个比喻，提出领导者和管理者可以从时间（time）和空间（space）两个视角来领导和管理组织。其中，从空间视角来看，领导和管理组织系统可以多层次和多维度地进行；从时间视角来看，领导和管理组织系统可以动态地进行，强调学习和创新。领导和管理的时空理论为领导者和管理者认识和分析组织提供了系统和动态的指导，从而使领导者和管理者能够在有限的资源条件下做出更优化的决策，采取更有效的行动，推动组织的全面和可持续健康成长，进而促进整个社会健康和谐的发展和进步。

领导和管理的时空理论的总体模型如图 3-4 所示。

总体来说，图 3-4 中根据向右的粗箭头分为左半部分和右半部分。图 3-4 中左半部分的左边是组织。组织部分的形成过程如图 3-3 所示。组织部分采用的是极坐标，极坐标常在航海、航空中使用（如图 3-3（1）所示）。这里用极径（ρ）表示空间层次、用极角（θ）表示空间维度（如图 3-3（2）所示），并增加了时间坐标（如图 3-3（3）所示），再通过增加空间层次、增加空间维度、延伸时间视角的过去和未来，从而形成组织部分（如图 3-3（4）所示）。图 3-4 中左半部分的右边是组织所处的环境，两个箭头代表组织和环境之间的关系，也就是挑战和应战的关系。图 3-4 中的上方表示外部环境对组织的挑战程度和组织应战效果之间的关系。其中，横坐标是环境对组织的挑战程度，纵坐标是组织应战的效果。这条倒 U 型曲线表明了组织和环境之间关系的不同程度如何影响组织应战的成效。俗话说，人要有"两把刷子"。在这里，时间视角和空间视角是领导者和管理者需要拥有的"两把大刷子"。

时空视角：两把大刷子

时间视角和空间视角是"两把大刷子"。

在领导和管理的时空理论的总体模型图中（图 3-4），左半部分的图是由组织、组织所处的环境、组织和环境之间挑战和应战的关系，以及环境对组织不同程度的挑战带来不同程度的应战效果之间的关系组成的。右半部分是时空成效，分为空间层次成效、空间维度成效和时间动态成效。

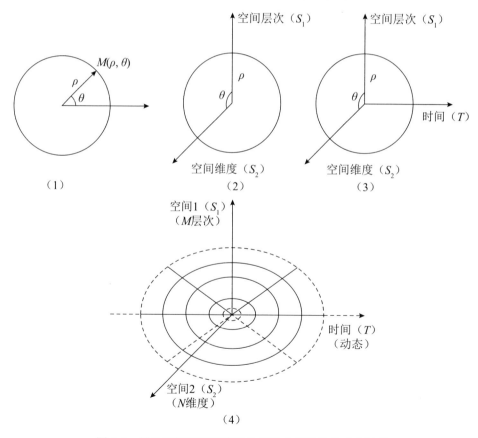

图 3-3　领导和管理的时空理论模型中组织部分形成过程

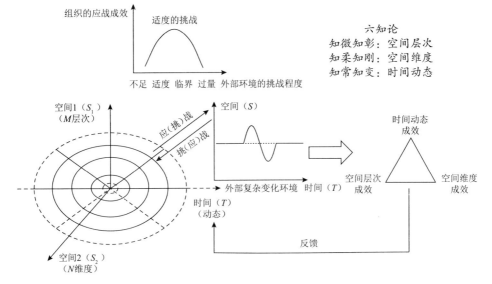

图 3-4　领导和管理的时空理论的总体模型

说明：图中的组织部分有六条虚线，在空间视角的层次方面有 M 层次，最里面的虚线圈代表比个体层次更微观的层次，最外面的虚线圈代表比组织层次更宏观的层次；在空间视角的维度方面有 N 维度，左边的虚线代表更多的软实力维度（无形的维度），右边的虚线代表更多的硬实力维度（有形的维度）；在时间视角的动态方面有 T 时间，最左边的虚线代表过去，中间的实线代表现在，最右边的虚线代表未来。这六条虚线代表了时空论"无穷"（∞）的内涵。

就像中国对公务员考核强调德能勤绩廉，德能勤是因，绩廉是果，领导和管理的时空理论模型也既强调因，又强调果。这是对人最严格的要求，强调了起心动念要正，行为结果还要好。在领导和管理的时空理论的总体模型图中，左半部分是因，即人们通过时间和空间两个视角，多层次、多维度、动态地认识和行动，例如领导者和管理者在领导和管理一个组织时，从多层次、多维度、动态的角度来认识、设计和改变组织；遇到问题时，也从多层次、多维度、动态的角度来进行决策，并采取适当的行动和举措。右半部分是果，即取得的成效，包括空间层次成效、空间维度成效和时间动态成效。右边的这些成效会对左边的组织系统形成反馈，形成闭环，从而促进领导者和管理者持续改进其思维和行动。

领导和管理的时空理论的总体模型图中还包括"六知论"，这是领导和管理的时空理论模型的另一种表达方式。其中，"知微知彰"对应"空间层次"，"知柔知刚"对应"空间维度"，"知常知变"对应"时间动态"。

在本书中，笔者强调领导者和管理者要从时间视角和空间视角来开展工作，其中，时间视角和空间视角是领导者和管理者需要拥有的"两把大刷子"。相对于时间视角和空间视角这"两把大刷子"而言，六知论就是领导者和管理者需要拥有的"六把中刷子"。

六知论：六把中刷子

知微、知彰、知柔、知刚、知常、知变，是"六把中刷子"。

人类的认知和学习活动对图象非常敏感，和西方用符号来表达知识体系不同，中国使用的汉字是象形文字，《周易》的六十四卦也都是图象，图象中包含了事物的本质特征，蕴含了丰富的道理。领导和管理的时空理论的总体模型既包含了"图"（几何模型），也包含了"书"（六知论）。"图""书"二字出自《周易》[①]的"天垂象，见吉凶，圣人象之；河出图，洛出书，圣人则之"，圣人看到表现出吉凶的"象"，例如地震前动物焦躁不安、海啸前大象往山上跑、下雨前一晚的月亮边缘模糊等，就会想象未来可能会发生的事情，并采取相应措施。黄河出了"图"，洛水出了"书"，圣人遵循"图"和"书"中展现的规律来做事。

进一步来看，领导和管理的时空理论的总体模型中有时间坐标和空间坐标，具体来说，空间坐标又分为层次坐标和维度坐标，如图3-5所示。在这里，空间层次可以用洋葱来理解，洋葱是一层一层的；空间维度可以用橙子来理解，橙子是一瓣一瓣的；时间动态可以用随时间变化的温度曲线来理解，其中，既包括有规律的变化，也包括没有规律的变化。这三个图象给我们很直观的空间层次、空间维度和时间动态的视觉冲击。《周易》中有"象，数，理"的说法，意思是《周易》的知识可以用"象"来表达，"象"里面包含"数"，"象"和"数"里面包含"理"。

---

① 郭彧，译注.周易：中华经典藏书[M].北京：中华书局，2006.

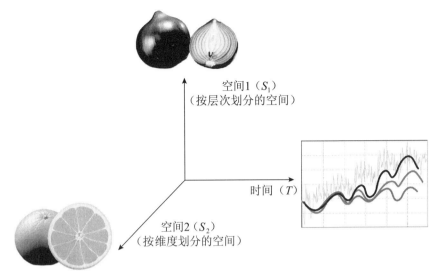

图 3-5　领导和管理的时空理论的总体模型图的时间坐标和空间坐标

3.3.2　领导和管理的时空理论的主要观点

领导和管理的时空理论的总体模型主要由五个部分构成：组织、环境、组织和环境的关系、环境对组织的挑战程度对组织运行结果的影响、组织成效。这五个部分的主要观点具体如下。

3.3.2.1　组织

组织是多层次、多维度、动态变化的时空系统，其存在形式体现在时间动态、空间层次、空间维度上。每个组织系统都有其内在固有的特征。譬如，组织系统都有其优点、缺点；坚固的地方、虚弱的地方；硬肋、软肋；敏感点、钝感点；等等。

据此，领导者和管理者在工作中要做到：

（1）领导者和管理者在组织设计时，要遵循五项原则。

（2）领导者和管理者在组织运作时，要把握两个要领。

领导者和管理者在组织设计时要遵循的五项原则为：匹配性和协同性的原则、局部功能性和全局功能性的原则、效率性和冗余性的原则、开放性和保护性的原则、稳定性和发展性的原则。只有这样，才能使组织保持可持续的生存和健康和谐的发展。

① 匹配性和协同性的原则

组织时空系统中每个具体维度的设计，都要遵循匹配性和协同性的原则，也就是要使其子维度中各个因素相互匹配和协同。譬如，在"目标和方法"维度中，领导者和管理者要根据内外部环境的特征，确定组织合适的目标定位、发展道路、成长节奏、运行速度，以及包括组织结构、流程、制度等支持系统。组织的目标定位、发展道路、成长节奏、运行速度以及支持系统之间只有相互匹配和协同，才可能达到组织的目标。

组织的软实力维度和硬实力维度之间必须相互匹配和协同。组织的目标和方法、利益和权力、信仰和价值观等维度形成了组织的软实力，组织的人力、财力、物力等维度形成了组织的硬实力。组织的软实力和硬实力只有相互匹配和协同，才能使软实力和硬实力都发挥作用，从而更好地为组织的目标服务。

组织时空系统的每一个层次的设计，也要遵循匹配性和协同性的原则，也就是要使该层次中不同维度要素之间相互匹配和协同。譬如，在群体层次上，群体的软实力中的各个子维度之间要相互匹配和协同，群体的硬实力中的各个子维度之间要相互匹配和协同，群体的软实力和硬实力之间要相互匹配和协同。只有这样，才能使每个群体都很好地达到其目标。

组织时空系统的个体、群体、组织等各个层次之间必须在总体上相互匹配和协同。如个体和群体、群体和组织、个体和组织之间均要相互匹配和协同，才能达成个体、群体、组织各自的目标。

组织在时间视角下，需要考虑发展的时刻和时长，以及学习和创新等方面。第一，组织的时刻和时长的选择需要相互匹配和协同，才能更好地使组织建立时间优势。第二，组织的学习和创新能力需要相互匹配和协同，才能更好地使组织建立发展优势。第三，组织还必须使时刻和时长的选择，以及学习和创新能力的建立，两者相互匹配和协同，才能使组织更好地达成其目标。

总体上，我们在组织设计时，还必须使组织的时间系统（时刻和时长、学习和创新）和空间系统（层次系统、维度系统）相互匹配和协同，才能更好地达成组织目标。

最后，组织系统还需要同外部环境系统相互匹配和协同，才能使组织和环境达到共生和共同进化的状态。

② 局部功能性和全局功能性的原则

组织时空系统是由不同的子系统组成的。组织系统的设计首先必须遵循局部功能性的原则，使每个子系统的设计实现预期的功能，如果这个子系统失效，达不到原有的功能，那么组织系统就会出现局部的缺陷，进而影响整个组织系统功能的发挥。很多组织出现问题往往就是因为某些子系统在设计时达不到预期的功能要求，或者在运行的过程中由于损耗和维护的改变，不能再表现出已有的功能，从而使组织失效。

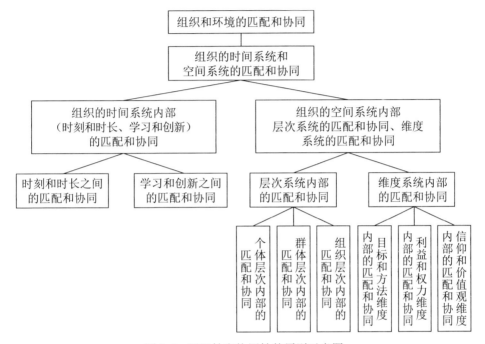

图 3-6 匹配性和协同性的原则示意图

除了局部功能外，**组织设计还必须遵循全局功能性的原则**。也就是说，组织作为一个整体系统，有时候需要的不仅是多个子系统局部的功能性，还需要这些子系统集成装配在一起时表现出全局功能性。有些时候，各个子系统的局部功能性单独来看都很好，但集成装配在一起的时候，表现出的全局功能性不一定好，这是需要关注的问题。譬如，在田忌赛马的故事中，齐威王的三匹马都比田忌的强，从硬实力系统上讲，田忌的硬实力不如齐威王，但田忌采取的策略是用自己的一等马对战对方的二等马、自己的二等马对战对方的三等马、自己的三等马对战对方的一等马，最后总比分为2∶1。由于田忌的软实力（现有游戏规则下的策略）更优，或者说，田忌的软实力和硬实力整合在一起的全局功能性更强，使田忌取得了赛马的胜利。所以，虽然从局部功能性上看，田忌的硬实力不比齐威王优，田忌的软实力更优，但从全局功能性上看，田忌比齐威王优。总之，田忌和齐威王相比，软实力的局部功能性强，硬实力的局部功能性相对弱一些，但全局功能性强。

因此，组织系统设计时，必须同时遵循局部功能性和全局功能性的原则。无论是新民主主义革命时期的共产党对国民党，还是抗美援朝时期的中国军队对美韩军队，我国在组织时空系统设计时都兼顾了局部功能性和全局功能性的案例。

③ 效率性和冗余性的原则

组织时空系统在设计和规划时，首先必须考虑**效率性（或经济性）的原则，使组织系统保持比较高的投入产出效率。**譬如，精益生产中的准时制生产就是设计零库存系统，以保证生产过程中不因库存而产生成本，同时也倒逼生产的各个环节保持很高的成功率和高质量，甚至质量检测部门都可以没有。因为按照效率性的原则，任何多余的部门或工序的设置都会带来资源的浪费和效率的降低。当然，这种生产方式也只有在外部环境非常友好和稳定的情况下才可以发挥作用。一旦外部环境不友好，表现出很大的不确定性，组织就要建立起一定的库存，有些时候还需要建立足够多的后备人员和额外的生产系统，当某些人员或系统不能胜任时，能有其他人员和系统来替代，使组织正常运转。还有，组织在有些情况下，也要有足够多的流动资金贮存，以确保组织在遇到外部不良情况（如疫情停工等）时可以发出工资。

国家的工业系统必须保持供应链的齐全和安全，过度采取外包、追求效率和经济，在国际环境安全的情况下是可以行得通的，但一旦国际形势紧张，就会显得非常被动。因此，国家除了进口产品外，也要让自己能够生产同类产品，以防不测。总之，国家稳定的工业供应链系统必须具备冗余性，这样才能保证国家的工业系统安全和国家的总体安全。

因此，**组织设计在遵循效率性原则的同时，还要遵循冗余性原则。**也就是说，组织时空系统在设计时，无论是在时间系统还是空间系统，都必须让组织具备更长的时间缓冲期，更强的学习和创新能力，以及层次系统、维度系统中更多方法、资源和能力的贮备，从而使组织可以在外部环境恶劣、不友好、不安全、不稳定性等情况下，具备生存和发展的能力。

④ 开放性和保护性的原则

组织时空系统也是一个耗散结构系统，如果没有任何外部物质、能量和信息的输入，组织的熵值就会增加，导致无序和衰退。因此，**组织的时空系统必须遵循开放性的原则，对外部环境保持开放性，允许同外部环境进行物质、能量和信息的交换，从而减少熵值，提升有序性，使组织保持活力。**

当然，组织的领导者和管理者还必须根据外部环境的特征和组织系统的承受能力，考虑在组织薄弱的空间层次、空间维度以及时间动态等方面，适时适度地将它们同外部环境的某些方面保持一定的隔离状态，使组织免遭来自外部环境的攻击和破坏，即遵循保护性的原则。当组织时空系统的这些薄弱环节消除后，组织依然保持开放。

总之，组织应该在某些时间开放，在某些时间保护；在某些空间开放，在某些空间保护。

⑤ 稳定性和发展性的原则

组织时空系统的构建必须同时遵循稳定性和发展性的原则，才能使组织保持生命力。稳定性的原则是指组织系统需要保持一定程度的恒定性，才能使组织不同层次、不同维度的系统按照设计时的考量发挥其特有的作用，形成积累效果。发展性的原则是指组织需要根据内外因素进行改进和提升，从而使组织不断适应新的环境。

稳定性的原则和发展性的原则还适用于组织的领导者和管理者如何选择环境。组织的领导者和管理者在有可能选择环境时，必须选择有一定稳定性和发展性的环境，以和组织本身的稳定性和发展性相匹配。一方面，组织在稳定的环境中可以使其已有的优势发挥作用，积累成果；另一方面，组织在发展的环境中能够进化出新能力，产生可持续的作用，从而提升组织的生命力。

此外，领导者和管理者在组织运作时，要把握的两个要领具体如下。

一是领导者和管理者要有空间多层次思维，既要关心微观的人和事务，又要关心宏观的组织和事务，即"知微知彰"；领导者和管理者要有空间多维度思维，既要考虑组织的软实力，又要考虑组织的硬实力，即"知柔知刚"；领导者和管理者要有时间动态思维，把握变和不变的关系，即"知常知变"。

二是领导者和管理者要了解组织的内在特征，在领导和管理的过程中要扬组织所长、避组织所短。

3.3.2.2　环境

环境也是一个多层次、多维度、动态变化的时空系统，其所在坐标系的横坐标是时间，纵坐标是环境中的各种变量。这些变量可以是"PESTEL"，其中，P（political）是政治环境，E（economic）是经济环境，S（sociocultural）是社会文化环境，T（technological）是科技环境，E（environmental）是自然环境，L（legal）是法律环境。这些变量还可以是客户、供应商、合作者、同行、政府等利益相关者。值得注意的是，这些变量有时候相对稳定，有时候动态变化。

任何一个环境都有其内在固有的特征，譬如，和组织系统一样，环境也有其优点、缺点；坚固的地方、虚弱的地方；硬肋、软肋；敏感点、钝感点；等等。

据此，领导者和管理者在工作中要做到：

（1）领导者和管理者需要及时准确地了解环境当中各种变量的变化特征，采取有效的措施去应对这些变量的变化。

（2）领导者和管理者需要了解组织所在环境的固有特征，这些固有特征可以成为领导和管理过程中利用环境中的资源、避免环境中不利因素的基本依据。

3.3.2.3　组织和环境的关系

组织和环境的关系是挑战和应战的关系。环境给组织带来挑战、组织进行应战；也可以是组织对环境发起挑战、环境进行应战。组织通过空间层次、空间维度、时间动态上的改变来应战，应战的结果是组织不断进化、"羽翼丰满"。

据此，领导者和管理者在工作中要做到：

（1）领导者和管理者要将环境对组织的挑战看成是组织进化的重要因素，因而要对外部挑战保持开放的态度。

（2）领导者和管理者要意识到组织对环境的挑战也会推动环境的进化，反过来也会影响到组织自身的发展。因此，领导者和管理者在有效地应对外部环境的挑战的同时，也要慎重地考虑对外部环境发起挑战。

3.3.2.4　环境对组织的挑战程度对组织运行结果的影响

环境对组织不同程度的挑战会对组织产生不同的影响，不是所有的挑战都能让组织进化和"羽翼丰满"。具体来说，当环境对组织的挑战不足时，组织可能会没有危机感和进取心，从而得不到进化；当环境对组织的挑战为临界时，组织可能会只考虑维持生存；当环境对组织的挑战过量时，组织可能就会崩溃；只有适度的挑战才能让组织不断进化和发展。在这里，适度是相对的概念，取决于外部环境的挑战的程度和组织内在的能力的比较。同样的挑战对不同的组织来说其程度是不同的。

据此，领导者和管理者在工作中要做到：

（1）领导者和管理者要根据组织的能力选择恰当的环境，使环境对组织的挑战不是不足，也不是临界或过量，而是适度。

（2）领导者和管理者要根据组织的能力和环境的特征，在必须对外部环境发起挑战时，要慎重考虑所引起的环境对组织的挑战是否是适度的。

3.3.2.5　组织成效

组织成效需要从时间和空间上进行评价。时空成效包含了时间视角成效和空间视角成效，空间视角成效又包括空间层次成效和空间维度成效。时空成效给组织系统带来了反馈，促进组织的调整、进化和"羽翼丰满"。

时空成效可以用"323"模型，即 3 个层次上的"好"（管理"好"自己、管理"好"团队、管理"好"组织）、2 个维度上的"强大"（建立"强大"的软实力、建立"强大"的硬实力）、3 个时间上的"对得起"（"对得起"过去、"对得起"现在、"对得起"未来）来概括。

据此，领导者和管理者在工作中要做到：

（1）领导者和管理者需要建立新的时空成效标准，从而使自己在空间层次、空间维度和时间动态方面具有更好的表现，带领组织保持可持续的生存和健康和谐的发展。

（2）领导者和管理者需要及时准确地了解自己的时空成效，并将这些成效反馈给组织的成员，使他们能够从这些成效中进行学习和改进，促进组织的进化和"羽翼丰满"。

3.3.3　从空间视角的层次方面来领导和管理

在领导和管理的时空理论的总体模型中，在空间视角的层次方面，可以将组织划分为从微观到宏观多个层次，图 3-7（1）中，3 个实线同心椭圆从内向外分别代表个体、群体、组织，个体层次往内的虚线椭圆代表比个体层次更微观的层次，例如人的运动系统、神经系统、消化系统等系统，人的器官、细胞、分子、原子等。组织层次往外的虚线椭圆代表比组织层次更宏观的层次，例如国家、社会等，这一分类也符合大多数学者对组织的研究分析。领导者和管理者只有考虑多层次的因素，才能成功地领导和管理一个组织。这体现了空间层次视角下领导和管理的时空理论的开放性。

另外，每个层次内部、不同层次之间的多个主体间是相互作用的。其一，个体、群体和组织三个层次都包含不同的主体，在每个层次内，不同主体是相互作用的；其二，个体、群体和组织所分别包含的不同层次的主体之间也会跨层次相互作用，如图 3-7（2）所示。其三，比个体更微观的层次也会影响个体层次，在中医里，心主血脉、肺主气、脾主运化、肝主疏泄、肾主藏精，《黄帝内经》①也有"喜伤心，怒伤肝，悲忧伤肺，思虑伤脾，惊恐伤肾"的说法；比组织更宏观的层次也会影响组织层次，如国家政策、社会发展等。

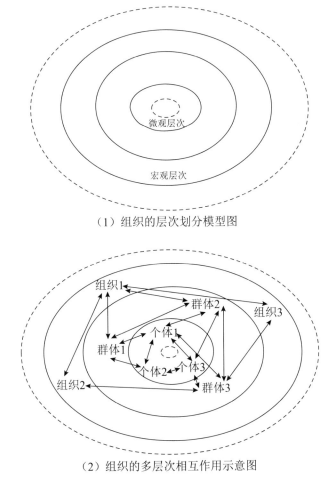

（1）组织的层次划分模型图

（2）组织的多层次相互作用示意图

图 3-7　领导和管理的时空理论：空间视角的层次（S_1 空间）示意图

3.3.4　从空间视角的维度方面来领导和管理

在领导和管理的时空理论的总体模型中，在空间视角的维度方面，可以将组织划分为多个维度。例如，在组织层次，可以将组织划分为软实力维度和硬实力维度。其中，软实力维度是指由组织的目标和方法系统、利益和权力系统、

---

① 苏晶，袁世宏，姚春鹏，译注 . 黄帝内经 [M]. 北京：中信出版集团，2013.

信仰和价值观系统等构成的组织制度及问题解决途径的总和，这些是无形的；硬实力维度是指由组织的人力系统、财力系统、物力系统等构成的组织资源的总和，这些是有形的。如图3-8（1）所示，椭圆的左半部分是无形的软实力维度，椭圆的右半部分是有形的硬实力维度。

领导者和管理者只有考虑多维度的因素，才能成功地领导和管理一个组织。譬如，领导者和管理者要领导和管理一个个体，就要了解他的价值观、性格、能力、经验、背景等维度，把他安排在合适的岗位，并给予他合适的激励方式。领导者和管理者要领导和管理一个团队，既要考虑先天的因素，也要考虑后天的因素。先天的因素包括组建团队时的人员构成，即要考虑每个人的性格、能力、价值观、经验、背景等；后天的因素包括团队的建设和管理，即要考虑设立共同的目标、建立恰当的利益关系、树立良好的价值观和文化等。这样团队中不同的成员才能在一起很好地协作。

另外，组织系统的软实力维度和硬实力维度内部各个系统间也是相互影响和作用的。具体而言，组织内软实力维度的目标和方法系统、利益和权力系统、信仰和价值观系统等子维度之间是相互影响的；组织内硬实力维度的人力系统、财力系统、物力系统等子维度之间也是相互影响的。进一步地，软实力维度和硬实力维度之间是相互依存、相互作用的。一方面，高效的目标和方法、平衡的利益和权力以及先进的信仰和价值观等软实力维度的子系统需要通过组织内实际存在的人力、财力、物力来实施，并会进一步对人力、财力、物力等内部硬实力发挥提升和优化作用，以实现硬实力总量的增加和质量的改善。另一方面，组织自成立到日后的成长发展这一过程，在很大程度上可以看作是组织充分利用、调动其现有的硬实力，来对目标和方法、利益和权力以及信仰和价值观等方法体系进行不断建设和完善的过程，其中，人力、财力、物力等硬实力是这些软实力体系赖以产生、存在和发展的载体。总体上，软实力维度和硬实力维度相互依存、相互作用、相互补充、共同发展。值得指出的是，组织系统的软实力维度和硬实力维度之间更要进一步实现相互配合及平衡发展的良性互动状态。例如，若缺乏先进、健康、和谐的经营理念做指导，硬实力强大的组织很可能会陷入粗放式经营的不良成长路径中，这种不良经营状况虽有可能在短期内为组织带来巨额利润，但从长期来看可能会破坏资源、环境，使组织无法实现可持续发展。

同时，不同层次内的各个维度之间也是相互作用的，如组织的目标和方法系统、群体的目标和方法系统、个人的目标和方法系统之间也是相互影响的。

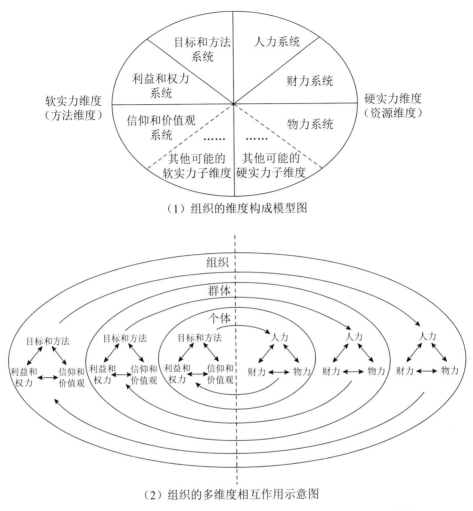

（1）组织的维度构成模型图

（2）组织的多维度相互作用示意图

图 3-8　领导和管理的时空理论：空间视角的维度（S_2 空间）示意图

说明：图中的竖直虚线将组织系统划分为软实力维度和硬实力维度，虚线左侧代表包含目标和方法系统、利益和权力系统、信仰和价值观系统等在内的软实力维度，虚线右侧代表包含人力系统、财力系统和物力系统等在内的硬实力维度。

3.3.5　从时间视角的动态方面来领导和管理

在领导和管理的时空理论的总体模型中，在时间视角的动态方面，组织是随时间不断变化的系统（如图 3-9 所示）。因此，一方面，组织的多层次主体需要通过组织学习，传承以往自身和外部过去行之有效的思维和方式；另一方面，组织的多层次主体还需要突破自身和外部已有的知识和行为，以面向未来进行创新，从而适应环境的发展和变化。总的来说，领导者和管理者需要通过学习和创新来应对组织随时间的动态发展。

图 3-9　领导和管理的时空理论：时间视角示意图

3.3.6　从组织和环境互动的方面来领导和管理

在领导和管理的时空理论的总体模型中，在组织和环境之间的互动关系方面，领导者和管理者需要采取有效的方法和措施来把握组织和环境之间的关系。

以企业面临的环境为例，有一个环境因素分类是"PESTEL"，其中，P是政治环境，E是经济环境，S是社会文化环境，T是科技环境，E是自然环境，L是法律环境。环境在有些时候保持相对稳定，但在有些时候会有重大变化。举例来说，第一，政治环境。例如，某非洲国家有家超市，物美价廉，这引起了当地很多商贩的不满。某国总统夫人访问该国后，当地政府直接就关停了该超市。还例如，美俄关系恶化，美国政府规定飞机不能飞过俄罗斯领空，这给航空公司增加了不小的成本负担。这些都是国与国之间关系的政治环境变化所导致的。第二，经济环境。习近平同志在接待民营企业家时曾说："要防止一路所向披靡、孤军深入，最后却被人兜了底、全军覆没。"我们要加强国内大循环，就是为了减少企业受到经济全球化的负面影响。第三，社会环境。社会环境的变化导致员工思想的变化，企业的管理也要适应这种变化。例如以前穿破衣服是贫穷，现在穿破洞裤是时尚；以前吃野菜是生活不好，现在吃野菜是健康。第四，科技环境。科技的变化会让人们的工作方式发生变化。例如，人工智能的发展让很多企业的岗位受到影响，如以前银行的员工很多，但现在大多数银行都在裁员，这就是科技环境的变化带来的重大影响。在新技术出现的时候，涨得最好的股票就是科技企业的股票，哪怕新技术从长期来看只是昙花一现，但受到影响的传统企业可能因此经历青黄不接的阶段，就像人五分钟不呼吸就会导致大脑出现不可逆性的损伤一样，企业的现金流一断就会面临破产，因此，企业要注意科技环境变化带来的短期冲击。第五，自然环境。例如碳排放问题等对企业也有影响。第六，法律环境。国家政策、法律的变化对企业来说是重大的改变。例如对课外培训企业来说，国家"双减"政策的出台让这些企业失去了大部分业务。然而，新东方却能做到另辟蹊径，成功实现能力迁移：

一方面，拥有良好的表达能力是成为老师的基础；另一方面，表达能力可以适用于很多行业。考虑到这两点，新东方开拓了直播业务，售卖农产品，将老师们教授学生的能力迁移到直播领域，取得了很好的成效。

除了"PESTEL"之外，组织面临的环境变化还可能来自客户、供应商、合作者，甚至是看似不相关的行业，例如给柯达带来挑战的就不是同类的胶卷企业，而是数字技术。

因此，领导者和管理者要在对组织的时间和空间的各个方面进行全局掌控的基础上，时刻关注外部政治、经济、社会、技术、生态和法律等环境的变化，要在适当选择适宜自身发展状况和阶段的环境的同时，识别、分析外部环境所带来的"刺激"或"挑战"，并在充分认清自身优势和劣势、依据自身实际情况的前提下，与外部环境积极互动，主动"应战"。

汤因比（Toynbee）在其著名的《历史研究》①一书中，通过对各种文明的起源、成长、衰落和解体进行研究，认为文明的起源是人类对环境（自然环境和人类自身环境）的"挑战"进行"应战"。进一步地，文明的成长来源于"适度的挑战"和"适度的应战"之间的循环，并表现为可显的外部成就和人类内在的发展。在这个过程中，少数人持续的创造性活动和人类自省起着重要的作用。而文明的衰落则是由于少数创造者丧失了创造能力，道德出现问题，角色发生转换，多数人相应地撤回了他们的追随和模仿，整个社会失去了自决能力和应战能力。文明的解体最终源于少数人创造力的消失和灵魂的堕落，即社会中个体的行为、情感和生活等方面出现危机。

总体上，汤因比对人类历史文明的研究启发了笔者的深入研究，与其对人类文明和环境的互动模式的研究结论相似，笔者认为，正是出于对外部环境的"挑战"的富有创造性的成功的"应战"，以及领导者和管理者的创造冲动，组织才得以产生和壮大；而随着创造力的消失以及行为、情感、认知等方面的问题，组织最终才走向衰退。领导者和管理者必须进行持续的创造性活动，朱熹曾写过一首诗："问渠那得清如许？为有源头活水来。"领导者和管理者一定要深深扎根知识的源头，如阅读东西方文明中核心的经典，来充实自身的文化底蕴，这样才能源源不断地进行创新。

同时，汤因比强调，文明的降生需要强有力的挑战或刺激，但挑战或刺激却不能过于严苛、超出应战者所能应付的地步，因为这样会突破创造力发挥的极限，从而扼杀了人们的创造能力，导致文明的起源付诸东流。汤因比在其著

---

① ［英］阿诺德·汤因比. 历史研究 [M]. 刘北成，译. 上海：上海人民出版社，2005.

作中将环境的挑战或刺激程度分为不足、适度、临界和过量这四个等级，并认为文明的成长来源于"适度的挑战"和"适度的应战"之间的循环，有效的挑战应该位于挑战不足和挑战过量之间的某一点上，"挑战"和"应战"之间的交互作用关系呈现出某种规律。

受此启发，笔者认为，组织的建立、发展来源于外部复杂变化环境"适度的挑战"及组织对其"适度的应战"之间的互动循环，而在复杂程度和变化程度不同的外部环境中，介于不足和过量之间的"适度的挑战"会为组织的建立和发展提供有效的外部刺激。一方面，不足的挑战或刺激无法有效促进领导者和管理者带领组织进行创造性应战。不足的挑战或刺激使人们生活在舒适区，难以成长和进步，甚至面临退化。如果一个领导者和管理者带领的企业长期没有任何挑战或刺激，企业很难成长为一个伟大的企业，因为企业内在的潜力、良好的基因无法很好地展示出来。另一方面，过量的挑战或刺激会对组织产生过于严苛的要求，超出领导者和管理者的创造力所能发挥作用的边界，最终导致组织的衰退。综上所述，不足的挑战或刺激会"废"，即会使得组织因"贪图安逸"而荒废；而过量的挑战或刺激会"毁"，即会使得组织因"不堪重负"而毁灭。只有适度的挑战或刺激可以激发人们内在的创造力，使人得到成长。正如哲学家尼采曾说的："那些不能打败你的，终将使你更强大。"

因此，和汤因比对全球文明起源发展的研究结论相似，笔者认为，在某一临界点之前，适度的挑战或刺激会促使领导者和管理者带领组织进行创造性活动，这种"适度的应战"行为会为组织的发展、壮大提供机会。相应地，领导者和管理者也应有意识地带领组织寻找、利用具有"适度的挑战"的外部环境，以实现自身的良性发展。根据汤因比的思想，外部环境的挑战程度和组织的应战成效关系如图3-10所示。

汤因比所说的"应战"是人类对环境"挑战"的一种行为，其更多地体现了人类对外部挑战或刺激的被动反应。在此基础上，笔者提出，在被动应对外部环境的变化性和复杂性的同时，其实组织也可以发挥主观能动性，采取相关的行动影响外部环境，这意味着组织主动地对外部环境的某些因素进行刺激或"挑战"。譬如，通过采取适度及符合自身实际状况的战略计划和竞争策略等主动进入市场，影响竞争对手，甚至制定行业规则，这些都有助于组织取得持续的竞争优势。波特曾提出，为了获得竞争优势，组织可采取差别化战略、低成本战略及客户聚焦战略；陈明哲的动态竞争战略也详尽地描绘了组织主动的竞争性行动及竞争对手的响应之间来回互动的过程。关于竞争策略，在中国古代的经典里也有很多论述，譬如，《道德经》[①]就提出，在有些时候不能够刺激对方，也就是说对方受到的是不足的刺激，在不足的刺激之下对方就不可能做出很积极的反应来提升他们的能力。比如"将欲歙之，必固张之；将欲弱之，必固强之；将欲废之，必固兴之；将欲夺之；必固与之。是谓微明，柔弱胜刚强。"其意思是："要想使它（人或事物）收敛，必须先使它扩张；要想使它弱小，必须先使它强大；要想废除它，必须先使它兴盛；要想夺取它拥有的什么东西，必须先给予它某些东西。这就是所谓的'微妙、明通'的道理。"当企业跟对手竞争的时候，有些时候还要"反其道而行之"。在中国的经典里面也强调，有些时候要给对方过量的挑战，比如说《孙子兵法》[②]中提到"故用兵之法，十则围之，五则攻之，倍则分之，敌则能战之，少则能逃之，不若则能避之。故小敌之坚，大敌之擒也"。简单点说，集中优势兵力去战胜敌人，所以《孙子兵法》向来都是强调以强胜弱，而不是以弱胜强，就是要用比敌人多十倍的力量来战胜敌人，给它过量的刺激。在这里，《道德经》体现出的竞争战略是给对方不足的刺激，让对方麻痹大意。而《孙子兵法》体现出的竞争战略是给对方过量的刺激，不给对方反应的机会。这两种竞争策略只要使用得当，是可以取得胜利的。

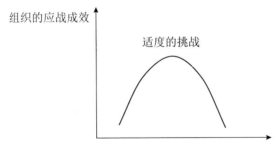

图 3-10　外部环境的挑战程度和组织的应战成效关系示意图

正所谓"卓越出自艰辛""欲戴王冠必承其重""一切都在暗中标好了价码"。要成为一个卓越的人、要成就一个卓越的组织，就必然会受些苦难，历练长见识，磨炼长本事，历练和磨炼长胆识。《西游记》[③]中唐僧师徒经历九九八十一难取得真经，经书本身包含了智慧，但是求取真经的过程本身也是智慧的来源。司马迁在《报任安书》中写道："盖文王拘而演《周易》；仲尼厄而作《春秋》；屈原放逐，乃赋《离骚》；左丘失明，厥有《国语》；孙子膑脚，《兵法》修

---

① 张景，张松辉，译注.道德经：中华经典名著全本全注全译丛书 [M].北京：中华书局，2021.
② 陈曦，译注.孙子兵法：中华经典名著全本全注全译丛书 [M].北京：中华书局，2011.
③ 吴承恩.西游记 [M].北京：人民文学出版社，2019.

列；不韦迁蜀，世传《吕览》；韩非囚秦，《说难》《孤愤》；《诗》三百篇，大底圣贤发愤之所为作也。"笔者补充"仲淹谪而有楼记，苏轼处逆而有超然之词"。范仲淹一生多次被贬，他的朋友滕子京被贬岳州后，正值百废待兴、重修岳阳楼之时，邀请范仲淹写了名篇《岳阳楼记》，其中"不以物喜，不以己悲，居庙堂之高则忧其民，处江湖之远则忧其君""先天下之忧而忧，后天下之乐而乐"反映了他是如何在顺境和逆境下调整心态的。苏轼写了很多反映人生冷暖、充满人生哲理的诗篇，跟他所处的逆境密切相关。例如《自题金山画像》中的"心似已灰之木，身如不系之舟。问汝平生功业，黄州惠州儋州"；《定风波•莫听穿林打叶声》中的"莫听穿林打叶声，何妨吟啸且徐行。竹杖芒鞋轻胜马，谁怕？一蓑烟雨任平生。料峭春风吹酒醒，微冷，山头斜照却相迎。回首向来萧瑟处，归去，也无风雨也无晴"，这些词都是他在被贬时所作的，体现了其豁达乐观。范仲淹的思想是典型的修身齐家治国平天下的儒家思想，苏轼的思想则是融合了儒家、道家和佛家的思想，他有读书人的风骨，还有纵情山水、乐观旷达、洒脱"出世"的人生态度。还例如，唐朝一些官员被贬广东，就在那里办学教书，促进当地教育的发展。六祖惠能小时候以砍柴为生，虽未曾正式读书，但是受益于这种教育，有了一些文化基础，使得他能理解《金刚经》中的"应无所住，而生其心"。后来他去湖北黄梅县东山寺求学悟道，写下著名的《菩提偈》："菩提本无树，明镜亦非台。本来无一物，何处惹尘埃。"他得到了五祖弘忍法师传授的衣钵，为佛教的中国化作出了重要贡献。王阳明自小智力非凡，立志做圣贤，便追随朱熹理学格竹，他格了七天七夜，无法参透竹子的道理，便放弃了朱熹理学。后来他被贬龙场，在龙场悟道，继承了陆九渊开创的心学，成为心学的集大成者，并在兵力很少的情况下平定宁王叛乱。在这过程中，他的心学理论得以实践。林则徐曾任湖广总督，以钦差大臣的身份赴广东禁烟，史称"虎门销烟"。后来他遭人构陷，被道光皇帝贬到新疆。林则徐在新疆期间为伊犁将军布彦泰出谋划策，在稳固边防、农垦种植、修建水利设施、制造纺织工具等方面作出了重要贡献。

在成就卓越的过程中，对手起到了重要的作用。是谁成就了郭子仪？郭子仪在国家和平的时候不被任用，在国家危难的时候才得到重用，老年时平定安史之乱才显现出其能力。是谁成就了刘伯温？刘伯温建议朱元璋脱离小明王另立势力，另外，在面对陈友谅、张士诚等强大的敌对势力时，刘伯温向朱元璋提出避免两线作战、各个击破的建议，最终以弱胜强取得胜利。是谁成就了康熙？康熙 8 岁继位，内有鳌拜等老臣专权，以及清王朝的汉化和政治稳定等问题，外有三藩之乱、噶尔丹叛乱等问题，可谓内忧外患。但康熙成功解决了这些问题，擒拿鳌拜、平三藩、统一台湾、三征噶尔丹、平定西藏、抗击沙俄等，为康乾盛世的到来创造了良好的条件。康熙在他执政 60 年时举办"千叟宴"，宴上除了感谢孝庄太皇太后、朝廷大臣和天下百姓外，还感谢对手，感谢他们造就了自己、使自己立下了丰功伟绩。是谁成就了曾国藩？曾国藩初入官场时，有一股"初生牛犊不怕虎"的劲儿，经常针砭时弊，惹得朝廷十分不满。正是因为太平天国运动爆发，朝廷才派曾国藩到湖南办团练，带兵打仗。太平天国的叛乱给了曾国藩机会。曾国藩一开始也不会指挥打仗，但他屡败屡战，最终成就了自己。是谁成就了左宗棠？左宗棠之所以名留青史，主要是因为平定了新疆阿古柏的叛乱。从这些人的经历中可以看到，没有对手的存在，就没有他们的成就。可以说，顺境给人财富，但逆境给人智慧，两者都是人生不可或缺的。任何理论也只有经过别人的挑战才能更加完善，例如哈耶克认为政府的过度干预会扭曲资源配置，阻碍经济发展，凯恩斯则主张通过积极的财政政策和政府干预可以减少市场经济的不稳定性，在哈耶克和凯恩斯的论战中，彼此的理论都得到了许多支持和发展。所以，人们需要尊重对手，一个人的成长来自于关爱他的人的关心和打击他的人的磨炼。

如果给"卓越出自艰辛"这句话加一个形容词，那就是"卓越出自适度的艰辛"。什么程度的艰辛对一个人、对一个组织来说最有效？对不同的人、不同的组织来说是不一样的，但是这种艰辛的程度是适度的。

适度的关键在于人或组织的内部系统和外部环境之间的对比。有的挑战对某个人或某个组织而言是适度的挑战，因为这个人或这个组织很强大，譬如，人的生理资源、心理资源等各种资源都很丰富；组织系统很严密，没有严重的缺陷。但同样的挑战对另一个人或另一个组织来说，很可能是过量的挑战，或者不足的挑战。例如，在疫情期间，现金流充足的企业能够扛得住，现金流不足的企业就扛不住。所以适度的挑战不是只依赖于环境的绝对变量，而是依赖于人或组织和环境的相对关系的相对变量。《中庸》①里就有"致中和，天地位焉，万物育焉"的思想，其意思是，如果能够达到中和的境界，天和地各就其位，万物就得以生长发育，这也是强调适度的重要性。人们在设计组织时，不要使组织形成类似病态矩阵的系统。病态矩阵指的是对输入数据进行很小的扰动、得出的结果具有很大波动的一类矩阵，可以用来解释蝴蝶效应。组织可以通过

---

① 陈晓芬，徐儒宗，译注.论语·大学·中庸（中华经典名著全本全注全译丛书）[M].2版.北京：中华书局，2015.

提高内部各个系统的独立性来降低组织系统的耦合性，通过多供应商策略等提高组织系统的鲁棒性，并保持适度的冗余性，从而建立反脆弱的组织系统，能够更快、更有效、更低风险地应对环境中的风险和不确定性。

中国近代史上的三声炮响对中国的影响非常大。第一声炮响是鸦片战争。中国社会一直是个农业文明的社会，清朝只有农业、手工业和纺织业发展得好，工业发展不足，所以英国工业革命所制造的先进武器可以把清朝打败。有了这个教训，清朝就开始发展工业、军事，但马上就听到了第二声炮响，即甲午海战。在甲午海战中，清朝已经拥有了当时亚洲很强的舰队，最终还是失败了。这是因为清朝缺乏一套好的制度体系，在军事训练、管理、指挥等方面存在问题。第三声炮响是十月革命，给中国带来了马克思主义，但是早期一部分领导人盲目地效仿外国，导致革命队伍的巨大损失，直到毛泽东同志将马克思主义中国化，形成毛泽东思想，为革命队伍找到了正确的道路，最终取得了新民主主义革命的胜利。所以，鸦片战争让我们认识到技术维度的重要性，甲午海战让我们认识到制度维度的重要性，十月革命让我们认识到主义维度的重要性。中国从闭关锁国到如今在亚洲和全球具有影响力，关注的问题从自己的国家到其他的国家，更多地履行国际义务。例如，促成沙特和伊朗缓和关系，在国际舞台上发挥更大的作用。

总体上，组织不仅要对外部环境中的"挑战"进行积极的"应战"，也要主动地在适宜的时间和空间下对外部环境发起"适度的挑战"，以获得可持续的发展动力。因此，笔者总结了组织和环境的关系有合作（cooperation）、竞争（competition）、竞合（co-opetition），还有相互依赖、相互影响和相互作用下的共同进化（co-evolution），简称"4C"。

因此，面对复杂变化的外部环境，组织的领导者和管理者要在具备多层次、多维度和动态的管理能力的同时，积极识别环境中的波动和变化，应对和发起挑战。每一次挑战，就是打通一个空间层次上、空间维度上、时间动态上的"穴位"。多次挑战，人们就能打通多个"穴位"，在和环境的互动过程中茁壮成长，达到"羽翼丰满"的状态。当然，除了实际的挑战，人们还可以通过平常的读书、交流和思考等方式来打通"穴位"。

3.3.6.1 主管部门的领导者和管理者的角色

主管部门的领导者和管理者的一项重要任务就是把握和建立组织和环境的关系。例如，国家领导人把握中外关系，就是让外国对中国而言是适度的刺激，这样我们国家才会不断发展，组织也是这样。时空系统是一个复杂系统，根据热力学第二定律，如果系统封闭，没有外部刺激，也没有和外部的物质和能量交换，系统就会消失。改革开放就是打破了封闭的系统，让中国和外部世界有交流，在交流中虽然既有刺激也有挑战，但只要逐步开放，就可以控制挑战的程度，让挑战对于中国来说是适度的，从而让中国变得更加强大。

主管部门的领导者和管理者还要为企业创造适度挑战的环境。一方面，不能一味地保护企业。例如，中国加入世贸组织，就是让中国变得开放，让中国企业和西方企业竞争，激发企业的斗志，锻炼企业的生存能力。虽然加入了世贸组织后，一部分企业被市场淘汰，但是存活下来的企业经过磨难和挫折，得到了很好的成长。另一方面，也不能一味地放任企业。例如，2008年金融危机时，中国建立了防火墙，采取了一系列有效的措施保护中国企业。因此，主管部门的领导者和管理者既要让企业面临挑战，又不能让挑战不足或者过量，要采取行动让企业面临的挑战维持在适度的范围内。

3.3.6.2　企业领导者和管理者的角色

企业领导者和管理者就是要为部门、为员工创造适度挑战的环境。一方面，企业领导者和管理者要让部门、员工跳出"舒适区"工作，例如鼓励员工创新、强调授权、搭建小组 PK 机制等。另一方面，企业领导者和管理者要让部门、员工没有后顾之忧，例如提倡宽容错误的文化、提高后台支持能力、营造既竞争又合作的部门间和员工间关系。例如，2016 年针对某位快递员受到不合理对待事件，该快递员所在公司的高层领导者迅速做出反应，指派人员陪同快递员报警、到医院检查、采取法律手段维权，并声明将对此事追究到底。这反映了公司保护员工不受到过量的挑战的影响。因此，领导者和管理者既要让组织内的各个部门和员工面临挑战，又不能让挑战不足或者过量，要采取行动让他们面临的挑战维持在适度的范围内。

3.4　领导和管理的时空理论的简化模型：四维理论、四维智慧和四大误区

当今的企业面临复杂变化的环境，世界的政治、经济、文化、科技、生态等方面正在发生巨大的改变，这些都给企业领导者和管理者带来了重大的挑战。

如何面对百年未有之大变局，有效地驾驭企业的发展，是摆在领导者和管理者面前的现实课题。

领导者和管理者要驾驭好一个组织，需要把握好四个参数。第一个是组织运作的效能（effectiveness），就是领导者和管理者要做正确的事、带领组织运行在正确的方向和轨道上、符合时代的潮流；第二个是组织运作的效率（efficiency），就是领导者和管理者要把正确的事情做对、要注重速度；第三个是组织发展的安全性（safety），狭义的安全性就是安全生产，比如航空公司要确保飞行安全，煤矿企业要保证人民的生命财产安全。广义的安全性涉及企业怎么避免各种风险，比如经济风险、债务风险、政治站位风险等，也就是说，组织发展不能存在太多漏洞，漏洞可以体现在不同层次、不同维度、不同时间点上；第四个是组织发展的可持续性（sustainability），一个组织要尽量获得更长的时间发展窗口，做到可持续、基业长青，避免昙花一现。可以这么理解，效能和效率是短期的，安全性是中长期的，可持续性是长期的。

这四个参数对组织领导者和管理者的要求其实是很高的，据此，笔者认为，领导者和管理者必须具备四个能力来驾驭好一个组织。第一个是对组织的认知能力（perception），领导者和管理者带领的对象是一个组织系统，就必须对组织系统的本质特征了解得十分透彻，就像医生必须对人体的各种系统，如运动系统、消化系统、神经系统，要了解得透彻一样；第二个是对组织的分析能力（analysis），就是能找到组织里发生的任何现象、任何问题背后的原因；第三个是对组织的决策能力（decision），领导者和管理者在面临挑战、问题的时候要能够有效地做出选择；第四个是对组织的行动能力（action），就是把这些认知、分析、决策变成具体的行动。

四个参数是对领导者和管理者的要求，四个能力是领导者和管理者为了达到这四个参数需要具备的能力。怎么能够具备这四个能力？领导者和管理者必须学习和掌握必要的对组织进行认识、分析、行动的理论、方法和工具。领导和管理的时空理论将时间和空间联系起来，提倡领导者和管理者要以全面、系统、动态的视角来认识和分析组织管理工作及日常经营活动。其中，空间视角1（S_1）强调了多层次及其之间的相互作用，空间视角2（S_2）强调了软实力维度和硬实力维度及其之间的相互作用，时间视角（T）强调了学习和创新及其之间的相互作用。在领导和管理的时空理论的总体模型的基础上，笔者提出了领导和管理的时空理论的简化模型，如图3-11所示。

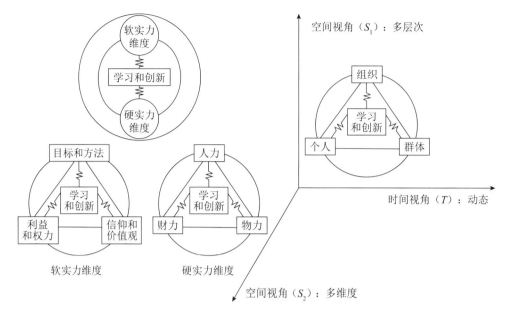

图 3-11　领导和管理的时空理论的简化模型示意图

下面重点讨论领导者和管理者进行组织分析和设计的四维理论和方法。

在领导和管理的时空理论的总体框架中，从组织层次出发，空间视角 2 中的软实力维度为领导者和管理者认识和分析组织提供了很重要的思路和方法。具体地，领导者和管理者只有同时从目标和方法系统、利益和权力系统、信仰和价值观系统这三个系统对组织进行分析和设计，才有可能使组织获得成功。

进一步地，领导者和管理者考虑上述三个系统，即目标和方法系统、利益和权力系统、信仰和价值观系统，有助于组织在一定时间阶段内实现目标，并适应现在和可预见未来的环境。由于环境是变化的，为了促进组织适应不断发展的环境，并将这种适应变化的能力包含在组织设计中，领导者和管理者必须将学习和创新系统包含在组织整体系统中。在这里，我们在直角坐标系（如图 3-12（1）所示）的基础上加了时间坐标，成为四个维度（如图 3-12（2）所示），其中，目标和方法系统、利益和权力系统、信仰和价值观系统分别对应直角坐标系中的 X 轴、Y 轴和 Z 轴，学习和创新系统对应时间坐标，它在组织发展的过程中会发挥调节作用。图 3-12（3）表示了组织分析和设计的四维理论框架。其中，学习和创新系统的调节作用采用弹簧形式表示。该系统会促进组织的目标和方法系统、利益和权力系统、信仰和价值观系统这三者保持一致和平衡，也会促进这三个组织内部的系统和外部环境保持一致。

由此，笔者提出组织分析和设计的四维理论模型，认为领导者和管理者可以从四个维度来对组织进行分析和设计。这四个维度包括：目标和方法系统、利益和权力系统、信仰和价值观系统、学习和创新系统。领导者和管理者在分别对目标和方法系统、利益和权力系统、信仰和价值观系统以及学习和创新系统进行分析和设计时，要分别向"科学家""政治家""教育家"和"学创家"学习。图 3-12（4）表示了企业领导者和管理者要学习的对象。

以下从几个方面来详细地阐述领导者和管理者进行组织分析和设计的四维理论和方法。

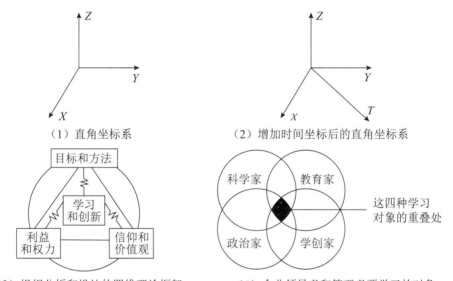

（1）直角坐标系　　　　　　　（2）增加时间坐标后的直角坐标系

（3）组织分析和设计的四维理论框架　　　（4）企业领导者和管理者要学习的对象

图 3-12　组织分析和设计的四维理论模型

说明：（3）中"学习和创新"以弹簧形式与"目标和方法""利益和权力"以及"信仰和价值观"相连接，表示"学习和创新"对这三个系统的调节作用。

3.4.1　四维理论的内涵

（1）目标和方法维度的内涵：领导者和管理者只有非常理性，善于从客观环境的角度对组织的目标定位、发展道路、成长速度以及包括组织结构、流程和制度等在内的支持系统进行分析和设计，组织才有可能获得成功。这里的关键词是理性，即理性客观、实事求是。

这里有五大重要的参数：目标定位、发展道路、成长节奏、运行速度、支持系统。

领导者和管理者在确定这些参数时如何做到理性客观、实事求是呢？

第一，目标定位。领导者和管理者需要客观地认识现实的环境（譬如，宏观形势、行业动态、技术发展、市场情况、人文环境等），找准组织的目标定位。目标定位很重要，如果目标定位不准确，就可能没有生存的机会。对于企业而言，领导者和管理者必须通过对整个商业生态系统的分析来确定自己企业的生态位是什么，并确定自己在这个生态位的同类企业中排名在哪个位置。在自然界的生态系统中，一种生物能否生存取决于其生态位的选择，譬如，啄木鸟吃树上的虫子，帮助树更好地生长，因此获得了生存的机会和空间。关于生态位的选择，企业最好不要陷入同质化竞争或者竞争已经很充分的领域，而是要找到有区别的、独特的生态位，采用蓝海战略。当然，这需要领导者和管理者有敏锐的洞察能力和独立的思考能力。譬如，现在已经有众多航空企业，领导者和管理者如果要建立一家新的民营航空企业，在航线的规划上可以避开和大企业的航线竞争，飞大企业不飞的航线，这就是目标定位，也就是在整个商业系统里找到一个合适的位置。关于同一生态位中的排名位置，有些企业偏好做行业领军者、头部企业，也有一些企业不喜欢做行业老大，因为树大招风、还要承担创新成本。一般来说，企业的目标定位不能太高，也不能太低，需要有适度难度的、但有生存机会的目标定位。

第二，发展道路。领导者和管理者需要在实现目标定位的过程中找到合适的发展道路。虽然"条条大路通罗马"，但领导者和管理者要仔细衡量各种指标，并且保持理性，选择一条适合组织的发展道路，即最正确的、最有效率的、投入产出比最高的道路。例如，中国有些产品需要"墙外开花墙内香"。又例如有些企业的改革，如果由企业的领导者和管理者提出来，那么员工可能会不高兴，这时若能从企业外面请一个有影响力的顾问，正所谓"外来的和尚好念经"，那就有助于更好地推动改革。企业很多时候还需要借鉴和学习，原创创新的道路需要很强的资金实力，模仿创新可能更容易带来价值增长。

第三，成长节奏。组织的发展要踩准至少两个节奏。在内部的成长节奏中，譬如，产品的发展有上升的过程、下降的过程，组织应该在前一个产品的上升阶段就开始下一个产品的开发过程，而不能等到前一个产品发展到最高点，甚至到了下降阶段才开始开发下一个产品，那样就来不及了。同样地，组织的领导者和管理者也要在自己身体健康、大脑清醒的时候选择继承人，而不是等到自己健康状态低下、神志不清时再临时指定继承人。在外部的发展节奏中，每个行业里都有其成长的周期、频率，都有初创、发展、成熟等不同阶段。很多企业出问题大都是在成长节奏方面出了错，譬如，有的企业在行业发展都快成熟了才入场，比如淘金，很多企业都淘得差不多了再入场就晚了，此时应该寻找新的发展机会。现在的房地产行业处于成熟阶段，这时候已经不是继续开发房地产的好时机了。在成熟阶段，房地产公司应该将重心放在管理好现有的房产或者是物业上，才能在现有的存量里获得收益。这实际上就是把握发展节奏的问题。所以现在企业的转型也是把握成长节奏的表现。

第四，运行速度。领导者和管理者在选定发展道路后，需要确定在这条道路上合理的运行速度。我们经常说："饭要一口一口吃，事要一件一件做""心急吃不了热豆腐""欲速则不达"、不要"揠苗助长"。一个伟大事业目标的完成有时甚至需要经过一代人或几代人的努力。因此，领导者和管理者需要尊重事物发展的客观规律，保持合理的运行速度。

第五，支持系统。领导者和管理者需要建立相应的结构、流程、制度和人、财、物等体系，来帮助实现组织的目标定位、发展道路、成长节奏、运行速度。因为，任何目标定位的达成、发展道路的行走、成长节奏的把握、运行速度的保持，都需要组织的结构、流程、制度和人、财、物等支持系统共同发挥作用。有一句话叫做"兵马未动，粮草先行"。解放战争的时候，中国共产党只有一百多万人，国民党有四百多万人。但是中国共产党的背后是老百姓，淮海战役的胜利可以说是老百姓用推车推出来的，老百姓组成的支持系统是很重要的。

我们可以用工程上一个形象的例子来说明如何在这几个参数的确定上保持理性。譬如，工程师设计一座桥梁，需要对环境进行客观分析（桥梁所在地是什么样的地质结构），确定目标定位（桥梁要承载高铁还是汽车、多少吨位），确定发展道路（桥梁采用什么方式修建），确定运行速度（桥梁用什么样的进度修建），确定支持系统（建筑团队采用什么样的组织结构、运用什么样的设计和生产流程、采用哪些制度保障施工质量和进度、需要用什么种类和多少数量的钢筋和水泥）。所有这些方面都是有严格要求的，必须实事求是和理性客观，否则可能无法顺利、高效地修建高质量的桥梁。

总体上，根据目标和方法维度对组织进行分析和设计，需要将组织看成是一个有机的整体，领导者和管理者的思维方式需要像"科学家"那样进行理性的思考。组织的发展离不开理性的思维，违背科学和理性的思维，组织就会失败。领导者和管理者只有具备科学理性的思维，组织才能够得到良好的发展。

（2）利益和权力维度的内涵：组织是由不同的利益相关者组成的，每个利益相关者都有自己的利益诉求和相应的权力资源，因而会采用相关的方式来达到自身的目标和利益，所以组织中必然会形成各种冲突。领导者和管理者需要对人们的利益和权力需求非常敏感，并且只有采取有效的措施来短期和长期地平衡这些利益相关者的利益，才可能成功地领导和管理一个组织。这里，领导者和管理者要向"政治家"学习。

组织发展会产生收益，有了收益就会产生利益分配的问题。虽然组织在不断地发展和盈利，但是如果利益分配的问题不能被妥善处理，就会产生一些问题。在现实中，我们可以看到很多组织发展得不好，并不是没有效益，而是利益平衡出现了问题。所以，领导者和管理者需要审时度势，持续和动态地保持利益和权力的平衡。

《增广贤文》①中说"君子爱财，取之有道"，这叫取"好财"，就会兴盛。如果还能够"用好"这些财富、分配好这些财富，就能兴旺。因此笔者提出，取"好财"，则兴；"用好"财，则旺；取用得法，兴旺可期。取"好财"和"用好"财都是利益和权力维度中的重大问题。

兴财旺财之道

取"好财"，则兴；

"用好"财，则旺；

取用得法，兴旺可期。

（3）信仰和价值观维度的内涵：组织成员所共有的信仰和价值观对组织的发展有着重要的影响。领导者和管理者只有对组织的信仰和价值观进行有效设计和宣贯，并影响到所有的组织成员，组织成员才会形成一股重要的力量，促进组织的健康发展。

信仰是组织的精神力量，它包括必胜的信念、克服困难的勇气、持之以恒和坚忍不拔的作风等。价值观是组织崇尚的观念，它包括团结协作、互相支持的观念等。任何组织的结构、制度、流程等方面的设计都不可能是完美的。但是，当良好的信仰和价值观融入组织，变成组织成员的思维和行为习惯后，即使制度不是那么完美，组织成员也可以帮助组织解决问题。

---

① 佚名.增广贤文（国学大书院）[M].魏明世，译.南京：江苏凤凰科学技术出版社，2018.

领导者和管理者只有对人们的信仰和价值观等因素认识透彻，善于结合组织的外部环境、内部情况，特别是充分考虑组织成员的特征，建立合适的组织信仰、愿景、使命、价值观、思维方式和行为方式等，并以适当的方式传递给组织成员，积极正面地对组织成员的思想和行为产生影响，组织才有可能取得成功。这里，领导者和管理者要向"教育家"学习。

（4）学习和创新维度的内涵：任何组织都处于不断变化的环境中，不断地受到环境的选择和影响，领导者和管理者只有带领组织成员进行持续不断地学习和创新，才能使得组织的目标和方法维度、利益和权力维度以及信仰和价值观维度能够随着环境的变化而不断调整，从而使组织保持生存和可持续发展。维特根斯坦说语言影响了人类的认识边界，因此，笔者结合"学习"（learning）和"创新"（innovating）创造了"学创"（learnovating）这个词，领导者和管理者要向"学创家"学习。

譬如，有一位香港企业家非常善于学习，尽管接受正规教育的时间不多，但他在社会这所"大学"里不断学习。《史记》[①] 货殖列传里记载的范蠡的思想对他的影响很大，比如他很早就学习了范蠡逆向投资的思维，如认为要在干旱的时候造船，下雨的时候造车，提前做好准备等待市场的需求。我们经常说的"买跌不买涨"也是这个道理，一家好企业的股票跌的时候就可以趁着成本低买进，之后自然会涨。除了中国古代优秀的经典著作和著名人物之外，他也学习西方思想，比如学习富兰克林"做好人和做好事"的思想。一个人无论受正式教育程度高与否，只要能在一生中不断学习、不断创新，其带领的组织就能够不断地发展。

3.4.2 四维智慧的内涵

四维智慧是根据四维理论推导而来的，包括理性发展的智慧、利益平衡的智慧、思想塑造的智慧和学习创新的智慧。如图 3-13 所示。

理性发展的智慧、利益平衡的智慧、思想塑造的智慧、学习创新的智慧是"四把小刷子"。其中，前面"三把小刷子"是理性发展的智慧、利益平衡的智慧、思想塑造的智慧，而学习创新的智慧是前面"三把小刷子的刷子"，它会根据环境的变化的需要改变前面"三把小刷子"，使得它们能更好地适应环境的变化，并使它们之间达成协同。

---

① 司马迁 . 史记（精注全译）（套装共 6 册）[M]. 李瀚文，主编 . 北京：北京联合出版公司，2016.

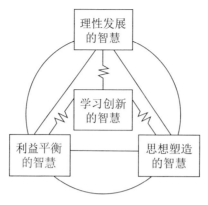

图 3-13　四维智慧模型

四维智慧：四把小刷子

理性发展的智慧、利益平衡的智慧、思想塑造的智慧、学习创新的智慧是"四把小刷子"。

第一，理性发展的智慧。领导者和管理者只有特别理性，善于从客观环境的角度进行组织目标定位、发展道路、成长节奏、运行速度，以及包括组织结构、流程、制度等支持系统方面的设计，才有可能成功。这种智慧要向"科学家"学习。中国共产党提出的实事求是、科学发展观的重大战略思想，就是理性发展的智慧的体现。中国几乎所有的党校门前都有刻着"实事求是"四个字的建筑物。"实事求是"这一思想是东汉著名史学家、文学家班固在《汉书》①中提出的，湖南的岳麓书院有一块写着"实事求是"的匾，毛泽东同志在岳麓书院学习时看到了这块匾，就把它作为中国共产党的行动方针。邓小平同志为了达到"实事求是"，更是排除万难地进行经济建设。缺乏理性发展的智慧，领导者和管理者就无法客观地看待外部环境和竞争对手，例如，在时机不成熟的时候选择和竞争对手产生对抗、在目标定位不能产生价值的时候一意孤行、在发展道路不合适的时候不进行调整、在运行速度太快的时候缺乏配套的系统从而导致资金链断裂以及员工无法往前推进业务等，在这些时候组织就会面临重大的危机。有一个登喜马拉雅山的节目，有一个人为了登珠穆朗玛峰准备了一年，那天早晨 5 点钟就开始准备出发，他事先给教练打了一个电话，问："我今天能不能

---

① 班固．汉书 [M]．尹小林，校注．北京：北京大吕文化传播有限公司，2022．

登顶？"教练经过了一番评估后说："你现在出发的时间有点晚，你绝对能登上去，但是等你下来的时候冰雪开始融化，你有可能就永远留在那儿了"。那个人经过激烈的思想斗争，最后给教练打了一个电话说："叫一架直升机过来"，直升机将他从营地接回去，他泪流满面，定下决心明年再来。

第二，利益平衡的智慧。**领导者和管理者只有对利益和权力特别敏感、善于从利益和权力的角度对组织的有关方面进行设计，才有可能成功。**有时候，领导者和管理者厉害的地方不在于他们能挣多少钱，而是他们能分配钱、能做到"一碗水端平"，这就像飞行员在空中飞行时需要平衡左右两边的机翼。企业的发展很多时候出问题，往往不是因为不会挣钱，而是挣了钱之后没有很好地进行分配，伤了很多人的心。很多企业家就是在这个方面出问题的，这种智慧要向"政治家"学习。站在各级政府办公机构门口，映入眼帘的就是"为人民服务"这五个字。利益平衡的智慧非常重要，这是保障国家和社会稳定发展的重要基础。

我们可以从胡雪岩的身上体会到利益平衡的智慧。胡雪岩曾是个放牛娃，没有读过多少书。他在一次放牛中捡到了一袋银子，他把银子藏在家里，坐在原地等候失主的到来。终于有一天失主来了，他就把这袋银子原封不动地还给他。那位失主是一名杭州富商，他便邀请胡雪岩到他店里帮忙，并一路提携胡雪岩成为了一个钱庄的老板，最后还把家产传给了胡雪岩。后来有一天，胡雪岩在杭州的茶馆喝茶，遇到了王有龄，听闻王有龄家道中落，好不容易考取了功名，却没有实际的位置。胡雪岩听完他的故事后，给了他五百两银子，帮助其渡过难关、谋取官职，后来王有龄得以专管京杭大运河的运输，并步步高升至浙江巡抚。再后来，胡雪岩结识了左宗棠，因为当时要攻打太平天国，胡雪岩就帮助左宗棠筹集粮食，左宗棠也把所有的采购军火的业务交给了胡雪岩。此外，胡雪岩最大的功劳是帮助左宗棠筹集银两，助其收复新疆。

胡雪岩做出如此大的成就，最后却落得被抄家的下场。那是因为，胡雪岩为了给左宗棠筹集收复新疆的银两，以其个人信用在汇丰银行贷款。由于胡雪岩的信誉非常好，汇丰银行马上给了他所有的贷款，并给了最低的利息。然而，汇丰银行的办事员想要从中拿点回扣，并要把回扣的一半给胡雪岩，胡雪岩主要考虑到战事紧急、要快点拿到钱款，就同意了。后来李鸿章抓住了这个把柄，将其禀报给慈禧太后，就是这一条罪名，导致胡雪岩被抄家。

胡雪岩放牛娃出身，一步一步做到红顶商人，作为一个励志人物，就这样"翻船"了。如果没有收回扣这件事情，他的功劳是很高的，但最后还是"德"

这个维度出了问题。有人会觉得这是汇丰银行的办事员引诱的，但其实胡雪岩也可以把这些回扣上交给朝廷、不装进自己的口袋里，他没有这么做，可能还是觉得自己为朝廷立下了汗马功劳，所以才收下回扣的。从这里可以看出，政商关系的处理很重要，现在我们强调"亲清"的政商关系。其中，"亲"就是企业在方针政策上要和政府站在一起，"清"就是企业在利益上和政府保持清白纯洁的关系。所以，企业要支持国家政策，但不要和个别官员有利益上的纠葛。胡雪岩做到了"亲"，即帮助朝廷收复新疆，但没有做到"清"，即没有抵挡住诱惑。

胡雪岩的故事进一步告诉我们，一个人可以做很多好事，但是只要有一件关键的事情做得不好，就可能出大问题。因此，笔者总结了乘法原理，即一个人的成功与否取决于他在不同阶段所做的决策的乘积，决策的效果有可能大于0，也有可能等于0。做了一百次决策，九十九次都是对的，但是只要有一次做错了，比如胡雪岩收下了回扣，最后的结果就是0。社会使用的最残酷的生存法则就是乘法原理，而不是加法原理。加法原理是将功抵过，乘法原理是功不抵过。所以，领导者和管理者的每一步决策效果都必须大于0，有时候宁可不做，也不能让过往的成绩全部清零。胡雪岩的经历也验证了一句话："智者千虑，必有一失"[①]。很多人说"从商要学胡雪岩"，但笔者认为，胡雪岩在处理政商关系方面绝大部分时候是成功的，但也在个别时候是失败的，所以应该说是"从商要研究胡雪岩"，研究就是要吸收他成功的经验和失败的教训，而不是完全以其为榜样。

第三，思想塑造的智慧。领导者和管理者只有对人们的信仰和价值观等因素认识透彻，善于从思想塑造的角度进行组织有关方面的设计，才有可能取得成功。这种智慧要向"教育家"学习。以习近平同志为核心的党中央提出了实现中华民族伟大复兴的中国梦的重大战略思想，党的十九次代表大会上，习近平同志所作报告中谈到的"人民有信仰，国家有力量，民族有希望"体现了思想塑造的智慧。抗美援朝时期，作家魏巍从朝鲜战场回来后写下《谁是最可爱的人》（1951 年 4 月 11 日在《人民日报》刊登），这篇通讯刊登后在全国产生了极大的反响。当时发起了一个活动，让各地的卫校、师范学校的学生自发地给志愿军战士写慰问信。其中有一个非常感人的故事。

① 汤化，译注. 晏子春秋 [M]. 北京：中华书局，2021.

战火纷飞中的期盼，半个世纪后的相逢

在抗美援朝时期，22 岁的广东韶关籍的袁国光是战场上的一名志愿军战士。他和战友们收到了来自祖国的一批慰问信，袁国光收到了落款署名为过云月的信，这是一名 15 岁的杭州某师范学校的女学生。过云月在这封信中写道："敬爱的志愿军叔叔，你们为保家卫国，抗美援朝，为了打败美帝国主义赴朝作战，你们是很光荣的，我向你们致敬！"[①] 这封信给当时的袁国光带来了极大的鼓励和温暖，他回信表示感谢，并附上自己在战场上的照片和两张朝鲜钱币。后来，过云月在回信中也附上了一张自己初中毕业时的照片[②]。此后他们成为了笔友，保持多年联系，建立了深厚的友谊。他们相约战争结束后在杭州见面。

1952 年，袁国光在上甘岭战役中负了伤，荣立三等功。战争结束后，袁国光本应按照约定到杭州和过云月相见，但由于弟弟袁文祥在抗美援朝中牺牲了，袁国光作为家中老大，为了照顾身心受到重创的父母，他选择陪在父母身边，回老家韶关工作。而过云月毕业后留在杭州当教师。他们两人的联系也就因此中断了，后来他们各自成家了。

袁国光和过云月这一断联就是半个多世纪，年迈的袁国光一直珍藏着这段珍贵的回忆，他将过云月的照片和来往信件都细心收藏着。后来，他把藏在心底的这段往事告诉了他的儿子袁章锐，袁章锐很敬佩过云月，想帮两位老人见上一面，了却父亲的心愿。幸运的是，袁章锐经过耐心搜寻，找到了过云月的联系方式。袁国光得知之后，在全家人的支持下，拨通了过云月的电话，电话那头在听到是当年朝鲜战场上的笔友袁国光后，沉默多时才回过神来，感慨道："都过半个世纪了……"

他们这份珍贵的感情引起了中央电视台的关注，他们分别受

---

① 李阳阳，杨渐.志愿军与女学生相约战后见面62年后实现美丽约定 [N].钱江晚报，2013年11月01日.

② 谷立辉，吴祥业，冯春华.尘封60年：江元道炮火中传书 [N].南方日报，2013年9月9日.

邀参加中央电视台综合频道大型公益寻人栏目《等着我》，但他们都不知道对方来到北京参加。在央视的演播大厅里，当85岁高龄的袁国光回忆起半个多世纪前的那段经历时，他说很想见一见当年给过他鼓励的过云月。此时，78岁的过云月已在台下静候多时，当主持人邀请过云月上台时，两位白发苍苍的老人一步步慢慢地迈向对方，紧紧地握住对方的手，千言万语终汇聚成"你好"二字，完成了这场跨越了半个多世纪的美丽约定。

袁国光和过云月的故事感动了在场的所有人，他们的故事作为一个缩影，折射出了那个年代珍贵的感情，更折射出一段珍贵的历史，抗美援朝战争中的志愿军战士来自祖国的大江南北，他们肩负着祖国和人民的重托，在战场上奋勇前进、坚韧不屈、浴血奋战……最终赢得了抗美援朝战争的伟大胜利，他们是值得我们致敬的英雄！

第四，学习创新的智慧。任何组织都处在不断变化的环境中，领导者和管理者只有持续地学习和创新，才能应对环境的变化，使组织保持持久的成功。这种智慧要向"学创家"学习。领导者和管理者要敢于创新、善于学习，能够把东西方的智慧融为一体，有很强的打破已有框架的能力，还要有建立新框架的能力，也就是能破也能立。党的十六大强调的"继往开来，与时俱进"，以及"窑洞之问的答卷人"，都体现了学习创新的智慧。1945年，黄炎培先生走入毛泽东同志的窑洞，说："真所谓'其兴也勃焉''其亡也忽焉'。一人、一家、一团体、一地方乃至一国，不少单位都没有跳出这周期率的支配力。大凡初聚时聚精会神，没有一事不用心，没有一人不卖力，也许那时艰难困苦，只有从万般劫难中觅取一生。继而渐渐好转了，精神也就渐渐放下了……一部历史，'政怠宦成'的也有，'人亡政息'的也有，'求荣取辱'的也有。总之没有能跳出这周期率。"这就是著名的"窑洞之问"[①]。对此，毛泽东同志沉思道："我们已经找到了新路，我们能跳出这个周期率，这条新路就是民主，走群众路线。"70多年后的今天，习近平同志又指出："经过百年奋斗特别是党的十八大以来新的实践，我们党又给出了第二个答案，这就是自我革命。"

---

① 杜尚泽，刘少华."窑洞之问"的答卷人 [N]. 人民日报，2022-01-14（01）.

毛泽东同志提出走群众路线是借助外力，而习近平同志提出的自我革命是依靠自身。

作为一个组织，其最大的对手是自己。组织要做的最关键的事情是不断反思、自我革命、提高自己的生命力！《孙子兵法》[①]在两千多年前就指出"昔之善战者，先为不可胜，以待敌之可胜。不可胜在己，可胜在敌"。其含义是：古代善于指挥作战的人，总是创造条件让自己处于不可被战胜的地位，然后等待敌人能够被战胜的时机。使自己不被战胜的主动权在自己手中，敌人能否被战胜在于敌人是否留下可乘之机。所以，战争获胜取决于两个维度，一个是自己，一个是对手。俗话说"苍蝇不叮无缝的蛋"，我们只有自身不出问题，对手就拿我们没有方法。我们在和对手竞争时，有时不一定是要比对手做的对的决策和事情更多，而是要我们比对手做的错的决策和事情更少。一个政党、一个国家也是如此，其最大的对手是自己，因此需要自我革命，不断改进自身的不足之处。世界上所有的国家、组织都不是被对手打败的，都是自己先败的。因此，要让自己不可以被打败，不要犯错误，然后等待对手出现漏洞、犯错误。

四个维度的智慧在企业不同的发展阶段的具体内涵是不一样的。第一，关于理性发展的智慧，企业在最初阶段的重点是思考和培育出一颗好的"种子"（包括好的商业创意、独特和有价值的产品和服务、可行的商业计划等），并为这颗种子找到合适的土壤，让其在一个"根据地"里安全地成长起来。在中期就是要通过各种支持条件和手段的投入，使得这颗种子能够成长壮大。在后期，可能需要考虑产品和服务的更新换代和转型。第二，关于利益平衡的智慧，在初创的时候，企业更多需要的是平衡内部创业伙伴的利益关系，后期企业发展壮大了，更多需要的是平衡组织外部的利益关系，包括国家（如政商利益关系）、竞争对手以及合作伙伴等，还要平衡组织内部的利益关系，尤其是合伙人之间的利益关系。第三，关于思想塑造的智慧，最初需要的是形成团队合作的目标和规则，在后期随着企业规模的扩大和人数的增加，需要制定更为全面、系统、详细的企业文化，包括组织的目标、使命、愿景、价值观、行为规范和守则以及各种可观察、可感受到的文化符号系统等。第四，关于学习创新的智慧，在初创时期，组织主要需要学习外部组织的行业规则和同类组织的管理实践等。后面随着自身经验的增加，从内

[①] 陈曦，译注 . 孙子兵法：中华经典名著全本全注全译丛书 [M]. 北京：中华书局，2011.

部的经验和教训中学习、复盘、持续改进甚至自我批评和更新就变得很重要，当然，为了防止组织的僵化，领导者和管理者也需要经常走出去，从其他组织中获得可以借鉴的经验和教训，用于组织的学习和创新，使组织保持可持续健康发展。

下面，笔者对本章提到的"刷子"进行总结性分析。总体上，领导和管理的时空理论中有三种型号的"刷子"。第一，领导和管理的时空理论中的时间视角和空间视角是"两把大刷子"。第二，六知论是"六把中刷子"。第三，四维智慧是领导和管理工作中特别重要且行之有效的"四把小刷子"，作为领导和管理的时空理论的简化模型衍生出来的工具，如果领导者和管理者能够有效地运用这"四把小刷子"，那么组织内部大部分的问题都会迎刃而解。笔者在这里强调的是，在领导和管理的工作中，我们也需要抓主要矛盾。

进一步地，领导和管理的时空理论中的三种型号的"刷子"的关系如图3-14所示。在图3-14中，一方面，"两把大刷子"进行扩展就得到"六把中刷子"，进一步地，"六把中刷子"进行简化就得到"四把小刷子"；另一方面，"两把大刷子"主要适用于宏观的战略规划期，"六把中刷子"主要适用于中观的目标分解期，"四把小刷子"主要适用于微观的具体行动期。

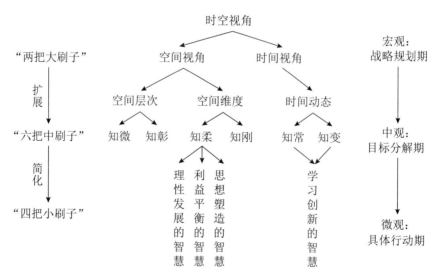

图3-14　领导和管理的时空理论中的三种型号的"刷子"的关系

> ### 领导和管理的时空理论中的三种型号的"刷子"
>
> #### 时空视角：两把大刷子
> 时间视角和空间视角是"两把大刷子"。
>
> #### 六知论：六把中刷子
> 知微、知彰、知柔、知刚、知常、知变是"六把中刷子"。
>
> #### 四维智慧：四把小刷子
> 理性发展的智慧、利益平衡的智慧、思想塑造的智慧、学习创新的智慧是"四把小刷子"。

3.4.3 四个维度之间的关系结构

组织的目标和方法、利益和权力、信仰和价值观等维度需要做出必要的调整来应对环境的变化。因此，在组织分析和设计的四维理论框架图 3-12（3）中，目标和方法维度、利益和权力维度、信仰和价值观维度在一个圆上三个不同的地方形成相互支撑的体系，这三个维度直接面对环境，直接给组织带来经济和社会等方面的效益。学习和创新维度则处在图形的中央，起到和外面三个维度之间柔性连接的作用，不断调节目标和方法维度、利益和权力维度、信仰和价值观维度，使这三个维度能够相互匹配，而且总体上适应外部环境的变化，使组织产生良好的经济和社会等方面的效益。

3.4.4 四个维度对应企业领导者和管理者要学习的对象

目标和方法维度对应的学习对象是"科学家"，"科学家"强调事实、数据和科学理性。利益和权力维度对应的学习对象是"政治家"，"政治家"强调社会公平、公正、利益分配的平衡。信仰和价值观维度对应的学习对象是"教育家"，企业领导者和管理者应该用自己的思想，包括好的信仰、信念、价值观、思维方式、行为方式等，来影响员工、消费者和社会公众，通过言传身教来履行教育的责任。员工在一个拥有很好的信仰和价值观的组织里工作，可以受到很好的学习和熏陶。学习和创新维度对应的学习对象是"学创家"，"学创家"

既能够学习又能够创新，既能够传承又能够变革。这四个圆圈（如图3-12（4）所示）放在一起，中间重叠的部分代表了这四种学习对象的重叠处，体现了领导者和管理者应该具有的综合素质。这里的综合素质体现了领导者和管理者在四个维度均需要有较深的理解，能够把握全局，成为"复合型人才"。

3.4.5　四个维度对应的光线的颜色和温度

太阳光平时看起来是白色的，但通过棱镜的折射或者雨后彩虹，我们会发现它其实是彩色的。地球表面看上去最多的颜色是海洋的蓝色，在分析组织时，**笔者用蓝色代表目标和方法维度，代表理性，**科学理性的思维对领导者和管理者非常重要；**用黄色代表利益和权力维度；用红色代表信仰和价值观维度，**这是一种让人感觉到有激情的颜色；**用绿色代表学习和创新维度，**代表生机勃勃、遗传变异、推陈出新。

领导者和管理者在进行组织的分析和设计时，可以用代表目标和方法维度的蓝色、代表利益和权力维度的黄色、代表信仰和价值观维度的红色、代表学习和创新维度的绿色来开展工作，具体步骤包括：先分解，从每一个维度去观察，再整合，把每个维度得到的东西汇总在一起。这就好比一个人在医院做体检，先去不同的科室检查不同的项目，比如血常规、心电图、B超等，最后再汇总所有的数据，从而得出一个人总体的健康状况。因此，采用这四个维度的分析方法的过程是一个先分解再整合、再分解再整合的过程。

进一步地，光线的颜色在不同的温度下会产生不同的色调，主要分为暖色调和冷色调。基于此，四个维度对应了不同的色调。暖色调偏感性，如红色、黄色等，分别对应了信仰和价值观维度、利益和权力维度。冷色调偏理性，如蓝色和绿色等，分别对应了目标和方法维度、学习和创新维度。

3.4.6　四大误区的内涵

四大误区是相对于四维智慧而提出的，包括理性发展的误区、利益平衡的误区、思想塑造的误区和学习创新的误区，如图3-15所示。

第一，**理性发展的误区。**领导者和管理者陷入理性发展的误区，具体表现为盲目、狂热、侥幸、赌徒思维、缺乏底线思维等。古希腊作家欧底庇德斯的著名名言"上帝欲使其灭亡，必先使其疯狂"（Those whom God wishes to destroy, he first makes mad），意思是说一个人、一个团队或一个组织在走向灭亡之前，往往会表现出非理性、狂热等行为。譬如，某企业家过于乐观地估计自己的能力和所处的环境，过度追求规模和速度，忽视了潜在的风险和不确定性，因此投资了高风险的项目，没有做好风险控制，导致资金链断裂，企业陷入危机，最终遭受重大损失。正如哲学家罗素所说的"大灾难来自狂热"，人们因为狂热的情绪而采取极端行动，往往缺乏理性和冷静的思考。

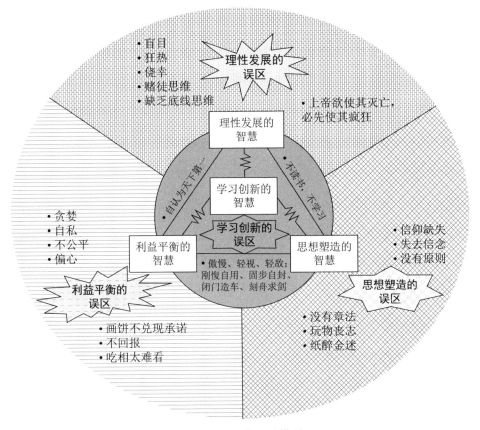

图 3-15　四大误区模型

第二，利益平衡的误区。领导者和管理者陷入利益平衡的误区，即领导者和管理者在处理和利益相关者的关系时，过于追求自身利益而忽视其他利益相关者的利益，或者在平衡不同利益相关者之间的利益时出现偏差或错误的做法。具体表现为贪婪、自私、不公平、偏心、画饼不兑现承诺、不回报、吃相太难看等，损害企业的长期发展和社会的可持续发展。譬如，某些领导者和管理者为了追求自身的利益，而忽视员工福利、环境污染、产品质量等问题，最终导致企业声誉受损、员工流失、消费者抵制等不良后果。

第三，**思想塑造的误区**。领导者和管理者陷入思想塑造的误区，即领导者和管理者在塑造自己和他人的思想、信仰和价值观时出现了偏差或错误，从而影响其行为和决策。具体表现为信仰缺失、失去信念、没有原则、没有章法、玩物丧志、纸醉金迷等。譬如，某些企业家或企业缺乏健全的信仰和价值观，如诚信、正直等，采取欺诈、造假等不道德的手段来获取利益。这种行为不仅会损害企业的声誉和形象，也会对整个社会造成负面影响。

第四，**学习创新的误区**。领导者和管理者陷入学习创新的误区，具体表现为傲慢、轻视、轻敌；刚愎自用、故步自封、闭门造车、刻舟求剑；自认为天下第一；不读书，不学习；看不到"山外有山，人外有人"；没有"空杯心态"等。譬如，有些企业家邀请组织外部的专家来给高管上课，而他自己却不去听课、不重视自身的学习。又如，有的企业家在创业初期，通过不断尝试和创新，取得了一定的成功。然而，随着时间的推移，他开始过于自信和固执己见，认为自己的经验和方法是唯一正确的。他开始抵制新的想法和创意，不愿意倾听他人的意见，也不愿意接受新的挑战和机遇。这种缺乏"空杯心态"的后果是他所带领的组织很难跟上市场的变化和行业的发展，最终影响企业的发展，甚至面临破产的危险。正如著名哲学家罗素所说的"小灾难来自固执"，陷入学习创新的误区的人容易固执己见，不愿意接受新的思想、观念和做法。这一误区可能会导致人们陷入思维定势和行为惯性中，无法适应新的环境和变化。

3.5　领导和管理的时空理论模型和四维理论模型之间的关系

根据"二八理论"，20% 的关键因素决定事物 80% 的变化，马克思主义认为矛盾有主要矛盾和次要矛盾之分，毛泽东同志也在《矛盾论》中阐述了抓住主要矛盾，问题就会迎刃而解的思想。笔者认为，目标和方法维度、利益和权力维度、信仰和价值观维度、学习和创新维度就是领导和管理的时空理论的总体模型中的关键因素、主要矛盾。这四个维度把握好了就能够解决组织约 80% 的问题。

如图 3-16，领导和管理的时空理论模型图中组织层次的目标和方法维度、利益和权力维度、信仰和价值观维度分别对应四维理论模型图圆边上的三个维度，而领导和管理的时空理论模型图中组织层次的时间动态对应四维理论模型图中间的学习和创新维度。为了图象的简洁，这里没有将指示线条对应到四个维度上。

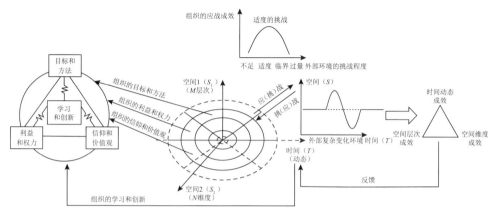

图 3-16 领导和管理的时空理论模型和四维理论模型之间的对应关系图

综上，本章先是从大时空框架① 出发，全面阐述了领导和管理的时空理论的总体模型和方法，又从小时空框架② 出发，重点提出了由该总体模型推导出的四维理论模型和方法，使领导者和管理者既拥有仰望星空般的无限想象力，又具备脚踏实地般的有限理性，从而使组织取得良好的成效、并保持可持续健康发展。

---

① 笔者认为，大时空框架是指包括无限长的时间，以及无限多层次和无限多维度的空间的框架。
② 笔者认为，小时空框架是指包括无限长的时间，以及只有组织层次中的三个维度的空间的框架。人类目前只能感受到一维的时间和三维的空间，合起来就是四维的时空。这里提出的小时空框架思维和人类目前的四维时空思维具有某些类似之处。

第4章

空间层次论

4.1 空间层次的普遍性

空间层次的普遍性体现在自然界和人类社会的方方面面。

在自然界中，人们对自然界的研究采取了空间层次的思维方式。譬如，宏观上，人们将地球分为地核、地幔、地壳和大气层等不同层次；微观上，人们认为物质是由分子组成的，分子是由原子组成的，原子是由原子核和电子组成的，且电子环绕原子核在不同层级的轨道上旋转，因此物质结构也是以层次形式呈现的。所以，宏观世界和微观世界都是层次结构，层次是自然界的基本形式。

在人类社会中，从微观到宏观可以将组织系统划分为多个层次，如个体、群体和组织，还可以扩展到地区、国家乃至全球等。

4.2 空间层次思维

基于领导和管理的时空理论，建立多层次思维对人们游刃有余地应对遇到的问题和挑战具有重要的启发意义。

4.2.1 多层次思维的内涵

什么叫做多层次思维？以中层领导者为例：第一，他要有个体层次的思维，能和个体员工进行思想沟通，能看到每个员工的优点和缺点，并因人而用。第二，他要有团队层次的思维，要考虑团队如何搭配、如何相互协作，以及如何才能产生更好的效益等问题。第三，他要有组织层次的思维，不能只考虑局部的利益，还要考虑部门之间的协调，更要考虑上级甚至是组织领导者和管理者的想法，但又不能越位。他作为部门主管要站在组织的角度为整个组织服务，在部门协调的时候能够兼顾组织的战略目标，而不仅仅是考虑自己所在部门的利益，这个度的把握是很重要的。所以，中层领导者需要多层次思维。《吕氏春秋》①中有一句话："其大无外，其小无内。"无论是朝宏观层次发展，还是朝微观层次发展，层次都可以不断地扩大、不断地细分。领导者和管理者要做到"其大无外，其小无内"，譬如，马斯克除了关心他的企业和员工，还关心地球和地球之外的事情，他提出火星探索计划，这就体现了"其大无外"，他还研究脑机接口，这就体现了"其小无内"。汉字中的"太"字，笔者认为，其含义是指大的事物可以不断地往大处扩展，大到没有外边，即"其大无外"；小的事物可以不断地往小处细分，小到没有里面，即"其小无内"。所以我们常用太大、太小来描述事物的规模和范围。此外，关于"太"还有一些有意思的词汇，如太和殿、太阳、太极、以太网等。领导者和管理者在对员工的工作积极性、成效等进行分析时，既可以"其大无外"，例如关注员工所处的部门氛围、组织文化、社会环境、国家大势、世界局势等是否有利；也可以"其小无内"，例如关注人体内产生动力和欲望的多巴胺、在关键时刻保持冷静的血清素、产生幸福感的内啡肽、产生满足感的催产素、在紧急情况下产生迅速行动的肾上腺素等物质是否缺乏或过剩。

　　家国情怀是中华优秀传统文化的基本内涵之一，我们常说"有国才有家，有家才有国"。一方面，有好的国家，才有好的小家，许多好的小家加在一起，就可以形成一个强大的国家。换言之，"有国才有家"体现了个人的成长、家庭的幸福在国运好的时候能够得到稳定的发展，在国运不好的时候也会受到负面的影响。如果国家不稳定，小家就难以存续。因此，人们能够拥有现在的美好生活和稳定发展，和大环境是分不开关系的。另一方面，"有家才有国"体现了国是由千千万万个家组成的。因此，家是国的基石，实现藏富于民，也是国家稳定、繁荣和持续发展的重要因素。但是上述观点存在先后顺序，国家要先关心家庭、组织要先关心员工，家庭才会关心国家、员工才会关心组织。多

---

① 吕不韦. 吕氏春秋（国学大书院）[M]. 南京：江苏凤凰科学技术出版社，2018.

层次思维是刻在中华文化、中华民族的基因里的。前面提到了"藏富于民"的重要性，但是如果只有"藏富于民"，国家就没有钱进行基础设施建设了。所以，国和家之间的财富分配是国家管理中的一个很重要的问题，其解决需要多层次考虑问题的情感和智慧。

4.2.2　建立多层次思维的意义

建立多层次思维，有助于我们更坦然地看待人生的成败。

第一，人们在看待自身的成功的时候，要建立多层次思维。多层次思维启示我们，一个人能够取得成功，一方面得益于自身的聪明才智、主观努力等，另一方面还取决于多层次的变量，包括家庭的支持、团队的合作、平台的作用、企业的发展、时代的红利、国运的力量、世界的和平等。譬如，没有高考制度的建立，我们可能就没有机会凭自己的努力考上大学。每个人都会受到时代的影响，假设我们出生在战争年代，可能连上学都会受到严重的影响。如果一个员工认为自身能取得现有的成就，除了自己的努力之外，有领导者给自己的机会，还有公司这个平台对自己的培养等，那么这个员工就能够更好地看待自己取得的成就。类似地，一个企业家如果取得了非常大的成就，他不应该将所有的成就都归功于自身的优秀、智慧。一个企业家的心态部分是由他的多层次思维决定的，如果他只有单一层次的思维就容易膨胀，而膨胀的后果就是可能将一个庞大的企业变得负债累累。譬如，国内某航空公司原先是一家发展得很好的航空公司，最后破产重组，航空的部分被民营企业接手了，机场的部分被国资委接管了，公司的很多理财产品让员工颗粒无收。之所以会出现这种情况，就是盲目的扩张和多元化，这家公司做了很多航空主业之外的业务，想挣自己认知范围之外的钱，最终颗粒无收，还把原先认知范围内的钱都亏了出去。一个企业家最成功的时候往往也是他最危险的时候，这时候最容易激进，这是一种人性的规律。但如果能建立多层次思维，他的心态就会稍微平和一些。很多人出问题都是因为他们没有建立多层次思维，将所有的成就都归功于自身的因素，甚至在公开场合讲非常狂妄的话。人们是需要具备危机意识的，譬如，我国的国歌中有一句歌词是"中华民族到了最危险的时候"，《周易》[①] 否卦第五爻的爻辞是"其亡其亡，系于苞桑"，其意思是，当我们不断喊：将要灭亡！

---

① 郭彧，译注 . 周易：中华经典藏书 [M]. 北京：中华书局，2006.

将要灭亡！它就会像把绳子系在桑树上一样坚固。可见，越是警惕、越是有危机意识，就越稳固、越不容易灭亡。因此，建立了多层次思维，一方面，人们就能更加清醒、理性、谦逊和敬畏，考虑问题时不会自我膨胀、不会狂妄自满，仍能谨慎决策、实事求是。另一方面，人们也能坦然地面对自己的成就、戒骄戒躁，并保持感恩的心、回报这个时代、回馈社会公众。

第二，人们在面临失败的时候，也要建立多层次思维。不能把失败完全归因于自己，不气馁，依然要有东山再起的决心和勇气。人们需要明白，失败的原因除了可能是自身某些方面做得不好之外，还有可能是大环境缺乏良好的机会。如果没有改革开放、没有国家发展的红利、没有赶上国运等等，个人再怎么努力也难以成功。"此地不留人，自有留人处"，换一个环境，可能就得到发展的机会了。因此，"人有不得，反求诸己"，人开始反思自己的错误，是进步的表现。《周易》①中有一句话叫做"自天祐之，吉无不利"，这句话的意思并非有来自上天的保佑人就会吉利，而是自己努力、上天也给予机会，人就会吉利，也就是"自助者天助之"。人开始思考自己所处的环境，也是进步的表现。因此，人失利时，不完全怪罪于自己或环境，是积极的心态；人成功时，不完全归功于自己或环境，是吉利的心态。

第三，建立多层次思维有助于我们更好地解决问题。爱因斯坦曾说："人类在某个层次上制造的问题往往难以通过该层次的思维来解决。"这说明我们要通过多层次思维来解决问题。例如，一位同学的学习成绩不好，不能只从个人层次来讨论这个问题，认为该同学身体不好、学习方法不对、学习态度懈怠等，而是应该考虑更多层次来解决这个问题，比如安排该同学和学习成绩好的同学坐在一起，或者把他放在一个学习氛围好的班级里，让他受到团队或组织的正面影响。这种方法就是将个人层次的问题上升到团队层次或组织层次来解决。又例如，很多时候国家之间的复杂问题解决不了，可以先通过民间的非正式沟通的方式解决，这体现了将国家层次的问题下降到行业层次、企业层次来解决。解决问题要有多层次思维，即如果在某个层次解决不了，就可以升高层次或者降低层次。因此，当人们陷入某一局面后，有时候靠自身无法得到很好的解决，陷入了困局时，若想破局，就要用到多层次思维，如引入新的伙伴、接触新的群体等，换一个层次来解决问题。

---

① 郭彧，译注 . 周易：中华经典藏书 [M]. 北京：中华书局，2006.

4.2.3 多层次思维的体现

组织行为学的学者重视跨层次的研究，实际上就是强调多层次思维。基于领导和管理的时空理论，空间被划分为多个层次，包括个体、群体、组织、地区、国家、全球等层次。例如组织会随着时间不断发展壮大，领导者和管理者很难和所有个体或所有团队密切交流，只能通过组织制度的设计，来影响个体、团队和组织。一个组织的领导者和管理者，可以像洋葱那样建立多层次思维，有时候需要做非常微观、具体的个体层次的工作，有时候需要做团队层次的工作，有时候需要做组织层次的工作，甚至有时候需要关注整个地区、国家、全球的宏观环境。具体来说，一个组织、一个社会发生变化时，最微弱的信号往往是基层最先察觉的。古诗"竹外桃花三两枝，春江水暖鸭先知"反映了最先感受春天到来的是贴近地面的动物，因为它们能感受到大地温度的变化。地震时，也是动物最先感受到地震的信号，它们会出现一些异常的行为。所以，领导者和管理者需要关注处在一线的微观基层员工，他们能够最先发现现实情况发生改变的早期信号。领导者和管理者也需要关注宏观，古诗"不畏浮云遮望眼，只缘身在最高层"就体现了宏观视野的重要性。

中华文化中包含了多层次思维的思想。譬如，《大学》①中谈到了"三纲八目"，"三纲"是"大学之道，在明明德，在亲民，在止于至善"，其意思是：《大学》里所讲的圣王之道，在于发扬人光明正大的品德，在于引导人弃旧图新，在于使人达到最完善的道德境界。"八目"则阐述了一个人从微观到宏观的八个进阶层次，"格致诚正修齐治平"，即"格物、致知、诚意、正心、修身、齐家、治国、平天下"。其意思是：认识、研究世间的万事万物；获得知识；使自己意念真诚；端正好自己的心思；修养自身的品性；管理好自己的家庭或家族、使家庭或家族和和美美、蒸蒸日上、兴旺发达；治理好自己的国家；平定天下。这是一种不断由内向外扩大的责任。具体地，第一，"格物"。"格"就是分类、仔细察看、研究，"格物"要求人们观察和了解世界万物，对它们进行分类和研究。人们常说"不去观世界，哪有世界观？"其中的观世界就是"格物"，了解人类自身和周边的世界，要"读万卷书，行万里路"。第二，"致知"。通过对社会现象和自然现象的观察，即"格物"，人们能够获得知识，认识世界的本质和规律，知识是智慧的前提，这就是"致知"。第三，"诚意"。"诚意"

---

① 陈晓芬，徐儒宗，译注. 论语·大学·中庸：中华经典名著全本全注全译丛书 [M]. 2 版. 北京：中华书局，2015.

要求人们怀着真诚和虔诚的意愿来对待所掌握的知识、逻辑、规则等，也就是要敬畏客观规律、敬畏自然、敬畏本质。第四，"正心"。有了"格物""致知""诚意"后，就要去运用。"正心"要求人们端正自身的心态，运用知识和智慧为人类谋福祉，而不是做破坏的事情。很多人觉得电影《教父》的主人公维托·柯里昂很有智慧，一辈子力争上游、爱护家庭，但是他最大的问题就是走错了路，最终成为了一个悲剧人物。教父柯里昂也想洗白，但是他入道太深、时空资源不够，特别是时间资源已经不够了。由此可见，"正心"就是一个人懂得了很多道理，但一定要把这些道理用来做正事，尽管做正事的过程可能会有些曲折，但还是要坚持走正道。第五，"修身"。"修身"有两个含义，第一个含义是要形成自己为人处世的原则，第二个含义是要形成自己为人处世的习惯。《原则》①一书中提到，一个人要在社会上立足，要想遇到任何复杂的问题时都能够不犹豫、不纠结，最重要的是要有自己的原则、要能形成自己的价值判断标准。一个人成熟的标志就是他在处理任何人和事时，都有一套行之有效的原则。这样在任何问题发生时，他都不会左右摇摆，能够迅速地做出决定、处理问题。很多人之所以纠结，就是因为没有原则。除了形成原则，还要形成习惯，一个人在很多情况下处理问题取决于他的习惯，而不是过多的思考。所以，"修身"就是要形成原则、习惯，这样才可能管理好家、国、天下。第六，"齐家"。"修身"之后是"齐家"，在古代，"家"一般是指大家族，在现代则是小家、家庭的概念。第七，"治国"。"治国"包括治理一个企业、治理一个省份、治理一个国家等。第八，"平天下"。人们要有天下的概念。北京天安门城楼的城墙写着"中华人民共和国万岁""世界人民大团结万岁"共18个大字，可见中国人既希望自己的国家好，也希望世界各国之间和平友好。此外，在《三国演义》②中，在东吴征伐荆州期间，关羽战败后，孙权请虞翻起卦占卜，以判断下一步的行动，虞翻算出"节变临"的卦象，断言关羽"不出两日人头落地！"而后关羽在逃亡路上果真被人当场擒杀，孙权怕刘备报复，用计嫁祸于曹操。刘备知道后，打乱了其原有的平天下的计划，决定兴兵伐吴为关羽报仇。从中可见，桃园三结义让刘备起家，但也使刘备的视野受到局限，在得知兄弟被杀后，他的空间层次思维从"平天下"降低到团队层次的"兄弟情谊"，结果兵败夷陵，病故在白帝城。总体上，"格致诚正修"讲的是个人的管理，"齐家"讲的是团队的管理，"治国平天下"讲的是组织的管理，这

---

① ［美］瑞·达利欧.原则［M］.刘波，刘波，译.北京：中信出版社，2018.
② 罗贯中.三国演义［M］.北京：人民文学出版社，2019.

是领导和管理能力发展的阶梯。"格致诚正修"体现了内圣,"齐家治国平天下"体现了外王,这是中华思想基因的重要组成部分。

我们也可以在历史著名人物的身上看到他们的多层次思维。譬如,诸葛亮就很好地建立了多层次思维。在《隆中对》①中,诸葛亮对天下局势进行了分析,并为刘备谋划未来的发展,提出了总体战略。诸葛亮为刘备所作的总体谋划就是把握宏观。诸葛亮辅佐刘禅时期,在率兵北伐前写下《出师表》。在《出师表》中,诸葛亮从很多细微的方面为刘禅提出了具体的治理方法,包括广纳各方谏言、赏罚分明、亲贤远小,还告知朝中忠臣良将的名字,希望刘禅能很好地对待和任用他们。诸葛亮为刘禅所作的具体辅佐就是把握微观。笔者认为,诸葛亮做到了"双体",即总体谋划和具体辅佐,总体谋划针对先主刘备,具体辅佐针对后主刘禅,体现了诸葛亮的多层次思维。

又如,清代道光年间,湖北襄阳人顾嘉衡任职河南南阳知府,在重修武侯祠时,南阳人就问顾嘉衡:"你认为诸葛亮是哪里人?"由于诸葛亮在襄阳和南阳都待过,面对这个问题,顾嘉衡为了不得罪老家的人,也不得罪现在为官一方的人,便写了一副对联:"心在朝廷,原无论先主后主。名高天下,何必辨襄阳南阳。"其意思是,诸葛亮在时间上对先主和后主都非常忠诚,在空间上已经是名扬天下的人物了,人们何必再去分辨他是襄阳人还是南阳人呢?顾嘉衡通过建立多层次思维,提高思维的层次,很巧妙地解决了诸葛亮的"躬耕地"是襄阳还是南阳的两难问题。

还譬如,诸葛亮的对手之一司马懿也善于建立多层次思维。在空城计中,司马懿追到城下,看到诸葛亮在城楼上弹琴。司马懿的儿子认为此时应该冲进城去,把诸葛亮抓起来。一般的说法是司马懿认为可能有重兵埋伏,所以没有进城。但也有另一种说法认为,司马懿是将计就计。司马懿知道诸葛亮耍了阴谋,但是如果他当时把诸葛亮抓起来了,他对曹家政权就失去了利用价值。当时曹家政权对司马懿是不放心的,所以司马懿留着对手诸葛亮,就是维持自己在朝廷的地位、保住自己的性命、为自己留下后路。从这个角度来看,司马懿考虑的不是一场战役的胜利,而是争夺天下的胜利;考虑问题的层次不是局部,而是整体,这就是一种宏观思维。该例子也表明了一种智慧:留下对手就是给自己生路;人不要在乎一个地方的得失,而要在乎通盘的胜利。

还有,二战时期德国决定攻打英国的考文垂,英国破译了这一情报,但是

---

① 陈寿.三国志(全二册):传世经典 文白对照 [M].栗平夫,武彰,译.2版.北京:中华书局,2009.

英国首相丘吉尔选择不做任何防护措施，最后考文垂被德国轰炸。这是因为丘吉尔考虑到了更高的层次，他不想让德国知道英国已经破译了他们的情报、掌握了他们的密码。于是，在后续的战争中，德国沿用原来的密码发情报，这为包括英国在内的同盟国赢得第二次世界大战提供了巨大的帮助。丘吉尔通过暂时失去考文垂这个局部，来赢得未来更大范围的胜利。在战争中，将军有的时候就会通过牺牲局部来赢得全局，就像电影《集结号》中，九连直到全军覆没都没有听到团长吹响的集结号，虽然很残酷，但这是不得不做出的决定。

此外，解放战争时期，中国共产党要撤离延安，很多人不愿意。毛泽东同志说："存人失地，人地皆存；存地失人，人地皆失。"其意思是，只要人在、保留有生力量，失去的土地总有一天会回来，如果只顾及土地，那人和土地都会失去。就这样，毛泽东同志做通了大家的思想工作,给国民党留下了一座空城。这就是运用了多层次思维考虑问题。辽沈战役中的锦州战役也是毛泽东同志建立多层次思维、富有远见卓识的军事杰作之一。毛泽东同志要求林彪攻打锦州，是因为毛泽东同志站在国家层次考虑问题，他认识到锦州这个位置是咽喉，一旦攻打下来，国民党在东北的所有部队就不能通过陆路往南走、壮大国民党军队的势力，就不会导致国共两党"划江而治"的局面。那时，国民党和共产党分别有两个不同的大国支持，这两个国家想让中国出现"划江而治"的局面，这正是毛泽东同志最不愿意看到的，所以他在辽沈战役定下的第一个目标就是攻克锦州、扼住东北的咽喉。毛泽东同志这一仗不仅决定了整个东北的胜利，影响了解放战争的进程，更对中国的统一起到了至关重要的作用。基辛格在回忆尼克松访华时，说毛泽东同志只和他谈哲学，具体的事情都是周恩来同志和底下的团队来谈，这也体现了毛泽东同志的多层次思维：具体的事情、可能发生的冲突都在下面讨论解决，最高层就仍然留有余地可以调整改变，如果所有事情都是最高层出面沟通协调，一旦有冲突矛盾，就很难再有回旋的余地。四渡赤水也体现了毛泽东同志运用多层次思维考虑问题。毛泽东同志亲自指挥了该战役，其巧妙的指挥使得国民党军队的围堵十分被动。所以指挥的最高艺术是指挥自己军队的同时还指挥敌军，而不是仅指挥自己的军队。

《周易》① 系辞谈到一个人言行的重要性。子曰："君子居其室，出其言善，则千里之外应之，况其迩者乎？居其室，出其言不善，则千里之外违之，况其迩者乎？言出乎身，加乎民：行发乎迩，见乎远。言行，君子之枢机；枢机之

---

① 郭彧，译注 . 周易：中华经典藏书 [M]. 北京：中华书局，2006.

发，荣辱之主也。言行，君子之所以动天地也，可不慎乎！"其意思是，孔子说："君子在家居住，口出善意的言论，那么远在千里之外也会有人闻声来响应他，何况那些近在身边的人呢？小人居住在家中，口出不善意的言论，那么远在千里之外也会有人反对他，更何况那些近在身边的人呢？言论是从自己的口里发出的，却能影响到广大民众；行动是在自己身边做出的，却能影响到远处的人。言论和行为对君子来说是处世的关键。一旦发挥作用了，就决定了君子的光荣和耻辱。言论和行动，君子可用其来影响天地万物，怎么能不慎重呢？"尤其是作为领导者和管理者，其一言一行会产生非常重要的影响，所以必须慎重，这就是知微的重要性。在互联网时代，自媒体非常发达，一个人的言语和行动更有可能会被无休止地放大，有时候言语或行为的不慎重会导致严重的后果。有些企业家有时候在一些场合说话不注意，导致其自身的职业发展、企业的经营都受到影响。这些都是看似微小的行为，但是却可以影响一个人的发展。所以我们既要有宏观的思维，也要有微观的思维。

　　总体上，多层次思维启示我们：第一，我们要做到层次兼顾，即既要能够重视宏观，又要能够重视微观；既要能够把握大势，又要能够抓住细节，并采取实际行动；第二，我们要做到层次切换，即应该根据组织内部的情况和所处的外部环境，在必要时对不同层次的重要性进行区分和排序，有些情况下应该强调从宏观层次考虑问题并付诸行动，有些情况下应该强调从微观层次考虑问题并付诸行动。层次切换需要我们能够不断改变思维和行动的惯性，在必要时进行宏观层次和微观层次的切换；第三，我们要做到层次转换，即要注重不同层次之间的转化，使得组织中各个层次之间对立统一的力量相互作用。

第 5 章

空间维度论

5.1　空间维度的普遍性

空间维度的普遍性体现在自然界和人类社会的方方面面。

在自然界中，譬如，登上山顶就有 360 度的视野，可以看到山的东边、南边、西边、北边、东南、西南、西北、东北等方向的景色。又譬如，在酒店的某一层，有海景房、湖景房、山景房、城景房、高尔夫球场房等不同房间，这些房间的窗外有不同的自然景色，代表了同一个层次中的不同维度。

在人类社会中，譬如，在微观的个体层次上，人力资源管理通常强调考察个体的德、能、勤、绩四个维度，即领导者和管理者需要关注个体的品德、才能、勤奋和业绩。在中观的群体层次上，领导者和管理者需要关注群体的构成、规模、规则、氛围和工作成效等维度。在宏观的组织层次上，领导者和管理者需要关注组织的目标和方法、利益和权力、信仰和价值观、人力、财力、物力等维度。

5.2　空间维度思维

基于领导和管理的时空理论，建立多维度思维对人们全面、系统地应对遇到的问题和挑战具有重要的启发意义。

5.2.1　多维度思维的内涵

什么叫做多维度思维？我们在管理个人、管理团队、管理组织的时候，除了需要考虑层次，还需要考虑一个问题在不同层次上的不同维度，这是关乎成败的因素，一定不能被单一维度所迷惑。"盲人摸象"这个成语常用来比喻人们对事物的了解不全面而固执于一点，换言之，就是人们只看到了单维度的信息，存在认知局限。因此，人们应该建立多维度思维。例如，识人需要建立多维度思维，员工提拔不当这一问题的存在是因为领导者和管理者只看到了员工某个维度的闪光点，却忽略了有些岗位需要的是复合型人才，领导者和管理者始终面临解决各种不同问题的需要，因此需要全面系统地考虑更多的维度。中国古代也强调识人需要建立多维度思维，譬如，儒家提出了"仁义礼智信"，兵家提出了"智信仁勇严"，国家公务员考核关注"德能勤绩廉"。《人物志》[①]中的"聪明秀出谓之英，胆力过人谓之雄"，英和雄是两个不同的维度。《论语》[②]中的"质胜文则野，文胜质则史。文质彬彬，然后君子"，一个人先天的人性超过了后天的教育就会显得很野蛮，后天的教育超过了先天的人性就会显得很呆板，先天的人性和后天的教育达到平衡才是君子。毛泽东同志有一句话叫"文明其精神，野蛮其体魄"。以上这些都是多维度思维的体现。

《周易》[③]系辞里有一句话："德薄而位尊，知小而谋大，力小而任重，鲜不及矣！"其意思是：一个人道德很差，还踞守高位，智慧低浅还想谋取大事，力量弱小还想肩负重任，没有不出问题的。这里涉及三个维度，即品德、智慧和身体，简称德、智、体。这三个维度是成功的要素，德薄、知小和力小，都不可能担当重任。纪录片《零容忍》中采访了很多腐败落网的官员，有的腐败官员很聪明，也很有能力，但就是"德"这个维度出了问题，忘记了初心，只追求享乐，在觥筹交错、赞美声中逐渐失去自我，然后破罐子破摔，最终走入深渊。有的人德行可以，但是智慧不够，没有能力却想做大事，这样也容易出问题。例如，只会纸上谈兵的马谡向诸葛亮立下军令状守街亭，最终街亭失守，诸葛亮挥泪斩马谡。因此，一个人德行很好，如果没有智慧、不通晓人性，也是不行的。人除了需要德才兼备，身体也很重要，例如领导者把员工派到西

---

①　刘劭.人物志：中华经典名著全本全注全译丛书[M].梁满仓，译注.北京：中华书局，2014.

②　陈晓芬，徐儒宗，译注.论语·大学·中庸：中华经典名著全本全注全译丛书[M].2版.北京：中华书局，2015.

③　郭彧，译注.周易：中华经典藏书[M].北京：中华书局，2006.

藏工作，考察的不仅仅是他的道德和能力，还包括他的身体素质。一个人身体不好是不能担当大任的，"文明其精神，野蛮其体魄"，毛泽东同志熟读古今中外的经典，身体也很强壮，70多岁还可以在长江游泳。

婚姻也需要多维度思维。譬如，在电视剧《上海滩》中，冯程程和许文强两人真心相爱过，在爱情这个维度上两人是一致的，但两人最终没有走进婚姻，是因为他们在其他多个维度上不同，包括家庭出身、思维方式等。又如，我国四大名著《红楼梦》①中，贾宝玉和林黛玉的爱情最终还是敌不过多维度的因素，如门户问题、世俗力量、性格问题、血缘关系等。

养育孩子也需要多维度思维，对孩子最好的培养方式就是陪伴，第一是陪伴孩子，让孩子有一个幸福的童年；第二是引导孩子找到挚友，最好是能够指出他的错误、给出中肯意见的挚友，就像左宗棠和曾国藩那样"同心若金"又"攻错若石"的关系，这样他就可以朝着好的方向成长。父母和孩子之间很难存在"攻错若石"的关系，因为有另一个维度，即亲情维度在牵扯着，如果这么做就容易影响孩子的自信心，所以这种功能可以由朋友来承担，而且是要"同心若金"的朋友才可以。这样，父母就可以"无为而治"，不需要苦口婆心。

5.2.2 建立多维度思维的意义

多维度思维告诉我们要怎么管理自己。在学界，个体的智力资本（intellectual capital）受到了广泛的关注，而笔者认为：一个人的人力资本不仅包括智力资本，还有经济资本（economic capital）、社会资本（social capital）、心理资本（psychological capital）和生理资本（physiological capital），一共是五大资本。

第一，智力资本。 当一个人很聪明，学了很多知识，那么他的智力资本比较高。比如成语"学富五车"形容读书很多，学问渊博；培根讲过"知识就是力量"；还有俗语"学好数理化，走遍天下都不怕"等等。绝大多数的人只能赚认知范围里的钱，所以一个人、一个企业要赚更多的钱，就要有更好的认知能力，这就是智力资本的重要性。我们掌握更多的自然规律、社会规律，都是在提高我们的智力资本。

第二，经济资本。 当一个人拥有很多财富，那么他的经济资本较高。一个

---

① （清）曹雪芹著，（清）无名氏续，（清）程伟元，（清）高鹗整理．红楼梦：全2册[M]．北京：人民文学出版社，3版，2017.

人如果没有一定的经济资本，那么他是很难做成事业的，例如一个企业家发不出工资，他的员工就可能会立马解散，所以企业家没有足够的经济资本，企业就无法很好地运转。一个人要能做好自己真正感兴趣的事业，离不开一定的经济资本。

第三，社会资本。人脉就是一种社会资本。一个人最好拥有各个领域的人脉，电影《教父》里大家有问题都去找教父，是因为他有广泛的人脉，和各领域人士都建立了密切的关系。"知音""知己"同样也是一个人重要的社会资本。正所谓"千金易得，知己难逢"，钟子期和俞伯牙是一对家喻户晓的至交典范，他们是彼此的知音。上山打柴的钟子期偶遇正在演奏的俞伯牙，俞伯牙想着巍峨高山抚琴一曲，钟子期知晓俞伯牙曲意在高山；俞伯牙想着浩瀚江河又抚琴一曲，钟子期知晓俞伯牙曲意在流水。随后，俞伯牙继续演奏，钟子期都能准确地把握其琴声的特点并进行评价，互相还及时地给对方反馈，两人因而结为知音，这就是著名的高山流水的故事。社会资本很重要，决定了一个人、一个组织、一个国家的社会竞争力。中国之所以能够帮助某两个国家建立外交关系，就是因为中国拥有这两个国家的信任，中国的社会资本是在不断增加的。

第四，心理资本。心理资本由希望感（hope）、自我效能感（self-efficacy）、韧性（resilience）和现实的乐观主义（realistic optimism）这四个维度构成。其一，希望感。在电影《肖申克的救赎》中，安迪在监狱里关了那么多年，一直没有放弃，他在监狱里放了一首歌给大家听，那首歌是一个舞曲，别人问他从这个歌声中听到了什么，他说："hope"（希望）。希望感就是永远相信未来有好事在等着自己。一个人对今后有希望感，在有些情况下甚至比有钱还管用，譬如有些人拥有地位和财富，却没有继续生活的意愿。所以，有地位和财富固然重要，但是有希望感更重要。其二，自我效能感。这也可称为能力感，就是觉得自己是个有能力的人、是个对社会有用的人，对自身有价值感。比如，尽管盲人的眼睛看不见，但是他可以给别人按摩，所以盲人也有其能力感。一个人觉得自己没用，他就可能会陷入自我否定的状态，这种感觉是很糟糕的。其三，韧性。一块铁容易折断，这就是没有韧性，而钢铁能弯曲，这就是有韧性。毛泽东同志在长征时仍能写下鼓舞人心的诗词，体现了其强大的韧性，在那个艰难的年代，他一直鼓舞着革命队伍。褚时健出狱后，还能够再次创业褚橙并取得很大的成功，也是彰显了强大的韧性；我国有很多知名的企业家都特别尊重他，经常去拜见和请教他。其四，现实的乐观主义。事物总有两面性，但是乐观的人总能更多地看到事物积极的一面。现实的乐观主义和希望感不一样，希望感是相信会有好事在等着自己，这是一个目标感，而现实的乐观主义是看待任何事情都比较积极。比如地震了，房子没有了，拥有现实的乐观主义的人并不是盲目乐观，而是承认现实，但是又觉得未来会有一个更好的房子等。这四个词中的关键字母加起来是"HERO"，即"英雄"。心理资本的"HERO"模型是由美国学者弗雷德·路桑斯和卡洛琳·约瑟夫-摩根提出的。譬如，同样是面对诸葛亮，周瑜发出了"既生瑜，何生亮"的感慨后被气坏了，而司马懿可谓是"既生亮，也生懿"，他知道诸葛亮作为与之匹敌的对手对自己在魏国的地位十分重要，后来他通过高平陵之变夺得曹氏政权。可见，造成周瑜和司马懿结局不同的很大一个原因是他们的心理资本不同。

第五，生理资本。如果一个人的身体素质很好，没有"三高"（血压高、血脂高、血糖高）、BMI 指数标准、血管通畅等，说明他有很好的生理资本。领导者和管理者是一个高度消耗的职业，身体不好就操心不过来。一个人可以把书念下来、可以把企业做起来、可以在政坛上风雨飘摇多年，最后靠的都是身体。中国人民解放军高级将领吕正操享年 105 岁，他总结自己："我一辈子，就是打日本，管铁路，打网球三件事。"

一个人的成功是各种资本的组合。毛泽东同志熟读中西方经典，拥有很高的智力资本；注意身体锻炼，拥有很好的生理资本；在长征时仍能保持乐观的心态，对全军都是一种激励，拥有很高的心理资本；他强调和社会各界交朋友、建立统一战线，拥有很好的社会资本；新中国成立后开始五年计划、在各个领域开展建设、使国家具备经济资本。有的人很有钱，但是"穷得只剩下钱了"；有的人很聪明，但没有好的身体，也不可能成功；有的明星在长相、歌唱等个别维度上受人追捧，但其他维度很糟糕，甚至被捕入狱。人的维度还包括品德、能力、性格、气质等。就气质来说，气是能量，质是物质，能量和物质的关系是爱因斯坦提出的 $E=mc^2$。气（能量）和质（物质）是互相转化的，气质反映了一个人的能量和物质的丰厚程度，是两个相互关联的维度叠加在一起的。人们还经常说气血，一个人身体要好，第一是血要足，第二是气要足，血靠气来推动，气由血转化而来。

一个国家的成功需要多维度的成功。清朝在经济维度上很强大，但是和英国相比，其军事维度很弱，当时英国已经发展出先进的热兵器，而清朝还在使用落后的冷兵器，一个国家"富而不强"就只能沦为对手"砧板上的肥肉"。这也是为什么新中国成立后第一个五年计划就是主要发展重工业。打仗还有士气的问题，比如朝鲜的软实力维度很强，全国上下团结一致，这就会对硬实力维度强大的国家产生威慑。

关于维度的划分，以组织为例，笔者把整个组织的维度总体上一分为二，分为软实力和硬实力两大维度。其中，软实力维度包括组织的目标和方法系统、利益和权力系统、信仰和价值观系统等构成的组织制度及问题解决途径的总和，这些是无形的；硬实力维度包括组织的人力系统、财力系统、物力系统等构成的组织资源的总和，这些是有形的。《道德经》①中有一句话"天下万物生于有，有生于无"，笔者认为，无形的软实力和有形的硬实力共同构成了组织的维度。

软实力看不见、摸不着，却会产生非常重要的影响。软实力维度包括以下几个方面：第一，目标和方法，也叫道路和梦想，即组织制定的目标和达到目标的方法，主要解决和生产力相关的问题；第二，利益和权力，即组织的利益和权力的分配形式，如激励制度，主要解决和生产关系相关的问题；第三，信仰和价值观，如精神状态、奋斗精神等，主要解决和思想意识形态相关的问题。

第一，目标和方法。这主要是解决和生产力相关的问题。在这里，什么叫生产力？如果企业的战略定位和发展路径符合社会自然的规律，那就是强大的生产力。生产力的第一个标准就是要有正确的目标定位，一个组织特别重要的软实力就是它有目标、有追求，尤其是有正确的目标定位。其中有三个要点：其一，你愿意做的事；其二，你有能力做的事；其三，社会认可的事。在整个商业生态系统中，组织要找到自身能够创造价值的、被社会认可的生态位。譬如，俞敏洪创办新东方教育科技集团正是找到了企业的生态位，他大学毕业后想出国，却因各种原因没能顺利出国，最后他放弃了自己出国的梦想，选择帮助别人实现出国梦的创业道路，创办了北京新东方学校，对有出国需求的人进行出国培训，逐渐发展壮大成新东方教育科技集团，这体现了正确的目标定位的重要性。如果一个企业家在整个商业生态系统当中找不到自己的一片天地，而且这个商业生态系统又不是自己所擅长的、更不是自己所热爱的，那就很难取得可持续发展的成绩。所以生产力来自于我喜欢、我有能力和社会认可我，这就是道路和梦想。再譬如，在一个有很多人淘金的地方，此时正确的目标定位包括售卖淘金设备、维修设备，还包括提供餐饮、旅馆等服务，而不是随大流淘金，这就是找到自己的生态位。

正所谓"失之毫厘，谬以千里"、要"扣好人生的第一粒扣子"，笔者在这里提出**"铁轨理论"**，这是指两列火车的起点相差无几，但在运行的过程中逐渐"分道扬镳"，前往两个完全不同的方向。这里还是以淘金为例，有的人

---

① 张景，张松辉，译注.道德经：中华经典名著全本全注全译丛书[M].北京：中华书局，2021.

提供打扑克等娱乐服务，有的人提供衣食住行等服务。虽然他们的生态位类似，都是为淘金的人提供服务，但时间一长，提供打扑克等娱乐服务的人可能容易走上赌博、黑社会等不良的道路，而提供衣食住行等服务的人更可能坚守本业。俞敏洪创办新东方教育科技集团正是找到了企业的生态位，他大学毕业后想出国，却因各种原因没能顺利出国，最后他放弃了自己出国的梦想，选择帮助别人实现出国梦的创业道路，创办了北京新东方学校，对有出国需求的人进行出国培训，逐渐发展壮大成新东方教育科技集团，这体现了正确的目标定位的重要性。如果一个企业家在整个商业生态系统当中找不到自己的一片天地，而且这个商业生态系统又不是自己所擅长的、更不是自己所热爱的，那就很难取得可持续发展的成绩。所以生产力来自于我喜欢、我有能力和社会认可我，这就是道路和梦想。

　　同时，为了达到目标定位，组织要有一套方法论来进行道路选择，组织需要知道该走哪条路。譬如，中国和西方国家走的发展道路是不一样的，中国和苏联的革命道路也是不一样的，任何一个民族都有它的特点，所以要选择适合自己的道路。民族的伟大复兴、国家的完全统一是我国追求的目标，要达到这个目标，就要坚持走中国特色社会主义道路。改革开放时期，邓小平同志秉持实事求是的原则，摸着石头过河，边总结、边探索、边规划。这种道路自信是国家重要的软实力。不是每个国家都可以找到科学的道路，有国家采用的道路是休克疗法，取得的效果并不好。邓小平同志就是在充分了解我国国情的基础上，提出了建设中国特色社会主义。"中国特色"有着新颖而丰富的内涵，这是一种力量、一种重要的软实力。因此，组织有正确的目标定位还不够，要达到这个目标定位，还要选择合适的道路。所谓"条条大道通罗马"，但对一个组织而言，通往"罗马"的道路可能只有少数几条是合适的，因为每个组织都有其自身固有的历史文化特点、禀赋、限制等，对其他组织合适的道路可能对自己并不适用。所以组织对各种传记中的成功经验也需要根据自身的情况进行取舍。

　　其实，对我们每个人而言，我们也要确定自己的目标和方法。每个人都要扪心自问，首先，是否有正确的目标定位？其次，为了达到这个目标定位，是否有行之有效的道路和方法？如果回答是，那么在软实力维度上就是有力量的。每个人来到这个世界上都有其使命，可以分析自身的优点、特长，以及社会的需求，当优点和特长刚好能和社会的需求契合，就可以选择这条路，这就是人生使命。譬如，曾国藩立志要当好一位大臣，不想当皇帝，尽管他在剿灭了太平天国后，有很多机会可以当皇帝，但是他没有那么做，这是出于他对自己的人生定位。曾国藩用一生捍卫自己维护中华道统的志向，在中国历史上留下了好名声。又如，王阳明的父亲问他这辈子想做什么，王阳明说自己要"做圣人"，后来他真的成为了心学的集大成者。有目标不难，难的是有一套行之有效的方法体系，后者才是把人和人区分开来的软实力。每个人一辈子不可能做完所有的事情，因为人生的时间非常有限，我们能在某个方面做出一点点成绩已经很了不起了。

第二，利益和权力。这主要是解决和生产关系相关的问题。

一方面，组织要建立良好的利益分配机制。譬如，在改革开放的时候，邓小平同志说要让一部分人先富起来，就是要激励那些敢于冒险、敢于第一个吃螃蟹、勤奋努力的人。华为认为利益必须向奋斗者倾斜，要以奋斗者为本。现在的自媒体博主努力地工作，利益的驱动是重要的原因之一。所以，组织建立好的利益分配机制很关键。字节跳动公司有两个管理特色，一个是自驱型组织，另一个是分布式智慧。具体地，自驱型组织就是平台中的每个人凭借自己的主观能动性，自我组织工作流程、自我管理工作质量，并根据个人的潜力和兴趣，选择工作职责和工作项目。自媒体博主大多是自我驱动的，每个人都像动车或高铁的一节车厢，为动车或高铁提供动力。作为一个组织，它的动力不能只来自高层领导者、来自火车的"车头"，还应该来自每一个员工、来自每一节动车或高铁的"车厢"，每一个员工都有驱动力。分布式智慧指的是将平台中每个个体的智慧进行互联，这样就可以涌现出更多智慧，互联网的发展主要采用了分布式智慧。

另一方面，组织也要建立良好的权力分配机制。组织会面临内部和外部各种利益相关者。组织内部有高层、中层和基层，有不同的横向部门，他们之间一定存在利益和权力的分配问题。同时，组织外部也有供应商、客户、合作者等不同的利益相关者，在他们之间分配利益和权力也是一个重要的问题。权力的分配有不同的类型，比如集权是权力在一定程度上集中在组织系统中较高层次中，分权是权力在一定程度上分散在组织系统中各个不同层次中，在不同的情况下组织要采取不同的权力分配方式。如果组织的利益和权力分配不平衡，其自身和利益相关者都有可能面临生存问题。

所以，组织内外部利益和权力的分配方式是非常重要的软实力，这在东西方的影视作品中也常有体现，例如《孝庄太后》《康熙王朝》《雍正王朝》《甄嬛传》等东方的影视作品，以及《教父》《纸牌屋》等西方的影视作品。譬如，美国电视连续剧《纸牌屋》就围绕美国政治生态中"利益和权力"这一核心展开，剧中以政客和多方利益相关者之间的争斗作为缩影，生动地展示了一幅美国政治生态的时空全景图。

在现实中，也有很多企业的例子。在组织外部的利益和权力分配方面，一家奶业公司在产品中放有害物质，伤害儿童健康，最后被关闭，领导者也进了监狱。另一家奶业公司发展势头良好，由于外面一些人的觊觎，其领导者受到不公正的待遇，导致身心受到巨大的伤害。在组织内部的利益和权力分配方面，有一家互联网公司内部上演夺权大战，两大主要合伙人深陷婚姻和股权的纠纷之中，使公司的发展受到了严重的不利影响。有一家电器销售公司的创始人和职业经理人之间涉及股权和控制权之争，创始人在这种斗争中被送进了监狱；还有一家食品公司的"内斗"事件，父子为了利益反目成仇；有一所技校更是上演了家族内斗，丈夫举报妻子、女儿起诉母亲、妻子举报丈夫等。这些事件都反映了企业在利益和权力维度的问题，利益和权力分配不均，最终影响了企业的发展。

茅台的发展史可以用"宏图霸业谈笑中，不胜人生一场醉"来形容。1862年，华联辉成立"成义烧坊"。1879年，王立夫、石荣霄、孙全太合伙开了"荣太和烧坊"，也就是现在的"荣和烧坊"。两家烧坊恶意竞争、互挖墙脚、哄抬原料价格。由于王立夫、石荣霄、孙全太三人都为自己打算，最后烧坊被王立夫据为己有。1905年的巴拿马博览会，登记员不小心将华茅和王茅的两款酒合称为茅台酒，后来两家为奖项的归属争得不可开交。1929年，贵阳人周秉衡在茅台镇开了"衡昌烧坊"。华茅和王茅先是阻挠周秉衡建厂，后来又造谣他的酒粗制滥造，衡昌烧坊只能将酒销往外地。等衡昌烧坊有了一定实力后，高价买入本地高粱，华茅和王茅只能从四川进货，成本增加。因为儿子滥赌，周秉衡无奈将衡昌烧坊卖给赖永初，并更名为"恒兴烧坊"，也就是"赖茅"。此后，三家酒厂激烈竞争，压榨工人，无所不用其极。1951年，国家收购了华茅，王茅的王秉权因私通匪首被枪决，而赖永初则因"采取转移银行金库，调换借据等手段盗窃国家黄金"被判十年。1952年，三家整合成一家，正式收归国有。

第三，信仰和价值观。这主要是解决和思想意识形态相关的问题。人的大脑有"算法"，表现为对各种事物做出的反应，组织成员共同拥有的"算法"是信仰和价值观中的一个组成部分。尽管组织的目标和方法、利益和权力都制定得非常合理，制度设计得非常严密，但这些并不能解决组织所有的问题，很多时候人们总能找到制度的漏洞钻空子，而思想意识形态有助于解决钻空子的问题。除了钻空子的问题外，思想意识形态还要解决组织的精神面貌问题。有什么可以超越制度来解决问题？最关键的是让员工产生"我愿意"，从思想意识上认同钻空子等行为是不对的，或者他把企业当作人生的一部分，愿意为企业付出，尽管这不一定能够为自己带来直接的利益，但是他还是希望这么做，这就是解决思想意识形态的问题。世界上最强的生产力来自于人们发自内心的"我愿意"，当一个人的努力和他的利益相关，又是他的兴趣所在，还是他的能力所在，他就会有"我愿意"。组织中如果存在很多"我愿意"的声音，那么组织的软实力是非常强大的。

对某一些人来说是"因为看见所以相信"，而对另一些人来说是"因为相信所以看见"。后者体现了信仰的力量。当我们拥有某种信念，我们自然会看到想要看到的东西。心理学中有个非常重要的效应叫做罗森塔尔效应。一天，几个心理学家来到一所小学，和班主任说要对一个班级的学生进行智力测试。做完测试后，心理学家悄悄地告诉班主任，班里有五个学生智力最高，但其实这五个学生是随机挑选的。过了半年，心理学家再来到这个小学，发现这五个学生的成绩变得非常好，各方面的表现都很优秀。这正是因为班主任相信了心理学家的话，在课堂上经常给这五个学生回答问题的机会等，他们的成绩真的就越来越好了，这就是一种心理暗示。什么叫做信念？信念就是你对一件事情的希望或信心。人生最难的一步就是从 0 到 1，一个人没有信念就不敢迈出这一步。迈出这一步可能会失败，但是不迈出这一步就什么都没有。领导者和管理者能够被人们信任，那将是一种强大的力量。"因为相信所以看见"，毛泽东同志因为相信，所以用笔杆子指挥枪杆子，然后带领人民一起挺直腰杆子；红军战士也是因为相信，所以在敌我力量悬殊时看见胜利，这就是信念的力量。一个人最大的对手就是自身的胆怯、懦弱、鲁莽和冲动，所以软实力维度中的信仰和价值观强调人们要有一种坚持下去的勇气和力量。信仰和价值观有时候甚至会决定一个国家的命运。

华为特别强调软实力的建设，重视以奋斗者为本，并且采用多种不同的方式培养员工的奋斗者意识。例如，用二战时期一架弹痕累累的飞机来鼓励管理者和员工；用一双芭蕾舞演员受伤的脚来告诉人们舞台上的美丽不是轻易得来的；任正非经常在各种场合发表相关主题的演讲；孟晚舟被加拿大警方拘留后，戴着脚镣仍然微笑出庭；华为拍了一个海外广告，讲述了有音乐家梦想的女孩通过自身的努力和奋斗，最终取得成功的故事；《以奋斗者为本》①一书讲述

---

① 黄卫伟等 . 以奋斗者为本 [M]. 北京：中信出版集团，2014.

了华为的奋斗故事，等等。很多企业都特别强调人的奋斗精神。譬如，一个人在企业里要想有存在感，就要做到"眼里有活，心里有人，让自己存在"。眼里有活，说明一个领导者、管理者或普通员工能看到所在的岗位、部门甚至企业有哪些问题要解决，而且心中有员工、管理者、客户和国家，这样自然而然就有存在感，而不是去刷存在感。有一家企业的口号是"让想做事的人有机会，能做事的人有平台，做成事的人有认可"。想做事的员工，企业会给他机会；能做事的员工，企业会给他平台；做成事的员工，企业会给他认可。上述这些都是在鼓励奋斗精神，也就是增强组织的软实力。

除了上述的软实力（目标和方法、利益和权力、信仰和价值观等），组织还得有硬实力，即人力、财力和物力等，这些是看得见、摸得着的。

第一，人力。对一个组织而言，人力就是组织有能工巧匠、有解决"卡脖子"工程的科技人才、有优秀的领导和管理人才等；对一个国家而言，人力就是国家有人口、有年轻人、有高素质人才等。比如中国要制造两弹一星，就必须有掌握两弹一星技术的人才。最近国家出台了新的生育政策，即《中共中央国务院关于优化生育政策促进人口长期均衡发展的决定》，提出实施三孩生育政策及配套支持措施，来促进人口增加。除了人口数量，我们还要关注人口质量，美国在二战后发展迅速，很大一个原因就是它吸引了来自世界各地的人才。我国在2021年召开了中央人才工作会议，目标就是将中国打造成世界人才高地，吸纳全世界的高素质学术人才、科技人才、领导人才、管理人才等。所以，人口问题将是未来中国要面临的重大挑战。

第二，财力。经济实力是财力的一部分。疫情期间能活下来的企业，在财力方面具备一定的优势。一个企业如果没有很好的现金流和足够的财力，是无法度过各种危机的。很多企业破产是由于企业发展的速度太快，资金链没有很好地跟上企业的发展速度，导致资金链断裂。

第三，物力。物力包括土地、生产设备、技术系统等资源，也包括数字化设备和数字化技术等资源。很难想象在全球疫情的这几年里，如果没有远程技术，大学的学术交流、企业的办公等将如何正常运行。物力还包括科技实力。现在很多企业都在进行数字化转型，中国专门建立了工业互联网研究院来负责中国工业企业的互联。微信实现了人和人之间的互联，接下来就是要在工业环境里做到物和物的互联、设备和设备的互联等。中国推出了数字中国战略，还要发展芯片、光刻机等"卡脖子"工程，突破某些国家的封锁对中国技术发展的影响。当今，数据正在成为关乎国家安全的重要资源，是新时代的一种硬实力。

软实力和硬实力的划分，实际上就是对无形和有形的划分，软实力是思想、制度、信仰等力量，这些力量都是无形的。而硬实力是人力、财力和物力等力量，这些力量都是有形的。无形的事物和有形的事物构成了整个世界。孟子在《公孙丑》①中谈到了霸道和王道的区别，霸道是以武力服人，王道则是以仁义、道德服人。霸道更强调硬实力，王道更强调软实力。

软实力和硬实力的分类给我们提供了看待和理解这个世界的方式，譬如理解大自然和社会给人类的馈赠。大自然给人类的馈赠一方面有软实力，另一方面也有硬实力。

以植物为例，我们吃的竹笋、用的竹具（如筷子、竹篓）等都是硬实力中的物，而竹子的生长规律、结构特点等给我们的馈赠则是软实力。竹子的根是盘根错节的，需要很长时间的积累才能形成。有了扎实的基础，竹子在地面上的部分就生长得很快，人们将这种现象称为雨后春笋。竹子有节，节作为一种优化的力学结构，能使竹子抗风和保持稳定。节还有一个意思是节制，一个人的消费要有节制、不要铺张浪费，企业的发展也要理性、不能太快、要有节制。所以，竹子给了我们很多软实力，包括做人做事和经营企业的道理。草药同样是大自然给人类的馈赠，以前没有西药，中华民族主要依靠草药和其他传统医疗方法来维护健康和治疗疾病，在这里，草药是一种硬实力。此外，中国有神农尝百草、李时珍访医采药、屠呦呦研制青蒿素等，他们都从草药中发现了治病的药理，这就是一种软实力。

以动物为例，动物给人类提供食物，这是硬实力中的物。动物给我们的启发有灰犀牛现象和黑天鹅现象等，这些是软实力。非洲草原上的一只灰犀牛向你走来，尽管它的动作很缓慢，但是如果给它足够长的时间，它就一定会走到你的面前，那时能够逃脱的概率微乎其微，这就是灰犀牛现象。灰犀牛现象代表有些危机一定会发生，只是来得有点慢，也就是人们常说的温水煮青蛙。欧洲人以前看到的天鹅都是白色的，后来人们在澳大利亚发现了黑色的天鹅，这就是黑天鹅现象。黑天鹅现象代表不可预测的事件，但是事件一旦发生就会给人类带来重大的影响。

以自然风光为例，朱熹从流动的泉水中悟到了"问渠那得清如许？为有源头活水来"，换言之，朱熹从泉水这一硬实力的物引申到一个人想要拥有不断的创造性，其知识体系需要根植于一个源头活水这一道理上。范仲淹在《岳阳

① 孟子.孟子 [M].牧语，译.南昌：江西人民出版社，2017.

楼记》中描绘了其在岳阳楼上观赏洞庭湖的美景，进而写下了千古名句"不以物喜，不以己悲""先天下之忧而忧，后天下之乐而乐"，体现了天下的思想。和天安门城楼的两句标语一样，这种天下的思想来源于《大学》①中的"格致诚正修齐治平"，是中华重要的文化基因。

以人类社会为例，《周易》②提到"河出图，洛出书"，河图和洛书是中国古代流传下来的两幅神秘图案，是一种硬实力，但其中蕴含了深奥的宇宙星象之理，是中华文化、阴阳五行术数之源，也是一种软实力。还有，千年水利工程都江堰本身呈现了一种硬实力，但也体现了疏导而不是拦截的设计理念，这是一种软实力。

人们常说"看山是山，看水是水"。过了一段时间，就变成了"看山不是山，看水不是水"。最后回归质朴，"看山还是山，看水还是水"。随着人生阅历的增加，经历的时空也会发生变化，因此看同一个东西会有不同的感悟。古诗"横看成岭侧成峰，远近高低各不同"代表的是人们看待山的方式不同、对山的观感也不同。在这里，看待山的方式是软实力、是无形的，而"山"在中华文化中至少有三种含义：其一，"留得青山在，不怕没柴烧"，人只要留着生命在，不管经历多少苦难，最终都可以东山再起，所以这里的"山"代表的是人；其二，国家领导人讲"绿水青山就是金山银山"，这里"山"代表财富；其三，"山"就是指大自然里的山，代表的是物。总的来看，"山"在中华文化中主要包括了人、财、物三种意思，代表的是硬实力、是有形的。笔者提出"留得青山在，希望永流传"，意思是只要有人、财、物等硬实力，就可以东山再起，永远充满希望。

5.2.3 多维度思维的体现

多维度思维在中华文化中也有很多体现。

《周易》的六十四卦中，乾卦排第一，坤卦排第二，乾是君，坤是臣。"乾"有四种品德，即"元亨利贞"。根据笔者的理解，"元亨利贞"分别对应春夏秋冬这四个季节："元"是春生之德，"亨"是夏长之德，"利"是秋收之德，"贞"是冬藏之德。

---

① 陈晓芬，徐儒宗，译注. 论语·大学·中庸：中华经典名著全本全注全译丛书 [M]. 2 版. 北京：中华书局，2015.

② 郭彧，译注. 周易：中华经典藏书 [M]. 北京：中华书局，2006.

第一，春生之德和播种的能力相关。所谓播种的能力，就是要能够播下一个基因好的种子。基因好主要包括两个方面，一是商业模式好，有很好的投资回报潜力，二是能给人们带来福祉，不是只顾自己挣钱却危害了社会。因此，播种的能力是在一开始就选择了正确的商业模式和正确的价值定位，也就是要走正道。"元"就是开始，领导者和管理者在事业伊始，就要找到一个好的基因，要有好的创意、理念、思想和方法论等，然后据此展开行动。同样地，一个人要取得成功，首先是要种善因、种智慧因。

第二，夏长之德和亨通的能力相关。亨通就是能够让种子成长。比如播下一个好的种子，通过掌握种子的生长规律，在恰当的时候浇水、施肥、松土、锄草、剪枝，它就能成长、亨通。可见，有一个好的种子还不够，还必须有合适的外部条件。播种的能力强调的是选择基因好的种子，而亨通的能力强调的是选择一块好土壤、提供好的呵护等，让种子发挥其最大潜力。

第三，秋收之德和获胜的能力相关。在足球场上经历了漫长的传球、建立了良好的局势，最重要的就是临门一脚，在关键时刻要敢于胜利。如果没有临门一脚，好的种子、好的土壤、好的环境最后都不能产生效果。所以，在这里，"利"就是秋收之德，是获胜的能力、是临门一脚的能力、是量变到质变的能力，是把所有以前的准备、付出和辛劳变成现实、变成果实的能力。

第四，冬藏之德和守正的能力相关。比如有了好的种子、好的土壤、好的呵护，最后临门一脚获胜了，取得了收获。但是如果不断地挥霍、忘记了初心、不进行守正，例如有的人挣钱了就去赌场挥霍，有的企业有了很多利润就乱投资，那么收获很快就会没有了。所以"贞"强调的是要冬藏、要有守正的能力、要不忘初心、要坚守最初正确的道路和美好的想法、不要偏移。

总体上，"乾之四德"，即"元亨利贞"，这四个维度对于一个人、一个组织的成长和成功是极其重要的：第一是要有好的基因种子，要种善因、智慧因；第二是要有好的土壤和养育，让善因、智慧因能够成长；第三是要临门一脚，敢于胜利，结出硕果；最后是要保持初心，能够守住硕果，为来年春天留下发展的基础，从胜利走向胜利。

《道德经》[①]中提到了人应该具备的七个维度的"善"："居善地，心善渊，与善仁，言善信，正善治，事善能，动善时。"其意思是：善于身处恰当的位置，善于使心胸沉静深远，善于持仁爱之心和人交往，善于言而有信，善于处理政事，善于发挥能力做事，善于选择时机来行动。

---

① 张景，张松辉，译注 . 道德经：中华经典名著全本全注全译丛书 [M]. 北京：中华书局，2021.

"居善地"反映的是人要把自己摆在正确的位置。例如，曾国藩一辈子都把自己摆在大臣的位置上，按照儒家的忠君思想，曾国藩被认为是古今完人，尽管清朝最后还是被推翻了，但曾国藩作为中兴大臣，让清朝"续命"了很多年。他的很多举措，包括任用李鸿章、左宗棠等人，为收复新疆、洋务运动等作出贡献。曾国藩除了在事业上有所成就，家庭也经营得不错，他的家书、识人用人的思想都保留了下来。曾国藩做到了"三不朽"，即立功、立德、立言，立功就是为朝廷做事，立德就是做品德上的典范，立言就是有思想流传下来。在《周易》①中，乾坤是两个主要的维度，它们各守其位：乾排第一，坤排第二；龙马精神中的龙是乾，马是坤；乾是要创造新的东西、建立新的世界，坤是要成人之美、支持和成全。每个人都要摆正自己的位置，这是"居善地"的重要性。

"心善渊"反映的是人的心性要沉静深远、心胸要宽广。一个人，特别是领导者和管理者，如果容不了能人、只用比自己能力差的人，或者是容不了有话直说、让自己不太喜欢的人，那他的事业就很难得到长足的发展。对组织来说，如果每个领导者和管理者都用比自己弱的人、都用自己喜欢的人，组织就会越来越弱。曾国藩就做到了"心善渊"，只要是对朝廷有利的人，他都能善用，例如脾气暴躁、但有勇有谋的左宗棠等。

"与善仁"反映的是要与人为善、广结善缘，"多种花、少栽刺"，多个朋友多条路、多个敌人多堵墙。

"言善信"反映的是讲话要有诚信。这并不是件简单的事情，说话算话、做事靠谱的人是"稀缺资源"，譬如，有一位银行行长的司机为了让行长在外地上课时能准时到课堂，提前两天做实验，得到了从住处到课堂按照不同路线行驶的时间，最后上课当天把行长准时送到课堂，这就是"靠谱"。笔者在这里根据时空理论提出"靠谱"的定义：靠谱就是人以高度的责任心，以多层次、多维度和动态的时空思维采取措施和行动，让自己承诺的事情得以实现。

基于时空理论的"靠谱"的定义

靠谱就是人以高度的责任心，以多层次、多维度和动态的时空思维采取措施和行动，让自己承诺的事情得以实现。

"正善治"反映的是要善于处理政事。

① 郭彧，译注. 周易：中华经典藏书 [M]. 北京：中华书局，2006.

"事善能"反映的是要发挥自身的能力和特长做事。正所谓"慈不带兵，义不掌财"，每个人都有自己的特点，人要是太过仁慈就不能很好地带兵打仗，太注重道义就不适合管钱。

"动善时"反映的是要在正确的时机行事，时候未到按兵不动，时机一到当机立断，这就是我们常说的"机不可失，时不再来"。《素书》①中有"故潜居抱道，以待其时。若时至而行，则能极人臣之位；得机而动，则能成绝代之功"的说法，其意思是：当时机不对时，能够及时隐退、坚守正道，等待时机来临。一旦时机成熟，便乘势而行，就能够位极人臣、建立盖世之功。所以，任何行动都有它的时机，我们要把握住行动的机会。

《孙子兵法》②中有"故经之以五事，校之以计，而索其情：一曰道，二曰天，三曰地，四曰将，五曰法"的说法，其意思是：要从以下五个方面去研究战前形势，一一比较各项战争要素，认真探索敌我双方的胜负概率：一是道，二是天，三是地，四是将，五是法。也就是说，是否要发动战争取决于"道天地将法"这五个维度。所谓"道"，就是战争是否正义、是否师出有名。"天"就是气候和季节。海南岛收复就是当时韩先楚将军发现了非常好的机会，当时在海南岛的国民党力量并不是很强大，如果能在台风来临之前强渡琼州海峡，就能收复海南岛。韩先楚把自己的判断上报给中央，中央批准了，最后海南岛全面解放了。"地"就是地形，不同的地理特征会影响战争的结果。"将"就是将领，"法"就是制度。因此，军事战争的取胜取决于不同维度，而不同维度之间又是相互作用的。

《小窗幽记》③中提到四个维度的重要能力："轻财足以聚人，律己足以服人，量宽足以得人，身先足以率人。"其意思是：能够仗义疏财就可以聚拢人心，能够严于律己就可以让众人信服；能够器量宽宏就可以赢得人心，能够身先士卒就可以统率众人。这也是曾国藩引用得最多的一句话。"轻财足以聚人"，财散人聚、财聚人散，领导者和管理者与下属是利益共同体，领导者和管理者如果不重财，愿意把财富和大家分享，人们就愿意跟随他们。"律己足以服人"，领导者和管理者能够严于律己、做好表率，就可以让人心服口服。同理，家长如果想让孩子爱读书，首先要自己做到爱读书。"量宽足以得人"，领导者和管理者心怀宽广，就可以得到各种人才。如果每个人都只用比自己能

① 黄石公. 素书 [M]. 李青，译. 北京：北京联合出版公司，2015.
② 陈曦，译注. 孙子兵法：中华经典名著全本全注全译丛书 [M]. 北京：中华书局，2011.
③ 陈继儒. 小窗幽记：中华经典藏书 [M]. 成敏，译注. 北京：中华书局，2016.

力低的人，组织就无法生存，这就是帕金森定律反映出来的现象之一。用比自己厉害的人需要量宽，用有缺点的人也需要量宽，例如左宗棠脾气暴躁，但曾国藩觉得左宗棠对国家有用，仍然任用左宗棠。"身先足以率人"，领导者和管理者能够身先士卒、身体力行，就可以带领大家。

《素书》① 全书共有 1336 个字，书中有很多为人处事的道理，在中国古代被认为掌握了这些道理就可以治国平天下，所以在当时是禁书，书有秘戒："不许传于不道、不神、不圣、不贤之人。"张良帮助刘邦取得天下，自己功成身退，就是依靠从黄石公那里得到的《素书》中的智慧。书中提出贤人君子要具有四个维度的能力："贤人君子，明于盛衰之道，通乎成败之数，审乎治乱之势，达乎去就之理。"其意思是：贤明的人和有德行的君子，都明白世间万物兴盛、衰败的道理，通晓事业成功、失败的规律，知道社会大治、纷乱的局势，懂得把握进取、后退的尺度。具体地，"明于盛衰之道"要求贤人君子知道世界万物兴盛衰败的规律，比如分久必合、合久必分，什么时候分、什么时候合。"通乎成败之数"要求贤人君子明白事业什么时候会成功、什么时候会失败。一件事情的成功或失败是有数的，中国有个说法是气数已尽，譬如，当雨水浇灭了诸葛亮火烧上方谷的计划后，诸葛亮就感慨道："汉室气数已尽！"在这里，数可以理解为能量，任何人、任何组织都有它的能量，人和组织的成功需要消耗能量，如果能量没有了，就是气数已尽。"审乎治乱之势"要求贤人君子知道社会什么时候大治、什么时候纷乱。"达乎去就之理"要求贤人君子知道什么时候进、什么时候退。中国古代的文人在社会大治时当官、社会纷乱时归隐，该进取时进取、该后退时后退。范蠡帮助越王勾践是进取，成功后立马辞官是后退。一个人懂得什么时候应该主动后退也是很重要的，所以有一门学问叫做"止学"，即懂得停止的学问。

《中庸》② 也提出了五个维度的重要能力："博学之，审问之，慎思之，明辨之，笃行之。"即"学问思辨行"，也即学习、询问、思考、辨析以及最后付诸行动的过程。其意思是：广泛地学习，向有经验的人详细询问，经过周密思考，明确辨别，最后切实实行。

总体上，**多维度思维启示我们**：第一，我们要做到维度兼顾，即既要抓软实力，又要抓硬实力；既要抓物质文明，又要抓精神文明，并采取具体的行动

---

① 黄石公 . 素书 [M]. 李青，译 . 北京：北京联合出版公司，2015.
② 陈晓芬，徐儒宗，译注 . 论语·大学·中庸：中华经典名著全本全注全译丛书 [M]. 2 版 . 北京：中华书局，2015.

和举措。领导者和管理者要同时重视物质的力量和精神的力量，二者不可偏颇。一个部队要打仗，如果只强调精神的力量，让士兵要有血性、要敢于牺牲、不怕困难，但是武器装备却非常落后，和对手不在一个量级上，就会遭受降维打击，即使再有拼搏精神也很难获胜。反之，如果只强调物质的力量，忽略了思想意识形态的重要性也不行；第二，我们要做到维度切换，即根据组织内部的情况和所处的外部环境，对软实力建设和硬实力建设的重要性加以区分和排序，在有些情况下侧重于软实力建设并付诸行动，在有些情况下侧重于硬实力建设并付诸行动。第三，我们要做到维度转换，即有意识地运用组织中已有的软实力和硬实力，使它们相互转换，产生"溢出效应"，即让已有的软实力既发挥作用，又能促进硬实力的提升，也让已有的硬实力既发挥作用，又能促进软实力的提升，并采取措施使软实力和硬实力相互转换，形成良性的循环，从而提高组织绩效。大部分企业在初创期硬实力都是比较弱的，比如人才、资金、资产、设备等，企业可能只有好的商业模式、产品创意或文化基因，这些软实力是可以转换为硬实力的。比如风险投资基金看到一个好的想法，就会投入资金，企业有了资金就能招到更多人，也会有更多设备、科技等，就能发展起来。所以企业在创业初期一般都是软实力促进硬实力，而当企业发展到一定程度时，硬实力就开始促进软实力。比如华为花钱购买一些先进公司的管理流程和方法，包括产品开发流程、人力资源管理方法等，同时引进了很多好的模式，如生产线的管理、质量体系的管理、供应链的管理等。华为认为，什么都要从头开始研发是会消耗大量时间成本的，这样就会被竞争对手远远地甩在后面，所以一定要站在巨人的肩膀上，如花钱购买先进的管理方法，把硬实力变成软实力。还譬如，有的企业赚了很多钱，就会让员工参加培训，提升员工的思想意识，或者举办一些团建活动，形成更好的团队合作精神，这些都是硬实力促进软实力的体现。所以企业的发展过程就是一个软硬实力相互转换的过程，领导者和管理者必须有这种意识、学会转换。

第6章

时间动态论

6.1 时间动态的普遍性

时间动态的普遍性体现在自然界和人类社会的方方面面。

在自然界中，天地日月的运行、人体的生理运行等现象都体现出了周期性特征。

从地理学的角度，地球绕太阳转一圈是一年，月亮绕地球一圈是一个月。

以人的生长过程为例，大部分细胞在分裂过程中遵循遗传规律，正常分裂使得细胞数量增加，人得以发育成长；但是，某些细胞也可能在某些特殊情况下发生突变。如果不及时减少或清除人体内出现的变异细胞，当这些变异细胞的数量或浓度达到一定程度时，它们就会聚集在一起，形成不良组织，导致人体疾病。因此，人的生长发育过程同时存在遗传和变异带来的变化。其中，基因正常遗传带来的变化在多数情况下是可预测的、确定的、有规律的，而基因变异带来的变化在很多情况下则是不可预测的、不确定的、无规律可循的。

《黄帝内经》[①] 认为，男人的生命周期是 8 年，女人的生命周期是 7 年，男人的更年期是 8 的平方，也就是 64 岁，女人的更年期是 7 的平方，也就是 49 岁。男人和女人的更年期不同是大自然有意错开的机制，如果男性和女性同时经历更年期，并且

---

① 姚春鹏，译注 . 黄帝内经（全二册）：中华经典名著全本全注全译丛书 [M].
北京：中华书局，2010.

家中又存在处于青春期的孩子，那么这个时期家庭成员的情绪可能会出现较大的波动。

万事万物都有其规律性，一年有四个季节，十二个月。中国人又在此基础上总结出了二十四个节气，分别是：立春、雨水、惊蛰、春分、清明、谷雨、立夏、小满、芒种、夏至、小暑、大暑、立秋、处暑、白露、秋分、寒露、霜降、立冬、小雪、大雪、冬至、小寒、大寒。二十四节气也被运用到了北京冬奥会开幕式中，使观众欣赏到了一幅幅精彩的画面。二十四节气反映了中华民族对气象规律的认识，在《周易》①中对应节卦，"节"的意思是调节，提醒人们要根据不同的节气周期性地调整自己的行为，例如春天养肝、夏天养心、秋天养肺、冬天养肾。又例如惊蛰时，冬眠的动物都醒了，年龄大、容易得中风的人可以在惊蛰前后三天、中午 11 点至 1 点间吃安宫牛黄丸，会对身体产生比较好的疗效。

在人类社会中，政治、经济、社会和科技等环境因素随着时间不断发生变化。有些变化是可预测的、确定性的、遵循已发现的规律，譬如，政治、经济、社会等方面的变化常常表现出周期性的特点，包括国家间合作和竞争关系的循环变化、经济的周期性发展、社会文化和价值观的向前发展和向后回归等。

《论语》②中有"吾十有五而志于学，三十而立，四十而不惑，五十而知天命，六十而耳顺，七十而从心所欲，不逾矩"这句话，体现了人在不同的年龄阶段会面对不同的人生课题，其中蕴含了一定的规律，可以为我们的行动提供指导。

《道德经》③中有一句话："反者道之动，弱者道之用。天下万物生于有，有生于无。""反者道之动"的意思是，任何事物都会朝着它的相反方向前进，因而会形成周期。譬如冬天最冷的时候，离春天就不远了。又譬如，同学聚在一起上课的时候，散的趋势就已经开始了，下课后大家都散了，但是相反的趋势也开始了，下一次上课时大家又会聚在一起。"弱者道之用"的意思是以柔克刚，在这个世界上，常常是那些"弱"的事物（譬如：看不见的、不明显的、隐藏于事物背后的、目前还没有成气候的、人们还不知道的事物等）会对个人、组织和社会产生重要的影响。

还有些变化是不可预测的、不确定的、不遵循已发现的规律，超出了人们

---

① 郭彧，译注.周易：中华经典藏书 [M].北京：中华书局，2006.

② 陈晓芬，徐儒宗，译注.论语·大学·中庸：中华经典名著全本全注全译丛书 [M].2 版.北京：中华书局，2015.

③ 张景，张松辉，译注.道德经：中华经典名著全本全注全译丛书 [M].北京：中华书局，2021.

现有认知能力的范围。譬如，随着时代的变迁，人类有时会遇到前所未有的变化。在人类历史上，数次科技革命极大地改变了人们的工作和生活方式，人类赖以生存的环境（包括资源、气候、地质状况和生物物种等）的变化也给人们带来巨大的冲击、不断刷新人们对自然的认知。美国作家塔勒布在其所著的《黑天鹅》①一书中提到的黑天鹅现象，实际上就是一种不确定性的体现，而这种不确定性会对个体、群体、组织乃至整个社会产生重大影响。

6.2 时间动态思维

基于领导和管理的时空理论，建立时间动态思维对人们动态地应对遇到的问题和挑战具有重要的启发意义。

6.2.1 时间动态思维的内涵

什么叫做时间动态思维？时间动态思维就是变和不变的辩证思维。哲学家曾说过两句话，一句话是"太阳底下没有新鲜事"，这反映了世界是有规律的、有周期的、循环的，比如朝代的更替有周期，每个朝代开始时，皇帝总是奋发图强、励精图治，几代后朝廷就会腐败；另一句话是"太阳每天都是新的"，这反映了世界永远是变化的、永远会有不确定性的东西存在，比如太阳核聚变产生热量，物质就发生了改变，所以每天升起的太阳都不一样。哲学家的这两句话反映了时间动态思维。

时间动态思维体现在很多方面。譬如，国家财富分配包括三个方面的分配，第一是纵向层次上的分配，也就是国家和地方、国家和人民之间的分配。第二是横向维度上的分配，譬如，不同人群之间的分配。第三是动态变化的分配，例如从"让一部分人先富起来"，到共同富裕，再到第三次分配。国家之间的竞争关系也是动态变化的。时间动态思维有助于人们思考如何利用时间来解决问题，例如面对一个强大的国家，一个弱小的国家应该韬光养晦，只要小国的发展速度比大国快，小国就应该争取更长的时间发展、做时间的朋友、做长期主义者，等到有一天能够真正超过这个强大的国家，这体现了战略耐力，也体

---

① [美] 纳西姆·尼古拉斯·塔勒布. 黑天鹅 [M]. 万丹，刘宁，译. 4 版. 北京：中信出版社，2019.

现了以时间换空间。强大的国家也应该有这种时间动态思维，不要以为自己现在强大，就能够一直强大下去，而应该未雨绸缪、居安思危。企业竞争也是动态变化的，最初可能企业 A 比企业 B 更强大，但企业 A 在走下坡路或者发展迟缓，而企业 B 在走上坡路或者发展迅速。一个具有时间动态思维的人在选择工作时就会选择企业 B，因为企业 B 的机会更多。还譬如，很多人买股票之所以追求抄底，就是出于时间动态思维，认为股票将来一定会涨。人对人的投资其实也要讲究"抄底"，一个人处于低谷的时候就是他"股价最低"的时候，这时投资他也许会有很好的回报。

历史的发展、组织的发展在某种程度上都有它的周期性、可预测性。数学中的正弦曲线或正弦波（sinusoid/sine wave：简称 sin 曲线）就代表了这种有规律的、周期性的变化。譬如，纪录片《大国崛起》讲述了葡萄牙、西班牙、荷兰、英国、法国、德国、日本、俄罗斯、美国这九个国家相继崛起、交替的发展过程，总结了国家崛起的历史周期规律。有规律的、周期性的变化提醒我们在有些时候要提前做好准备，比如干旱时造船、雨季时造车，提前选在原材料最便宜的时候制造，一旦市场有需求就能以高价出售。价格低时买入、在大家都不看好的时候进入市场等，这种周期性思维对企业经营来说是很重要的，等到大家都发现这是个好机会的时候再入场就晚了。但是，我们有时候也会经历百年一遇甚至千年一遇的不确定性、无法预料的变化。

6.2.2　建立时间动态思维的意义

有了时间动态思维，就可以用两种策略来应对变化，即以不变应变和以变应变。

第一，以不变应变。物理学规律、生物学规律等大自然的规律是不变的，如果一个人不相信有些规律是不变的，就难以在这个世界上生存下去、难以做出任何决定。譬如，虽然社会在不断变化，但是我们至少要相信人性基本不变。因此，如果能熟读经典，我们就能掌握人性的规律，这就是以不变应变。

一个人最大的对手不是别人，而是自己，一个组织、一个国家也是。如果一个国家能够做到上下同心、人民团结、社会矛盾少、国家有凝聚力、拧成一股绳，就没有别的国家敢欺负这个国家。团结是非常强大的力量，而这需要自我革命，不断迭代，并改正自身的不足。唐代诗人杜牧在《阿房宫赋》中写道："呜呼！灭六国者，六国也，非秦。族秦者，秦也，非天下也。"其意思是：

灭亡六国的是六国自己，而不是秦国。消灭秦王朝的是秦王朝自己，而不是天下的人。杜牧在两千年前的沉痛感悟，穿透厚厚的历史帷幕，依然闪烁着智慧和真理的光芒，照见历史、照进现实。西汉的贾谊在《过秦论》中阐述了秦王朝灭亡的教训，秦王朝从小小的地方不断壮大国势，使六国诸侯都来朝见，但后来农民起义导致了秦王朝的最终灭亡，其根本原因就在于秦王朝"仁义不施而攻守之势异也"，其意思是，秦王朝没有施行仁政，导致内部出现矛盾，最后使攻守形势发生了变化。郭沫若在《甲申三百年祭》[①]中揭示了明王朝灭亡和李自成农民起义失败的历史教训。郭沫若认为明王朝灭亡的原因是，崇祯皇帝想有所作为，却始终沿着错误的路径行走，随着旱灾、蝗灾等自然灾害不断，明王朝逐渐陷入内外交困的境地，最终明王朝被李自成的农民起义推翻。他认为李自成农民起义失败的原因是："在过短的时期之内获得了过大的成功，这却使李自成以下如牛金星、刘宗敏之流，似乎都沉沦进了过分的陶醉里去了……纷纷然，昏昏然，大家都像以为天下就已经太平了的一样。近在肘腋的关外大敌，他们似乎全不在意。"郭沫若认为李自成进京后骄傲自满，其手下也开始贪图享乐、腐化堕落，导致他们仅仅四十多天就败退出北京。

上述例子都说明了一个国家最大的对手是其自身，强调了自我革命对国家可持续发展的重要性。因此，当我们从历史中、从经典中学习到关于人性的规律时，我们就能够更好地识别和应对世界上的很多"坑"，也就是以不变应变。

第二，以变应变。虽然人性不变，但是科技会变；虽然底层逻辑不变，但是外在形式已经发生了深刻的变化，这个时候就必须创新、必须敢于提出新的方案。例如，邓小平同志提出"一国两制"，认为市场经济不是资本主义的专利，社会主义也可以搞市场经济，这就是以变应变的思维。又例如，物理学家海森堡于1927年提出测不准原理，也叫做不确定性原理，认为人不能同时精确地测量出一个微观粒子的位置和动量。这是因为人在观察微观粒子的过程中，也会对被观察的微观粒子造成影响，从而使得有观察者和没有观察者的结果是不同的。这些例子反映了世界并非是完全确定的，也存在不确定的情况。

炒股就是既要有不变的思想，又要有变的思想。如果一个人不相信周期性的存在，他就不敢抄底。但同时他又要明白一切事物都是变化的，所以应该留下补仓的钱来修正错误，给自己容错的空间，这就是变的思想。对待过去、现在和未来，我们既要了解历史的统计学规律，也要始终保持警惕，明白历史不

---

① 郭沫若. 甲申三百年祭 [M]. 北京：人民出版社，2004.

会简单地重复，而是可能会以新的形态出现。因此，有了时间动态思维，我们就会对世界的变化抱有一种正确的态度，我们会认识到有变化的地方就一定有不变的地方，有不变的地方也就一定有变化的地方，所以要以不变应变和以变应变，这样就不容易犯错。

6.2.3　时间动态思维的行动方法

从时间视角来行动，就是要学习和创新。对于确定性的变化，我们要通过学习、掌握人类已有的经验和规律来应对；对于不确定性的变化，我们要通过创新来应对。所以既要学习又要创新，既要传承又要变革。任何事物都是在前人的基础上发展的，学习就是要继承人类已有的智慧。《道德经》①中"人法地，地法天，天法道，道法自然"的"法"是学习、效法的意思，这句话涉及层次方面的学习，人效法地，地效法天，天效法道，道效法自然。创新就是要提出人类还没有的知识。实际上，兼顾学习和创新是很难的，学习的本质是继承已有的内容，而创新的本质是变革已有的内容，这是两种相反的能力。但是，真正的智者是能够把这两种相互矛盾的能力融合在一起的，这反映的是辩证性、包容性的思维。

第一，我们要善于学习，要对前人的、已有的东西进行继承，很多前人的经验在当前和未来还能产生作用。譬如，一个基本假设是人性几乎是不变的，因此，历史上处理人和人之间关系的道理和案例是可以传承的。笔者提出课堂学习的"来龙去脉法"，包括"三个来龙"和"三个去脉"。"三个来龙"包括你（you）、我（I）和他／她（he/she），即学习知识需要多个来源，包括学生分享的观点和经验（你）、老师讲授的知识（我）、其他人的成功和失败的案例（他／她）；"三个去脉"包括通过教来学（learning by teaching）、通过做来学（learning by doing）、通过创造来学（learning by creating）。从"三个来龙"学到的知识最后通过"三个去脉"得以进一步巩固和发展。通过课堂学习的"来龙去脉法"，学生能够从多个来源获得知识，同时这些知识也能在实践中发挥作用。

第二，我们要善于创新，如果出现了前所未有的、不确定性的变化，就不能沿用过去的经验，而是需要大胆地开拓创新，提出新的解决方案。创新的本

---

① 张景，张松辉，译注 . 道德经（中华经典名著全本全注全译丛书）[M]. 北京：中华书局，2021.

质是变革，要解决前人没有解决的问题。

第三，我们要善于根据需要在学习和创新之间进行切换。

6.2.3.1　学习的方法

关于学习的方法，笔者提出了四种方法，包括交流法、解读法、体验法和反思法。

第一，交流法和解读法这两种方法是从外部学习。

交流法，就是通过与那些知识和经验比自身丰富的人进行交流来学习。曾国藩提出了八大交友原则："交胜己者，交盛德者，交趣味者，交肯吃亏者，交直言者，交志趣广大者，交惠在当厄者，交体人者。"其中，"胜己者"就是在某些方面比自己强的人。每个人都会有自己的盲区，就像无法亲眼看到自己的背后，除非借助一些工具和手段。面对盲区，我们需要借助外力，必须找到三种人，即导师（mentor）、教练（coach）、智囊（brainpower）。

其一，我们需要导师。很多企业都设置了导师制的管理制度，每个新员工入职时，企业都会为其安排一个导师。导师可以帮助新员工穿越企业的丛林，了解企业的游戏规则、底层逻辑思维、公司文化等，可以帮助他们看到自己的盲区。

其二，我们需要教练。有些企业会给中高层管理者配备教练，以帮助其提升管理能力。这些教练可以是企业内部具有丰富经验的领导者和管理者、外面的管理咨询顾问，或者大学里领导和管理方面的学者，他们通过观察或者交谈等方式了解其辅导的领导者和管理者，并给其提出改进领导和管理工作的建议。

其三，我们需要智囊。智囊有两种，一种是学院派智囊，一种是江湖派智囊。《周易》[①]中的乾卦是六条阳爻，包括初九、九二、九三、九四、九五和上九。乾卦的爻辞中出现了两次"利见大人"，但意思不一样：九二的爻辞"见龙在田，利见大人"的意思是自己逐渐成长起来，就像龙现于田野，这时就必须有贵人提携；九五的爻辞是"飞龙在天，利见大人"，人的位置越高，盲区越多，能懂自己的人、敢说真话的人越少，这时就必须有高人指点。因此，人在年轻的时候需要贵人提携，在有成就的时候需要高人指点。

我们要善于从导师、教练、智囊等"大人"身上学习，通过广泛深入的交流来获得这些人的帮助。"千里马常有，而伯乐不常有"，我们要经常问自己，

---

① 郭彧，译注.周易：中华经典藏书 [M]. 北京：中华书局，2006.

如果遇到困难时可以向谁寻求帮助。我们要和经验丰富的人交流，因为他们是过来人，有很多极其宝贵的经验，这就要求我们有谦卑的心态，和他们真诚地相处。譬如，魏征是唐太宗的"大人"，因为魏征敢说真话；张良是刘邦的"大人"，帮助刘邦夺得天下；而项羽却把敢说真话的人都赶走了，最后使自己陷入盲区。

此外，中国佛教禅宗南宗的创始人是六祖惠能，惠能最后得到衣钵是因为他写的《菩提偈》，其中"菩提本无树，明镜亦非台。本来无一物，何处惹尘埃"是在其师兄神秀所作的偈句"身是菩提树，心如明镜台；时时勤拂拭，莫使有尘埃"的基础上改进的。在这个例子中，我们不应贬低神秀的功劳，神秀是单环学习（single-loop learning）的体现，即强调在已有的基础上实现行为和结果之间的匹配；而惠能则是在学习神秀后进行超越，是双环学习（double-loop learning）的体现，即从源头上改进，强调了对造成现状原因的"反思"，并从自身出发进行反思和改进，从而优化了整个系统。可见，六祖惠能是一个学习能力极强的人，他吸收了神秀的思想，又把他的思想往前推了一步，从而有了新的超越和创造。

解读法，就是读书，尤其要读中外的经典书籍（如东西方哲学和历史等人文经典）。这些书籍蕴含了历史上伟人的思想精髓，通过对理论（如《大学》《中庸》《论语》《孟子》《周易》等）的学习，以及对历史案例（如《史记》《资治通鉴》等）的学习，我们可以和伟人对话，不断地汲取他们的思想养分，从而建立自身的格局。例如一个人认识了"祸兮福之所倚，福兮祸之所伏"，从中认识到祸福相依的道理，就能建立辩证的思维；从《道德经》①的"大方无隅，大器晚成，大音希声，大象无形"中能认识到最大的方形看不到它的棱角，最大的器物总是最后完成，最大的声音反而无法听到，最大的形象反而看不到它的形状，等等。我们要把东西方的智慧结合，提高自己的文化底蕴。此外，通过解读法认识和了解已经发生的重大历史事件，进而运用于学习和理解理论，这样的进步和收获是最大的。

现在很多人都喜欢通过医美、整形的方式来达到美容的目的。但其实，一种很好的美容方法就是读书、读好书，这样人的情绪、智慧都会发生积极的改变，正所谓"相由心生""腹有诗书气自华"，人的外表也会产生相应的改变，人就会有更加美丽灿烂的容貌。

---

① 张景，张松辉，译注. 道德经（中华经典名著全本全注全译丛书）[M]. 北京：中华书局，2021.

这里笔者提出一个重要的概念叫学习链，即学习的链条。关于"链"，我们熟知的有供应链、食物链、生物链等。**学习链反映的是一个人的知识来源。当把一个人所拥有的知识不断往前追溯时，就可以得到一个人的学习链。**笔者依据某企业家的阅读书单、演讲内容等，勾画了该企业家的学习链，如图6-1所示。

该企业家以范蠡为师。范蠡，楚国人，是春秋时期著名的政治家，工于谋略，用《计然之策》中的五策就帮助越王勾践打败了吴王，成功复国。他还是一名经济学家，拥有渊博和系统化的经济思想。范蠡下海经商，曾三次发财、三次散财，凭借其经济智慧赢得了巨大的财富，创造了商业上的奇迹，被称为"商圣"。范蠡知道，当越王勾践报仇成功之后，他就会怀疑所有的有功之臣，那时自己的生命安全将不能够得到保证。因此，范蠡在帮助越王勾践复国后就全身而退。范蠡是太史公司马迁所撰的《史记》[1]货殖列传中所记载的第一位货殖专家，他曾拜计然为师，研习治国治军方略，博学多才。计然写的《计然之策》共有七策，其中包括很多逆向投资的思想，比如旱季应该造船，因为材料便宜，等到雨季就能以高价出售，这就是抄底的思想。而计然是老子的学生，老子又是商容的学生。老子曾在商容生命弥留之际，问老师有什么遗言想留给他，商容把嘴巴张开问："我的舌头还存在吗？"老子回答："还在。"商容又问："我的牙齿还存在吗？"老子说："牙齿掉光了。"商容问："你知道其中蕴含了什么道理吗？"老子说："这是不是说明，刚强的东西丧失了，而柔弱的东西仍然还存在着？"商容说："哎，天下的事理全在这一句话中了！"世界上无形胜有形，滴水穿石，以弱胜强，《道德经》[2]中很多思想都体现了"柔"的重要性。

该企业家学习本杰明·富兰克林、约翰·洛克菲勒等。富兰克林小时候家境清贫，没有接受过系统的科学理论教育。但他是个很积极的人，很努力地学习，获取和吸收广泛的知识。他立志要做好事、做好人，并身体力行地为社会、后人谋取幸福，推动社会的变迁。该企业家认为富兰克林利用他的智慧、能力和奉献精神等，带动了整个社会的进步。洛克菲勒和擦鞋童的故事也让该企业家印象深刻。1929年华尔街股市崩溃前，有一次，洛克菲勒到街边找擦鞋童帮他擦鞋，擦鞋童给了他一条炒卖股票的所谓的秘密消息，洛克菲勒意识到，当擦

① 司马迁.史记（精注全译）（套装共6册）[M].李瀚文，主编.北京：北京联合出版公司，2016.

② 张景，张松辉，译注.道德经：中华经典名著全本全注全译丛书[M].北京：中华书局，2021.

鞋童都开始关注和参与股票市场时，可能就是时候离场了。他随即将股票兑现，这一行为使他保存了财富。富兰克林、洛克菲勒等人成长于西方，他们的思想来自于古希腊哲学，古希腊哲学以苏格拉底、柏拉图、亚里士多德等人的学说为代表。

该企业家学习左宗棠，他的办公室挂着一副对联："发上等愿结中等缘享下等福；择高处立寻平处住向宽处行。"其意思是：要胸怀远大抱负、只求中等缘分、过普通人生活，看问题要高瞻远瞩、做人应低调处世、做事该留有余地。中国有一句话叫做"福不可享尽，势不可用尽"也是这个道理。左宗棠自比当代诸葛亮，而诸葛亮的施政理念和道德修养总体上以儒家思想为主，譬如，诸葛亮的《出师表》体现了儒家的"仁政"思想，诸葛亮在文中表达了自己以身许国、忠贞不二的情怀，同时劝勉后主要以仁爱之心治理国家，选拔贤能之士为官，关心国家和人民的福祉。

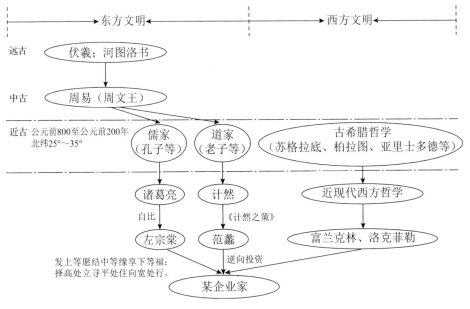

图 6-1　某企业家的学习链

进一步地，孔子和老子分别是儒家和道家的代表，儒家和道家的思想都受到《周易》的影响。据传说，远古的伏羲"一画开天"，发明了先天八卦。伏羲从河图洛书中得到启发，其中，黄河出现龙马负图，洛水出现神龟载书，我们今天常说的"图书"一词是来源于河图洛书的简称。后来，中古的周文王将先天八卦发展为后天八卦，再把八卦两两重叠推演出六十四卦，而且给每一卦都作了卦辞和爻辞（也有学者认为爻辞为周公所作），从而编成了《易经》。近古的孔子等人根据周文王留下的成果，写了十篇文章对《易经》进行解释，即"十翼"，也称为《易传》，这就好比给《易经》插上了翅膀，让后世能够更加了解它。《周易》是由《易经》和《易传》组成的。

东方的儒家（如孔子等）思想、道家（如老子等）思想，以及西方的古希腊哲学（如苏格拉底、柏拉图、亚里士多德等人的学说）都出现在公元前 800 至公元前 200 年、北纬 25°到 35°的时空区域内，德国近代哲学家雅斯贝尔斯将公元前 800 至公元前 200 年这一时代命名为"轴心时代"①。

通过解读企业家的学习链，我们可以发现他的思想来源，可以判断他的思维底色。可以发现，这位企业家的学习链融合了东西方文明。罗素曾说过："中国人需要防止两种风险：第一种风险，完全西化，变得没有任何特点；第二种风险是，在与外国侵略势力抗争的过程中，中国可能心态保守，强烈排外。"因此，学习要东西结合，和东西方的伟人对话，深入了解东西方的思维，提高文化底蕴。通过学习，我们可以懂得"人外有人，山外有山"的道理，这样就能在各种复杂变化的环境中保持敬畏、冷静和从容，我们也就不会轻易说出狂妄的话，言谈举止也会比较稳健。每个人都有自己的盲区，就像载人飞行器返回大气层时会经历一段无信号的"黑障"时期，这是最危险的时候。一个人要避免盲区，就要让其思维和知识体系尽量完整，具备东西方的智慧，既不妄自尊大，也不妄自菲薄。

尽管这位企业家的学习链是个案分析，但是可以发现，他的学习链最后都能够和东西方的智慧相连接。一个人只有将自己的学习链和东西方的经典相连接，才能够获得人类经过时空检验的智慧，从而能够应对各种复杂变化的现实情况。正如"问渠那得清如许？为有源头活水来"所说的那样，人们需要通过学习发展源源不断的创造力。因此，关于读书，每个人都要规划和建立自己的学习链，如果能将自己的知识上接中西方经典、获得人类经过时空检验的智慧，下接地气、联系各种复杂变化的现实情况，就能够不断提高自己的智慧、用充沛的创造力解决现实问题。歌手刀郎创作了专辑《山歌寥哉》，其中有首歌叫《罗刹海市》，这首歌的歌名源自清代小说家蒲松龄创作的《聊斋志异》中的《罗刹海市》这篇文言短篇小说。小说讲述了主角马骥坐船出海经商，途中遇到大风，来到了一个神奇的异域国家罗刹国，这里以丑为美，越是长相丑陋的

---

① [德]卡尔·雅斯贝尔斯. 论历史的起源与目标[M].李雪涛，译. 上海：华东师范大学出版社，2018.

人，其官位越高。歌词里写道："西边的欧钢有老板，生儿维特根斯坦"，刀郎将东方传统文化和西方哲学进行了结合，提升了这首歌的哲学高度。歌词以"那马户又鸟是我们人类根本的问题"结尾，由此启发人们对社会现实的思考，引起了社会广泛的讨论和关注。

关于学习的方法，哲学家维特根斯坦提出了一个重要的观点，他认为人类语言的边界决定了人类认识的边界。比如人类的语言里有红色、紫色、黄色、绿色、蓝色等颜色的可见光，还有红外线、紫外线等不可见光。人类对光的认识是建立在人类发明的这些语言文字的基础之上，离开了这些光有关的语言文字，人类可能就无法认识这些光。进一步地，当我们需要了解世界文明和智慧时，就需要认识到语言文字对人类认知的影响，因此，我们要阅读东西方的经典原著。世界上的两大语言文字体系是表意文字和表音文字，象形文字是由图画文字演化而来的文字，属于表意文字，比如中文，而编码文字是由各种符号排列组合而成的文字，属于表音文字，比如英文。地球应该保留不同的语言文字，人们应该去阅读由不同语言文字撰写的经典，这样才能够扩展认识的边界。人类有时候也会创造很多新的语言文字，这是因为以往的语言文字无法表达出人们认识到新事物。

第二，体验法和反思法这两种方法是从内部学习。

体验法，就是通过做来学习。就像一支军队要提高作战能力，就必须进行大量的实战训练。"做"有两种方式，一种是"历练"，一种是"磨炼"。历练是为了长见识，比如管培生在企业的各个部门轮岗、到高校继续学习、到国外考察等都是长见识；磨炼是为了长本事，锻炼自己解决问题、应对挑战的能力。磨炼就好比是一场"大考"。例如对于在疫情期间被调到抗疫一线的领导者和管理者而言，其之前在不同地方任职是历练，而在现在的岗位上就是磨炼。领导者和管理者特别要做好磨炼的准备，只有"脱一层皮"才能真正提高领导和管理能力。总的来说，历练和磨炼都很重要。而且，历练是磨炼的基础，如果没有历练，磨炼是很难成功的，光有历练没有磨炼，能力也得不到真正的提升。历练和磨炼长胆识。因此，体验法给我们的启发是：我们既要通过历练长见识，又要通过磨炼长本事，要敢于接受挑战、面对困难、解决问题，历练和磨炼加起来就长胆识。领导者和管理者有些时候要积极主动地到不同的地方历练，也要主动寻求且敢于接受组织下达的具有挑战性的项目，长见识、长本事，最后长胆识。

反思法，就是从过去的经验中总结规律，并应用于新的实践中。反思法包含"知"和"行"两个方面，其中，"知"就是采用归纳的方法得出一般性的规律。"行"就是采用演绎的方法将一般性的规律应用于实践。反思法要求我们定期总结和复盘，每天进步一点点。围棋界有一句话叫做"善弈者，通盘无妙手"，善于下围棋的人，没有一招棋让人惊讶，但是每一步都比对手强一点。中国历史上的先哲们都特别重视反思，有很多这方面的阐述。譬如：唐太宗的"以铜为镜，可以正衣冠；以古为镜，可以知兴替；以人为镜，可以明得失。朕常保此三镜，以防己过"①（把铜作为镜子，可使穿戴之时，端庄齐整；把历史作为镜子，可以知道历朝以来，存亡兴替；把人作为镜子，可以知道自己本身的得失。我曾经保持这三面镜子，来防止自己的过错）；孔子的"见贤思齐焉，见不贤而自内省也"②；曾子的"吾日三省吾身"；孟子的"反求诸己"；朱熹的"有则改之，无则加勉"等等。反思法要求我们要学会归纳总结，譬如毛泽东同志读书时习惯做批注，包括评点《二十四史》等。反思法还要求我们学会反求诸己、从自身找原因。譬如，遵义会议就是一个反思的会议，中国共产党反思第五次反"围剿"失败和长征初期严重受挫的原因。2021年中国共产党举行了成立100周年的庆典，总结了100年以来的经验，强调自我革命、具有自我调整能力。毛泽东同志提出"不二过"的思想，并不是要求人不犯错，而是要求人不要犯两次同样的错。而且，不仅仅是组织里的每一个个体自己不犯两次同样的错，这个组织里的每一个个体也不要犯其他个体犯过的同样的错，这点是更难做到的。比如某个飞行员有驾驶失误，航空公司不仅要让他今后不再出现这个失误，还要让航空公司里的其他飞行员也不能有这个失误，这就是组织层次的"不二过"。所以，我们一方面要历练和磨炼，另一方面也要从历练和磨炼中反思。

归纳（induct）和演绎（deduct）是两种主要的推理方式，是人们从已知信息中得到新结论的心理活动。西方古典哲学中有两大主要的理论学派，即唯理论学派和经验论学派，唯理论学派主要来自欧洲大陆，所以也叫做大陆唯理论，经验论学派主要来自英国，所以又叫做英国经验论。

唯理论学派以苏格拉底、柏拉图、笛卡尔、莱布尼兹等人为代表。他们认为真理来自人内心严密的演绎，认为演绎是得到新知识的有效方式。比如A大于B，B大于C，就可以得出A大于C，这是典型的演绎法。关于这一点，苏

---

① 司马光.资治通鉴[M].北京：中华书局，2011.
② 陈晓芬，徐儒宗，译注.论语·大学·中庸：中华经典名著全本全注全译丛书[M].2版.北京：中华书局，2015.

格拉底有个非常有意思的说法。苏格拉底的母亲是接生新生儿的助产士，苏格拉底说："我的母亲是为新生儿接生，我是为知识接生。"苏格拉底说他通过提问可以让一个根本不了解毕达哥拉斯定理的小孩说出这个定理。毕达哥拉斯定理就是勾股定理，也就是直角三角形的两条直角边的平方和等于斜边的平方。苏格拉底确实做到了，他认为这就是在为知识接生。唯理论学派的一个很重要的观点是，人类本身其实已经具有一些基本的知识和信念，教育的任务就是通过某些特定的、有效的方式，比如提问、启发等，让人们把这些知识和信念说出来。只要这个过程设计得适当，受教育者就会产生严密的演绎过程，就可以得到知识。教育一词的英文"education"的词根"edu"是往外拔的意思，反映了教育就是把一个人本来就有的一些认识"拔出来"，然后形成自己的知识。所以，教育者的任务就是通过启发等方式让受教育者进行推理，最后获得知识，苏格拉底通过提问、演绎的方式，让一个人能够说出某种知识，实际上就表达了知识不是灌进去的，而是拔出来的理念。这种理念对教育有着非常重要的意义。譬如，数学科学不是实用科学，其发展主要就是靠推理演绎。但唯理论学派的观点有它的优势，它认为每个人都有"慧根"，教育者的任务就是要发现人们的慧根，并让慧根能够长大。但唯理论学派也存在一定的局限，比如物理学、化学等领域的有些知识是无法通过推理得出的，必须做实验才可以。

唯经验学派以亚里士多德、诺克、贝克莱、休谟等人为代表。他们认为，知识来源于对现实的观察和总结，认为归纳是得到新知识的有效方式。柏拉图是苏格拉底的学生，并且继承了苏格拉底的思想，亚里士多德是柏拉图的学生，但是没有完全继承柏拉图的思想。亚里士多德有句名言："吾爱吾师，吾更爱真理。"当他的想法和老师柏拉图不一样时，他认为坚持真理更为重要。亚里士多德认为知识更多来自经验、来自人们对现实的观察、来自实验，所以认为归纳是得到新知识的有效方式。譬如，对天鹅到底是什么颜色这个问题，无法用演绎法推演出来，如果用归纳法，欧洲人通过长期观察发现天鹅是白色的，就会得出结论认为天鹅是白色的。但是，归纳法的缺陷在于其结论受到样本的影响。当某一天有人在澳大利亚发现黑天鹅时，"天鹅是白色的"这个结论就被推翻了。所以归纳法得到的知识必须得到证伪的检验。

唯理论学派和唯经验学派都有各自的优点和不足，于是就有了第三种学派，把唯理论学派和唯经验学派结合起来，代表人物是培根和康德。培根认为唯理论学派就像蜘蛛，从自己的身体里吐出丝来，唯经验学派就像蚂蚁，把东西搬来搬去，这两种结合就像蜜蜂，蜜蜂可以在大自然中采到花粉，通过自身的生理系统将花粉加工成蜂蜜。所以，我们应该向蜜蜂学习，从外部获得很多信息、经验和知识，最后经过自身的加工，变成对自己有用的知识。培根只是提出了这个比喻，真正把先天和后天、唯理论学派和唯经验学派结合起来的是康德。康德认为人具有先天的认识形式，通过加工后天获得的经验，就会形成知识。康德的思想对我们的启发是：第一，我们要广泛地获得外部的经验；第二，我们要用科学的、合理的认识形式来加工这些经验。加工的过程很重要，同样的经验由不同的人使用不同的认识形式来加工，其结果可能是不一样的。比如，有的企业家看到一家企业的成功经验或者失败教训，他可能很快形成了一个结论，但由于样本有限，这个结论可能是偏颇的，或者他的认识形式可能是有限的，所以他形成的这个结论不一定是正确的。

一个人很重要的学习能力，就是把学到的某些方面的知识的底层逻辑，推广到另一个知识体系中。换言之，人在获得知识后，能够把这些知识有效地迁移到不同场景中。如果没有这种能力，一个人即使获得了再多知识，一旦应用场景发生改变，他也不能有效地应用这些知识。

譬如，一个人得了癌症之后，医生可以用射线照射病灶区。如果射线太强，人体内好的细胞就会受到损害，如果射线太弱，癌细胞就不会被清除。所以，医生应该从病灶区的不同方向发出射线，并在病灶区让多股射线集中，这样就可以达到既不伤害正常细胞、又能清除癌细胞的目的。

类似地，将军要夺取一座城堡，但是城堡周边埋了许多地雷，如果军队沿着一条道路前进，由于军队的整体重量比较大，很容易就会引爆地雷。所以，将军应该从不同的路线分路出击，并在城堡让多个分路的军队集中，这样就可以达到既不引爆地雷、又能有足够的兵力一举攻下城堡的目的。

医学中的射线问题和军事中的将军问题，本质上有共同之处，虽然二者有不同的表面特征，但其问题的解决都有赖于先分散力量、后多路力量汇合攻破。这就是知识迁移，也就是把在某个领域获得的知识应用到另外的领域，知识迁移的前提是这两个问题的本质是一样的。

知识迁移可以有效地发挥一个人获得的知识的作用，一个人大学毕业后的工作可能和其大学所学专业不同，难道他学到的专业知识就没有用吗？难道这些专业知识不能应用到新的工作中吗？答案是否定的。尽管"隔行如隔山"，但是"隔行不隔理"。有时候虽然行业不一样，但是内在的道理其实是一样的。

所以，我们在某个领域得到了知识，如果处理恰当，也可以应用在另外一些领域。我们只有掌握知识迁移这个概念，才能让获得的知识产生最大的作用。

譬如，数学中有几何级数的概念，比如一个人有七个下级，这七个下级又分别有七个下级，总人数就是呈几何级数增长。做微商也是同样的道理，微商的广告有七个朋友转发，这七个朋友又分别有七个朋友转发，整个转发数量也是呈几何级数增长。微商就是通过数学中的几何级数来实现迅速扩张的商业模式，这叫做"裂变营销"。可见，如果熟练掌握数学中的几何级数，就可以将这种思想迁移到商业经营中。著名的体育教育家马约翰认为，体育运动的价值不仅是在运动场上，更重要的是在体育中学习到的知识技能、思想品格能够转化到学习、工作、生活等各个方面。一个人在军队的经历也可以影响他在公司的管理。比如，某企业家是军人出身，他将军队和企业两种组织相结合，把军旅生涯中的严明纪律和拼搏精神迁移到企业管理中，建立了"狼性文化"，提出了"让听得见炮声的人呼唤炮火"等。

现在越来越多人将自然领域的知识迁移到经济管理等领域中。

例如，热力学第二定律强调一个封闭系统如果没有外力做功，熵值就会变大，即系统的混乱度会变大。邓小平同志实施改革开放，包括后来中国加入世贸组织，目的之一是为了让中国企业和国外企业竞争，激发中国企业的斗志，锻炼中国企业的生存能力，从而让中国企业成长。我们要知道，在国家的过度保护下永远无法诞生好的企业。这些都是热力学第二定律给我们的启示，即要对抗熵增、实现有序、保持进化的状态，就应该让自身、组织、国家成为一个开放系统，向外部学习。

艾隆·马斯克经常引用亚里士多德的第一性原理，即创造性源于对事物底层逻辑的思考，例如他思考火箭的发射成本为什么如此高昂，他想到这是因为火箭不可回收、不能重复利用，所以，他努力发明制造可回收的火箭。任何事物都有其最基本的原理，例如股票盈利最基本的原理就是 $(a-b)c$，其中 a 是卖出价格，b 是买入价格，c 是持有股票数量。只要 $(a-b) > 0$，也就是股票的卖出价格高于买入价格就可以盈利。查里·芒格是著名的金融投资家，他提出了多学科模型，认为每一个学科都有其主要的模型，一个人只要掌握这些模型，就更有可能做出正确的商业决策，沃伦·巴菲特就受益于查里·芒格的多学科模型。索罗斯是证伪主义哲学家卡尔·波普尔的学生。在科学哲学中，有证实主义和证伪主义两派。证实主义是要找到足够的样本来发现规律，证伪主义是只要发现一个反例，观点就不成立。例如，有人在澳大利亚发现了一只黑天鹅，这个特例就可以证伪"天鹅是白的"这个观点。波普尔的基本思想是，一个好的科学理论必须能够被证伪。任何一个理论都会被取代，例如牛顿定律在宏观世界可以被验证，但是在微观粒子世界就不成立，不过牛顿定律仍然是科学理论，因为按照波普尔的思想，可以被证伪的理论才是科学理论。反身性理论是索罗斯创立并在金融市场上成功应用的、极具个人特色的投资理论，这个理论认为人们对事物的主观意识会改变该事物的客观表现。索罗斯认为如价值投资理论等很多投资哲学实际上是伪命题，股价实际上是可以被操控的，当人们说一个企业不好，说得多了以后，这个企业的股价就真的有可能下跌。所以，人们的预期发挥着巨大的作用，这也是罗森塔尔效应。在实践中，索罗斯曾经使用反身性理论做空了泰铢、英镑。

此外，笔者认为，从学习内容上看，人的学习应该包含两种不同的学习类型，即认知学习（cognitive learning）和情感学习（affective learning）。这从我国的传统文学作品中可以看出来。

● **认知学习方面**。譬如，朱熹写了《观书有感》。他在《观书有感·其一》中写道："半亩方塘一鉴开，天光云影共徘徊。问渠那得清如许？为有源头活水来。"诗中描绘了半亩方塘由于有"源头活水"的不断输入，从而澄澈明净，就像一面镜子，朱熹借此表达了人们要想具有不竭的创造力，就需要找到知识的源头。笔者认为，这是从空间视角强调了知识的获取，即人的学习要有源源不断的源头活水的输入。他在《观书有感·其二》中写道："昨夜江边春水生，蒙冲巨舰一毛轻。向来枉费推移力，此日中流自在行。"诗中描绘了一艘搁浅了的"艨艟巨舰"，即使众人使劲推船，也是白费力气，但由于下雨使得江水猛涨，这时搁浅的"艨艟巨舰"就如同羽毛一般浮了起来，原来看似无法解决的问题此刻就轻易地解决了。这正如《道德经》[①]中常说的"无为而治"。一个在当下很难解决的问题，可能在未来某个时点就顺其自然地得到化解。笔者认为，这是从时间视角强调了知识的运用，即人在学习和思考问题时，有时候会有瓶颈期，遇到难以解决的问题，但随着时机成熟，可能"文思勃发"，知识的运用就流畅自如了。

● **情感学习方面**。譬如，范仲淹根据岳阳楼周围的景色有感而发写下了千古名篇《岳阳楼记》。岳阳楼周围的景色，在晴朗和阴雨时带给人的不同感受，"迁客骚人"的"览物之情"融入了其爱国爱民的情怀，引发了范仲淹的学习和思考，他写下了"不以物喜，不以己悲""先天下之忧而忧，后天下之乐而乐"的千古名句。

---

① 张景，张松辉，译注. 道德经：中华经典名著全本全注全译丛书 [M]. 北京：中华书局，2021.

● **认知学习和情感学习的结合。**譬如，著名思想家荀况在《荀子》①王制篇中所写的"君者，舟也；庶人者，水也；水则载舟，水则覆舟"，其意思是，统治者好比是一艘船，老百姓好比是水，水既可以让船安稳地航行，也可以将船推翻沉于水中。荀子从认知上认识到船和水之间的关系，基于其对君民关系的情感，荀子又进一步将船和水的关系类比君主和人民之间的关系，以此告诫君主要重视人民的作用。

在当今教育里面，比较重视认知学习，而对情感学习重视不足。这是值得引起关注的。情感学习体现了学习主体对学习对象所寄托的情感，若没有情感，个体对所学的内容提不起兴趣，不利于学习；若个体寄托的情感太多，则容易上瘾、沉迷。因此，个体对于所学知识的接受度需要适度的情感的作用。

笔者认为，从学习目标上看，第一是要获取新的知识来冲击原来的想法，从而产生启发，这有助于开阔眼界、开阔思维、用新的思维获得启发。这不一定是直接的效应，间接效应和溢出效应带来的学习效果可能更大。因此，人应该对于在学习中能够获取不一样的知识而感到更兴奋，而不是对于能够获取印证自己原有观点的知识而感到更兴奋。譬如，一个人在课堂学习时，有时候会产生直接效应，例如学习了某个企业的某种激励方法的案例，从而将这种方法应用到自己的企业管理中；有时候也会产生间接效应和溢出效应，例如一个人学习了某个企业的某种激励方法的案例，案例里的方法等并不能直接运用到他的企业管理中，但是这个案例开阔了他的眼界和思维，启发他想出对他的企业管理更有效的激励方法，这就是间接效应。事实上，无论是交流法还是解读法，产生的间接效应往往更加普遍，这种知识"碰撞"的启发效果反而更好。第二是要学会举一反三。孔子曾对他的学生说："举一隅不以三隅反，则不复也。"其意思是，如果教给他一个方面，他却不能以此来说明另外三个方面，就不要再教他了。后世据此引申出成语"举一反三"，其意思是，要善于根据已习得的事理去推知相类似的其他事理，达到触类旁通的效果。

6.2.3.2 创新的方法

创新也是我们必须面对的话题，因为我们永远会面对不可知的未来。《诗经》②中提到"周虽旧邦，其命维新"，其意思是：周朝虽然是一个很古老的邦国，但是它的使命却是要创新。创新的前提是要有不确定性思维，了解各种不确定

---

① 荀子.荀子（中华国学经典精粹）[M].徐艳华，译.北京：北京联合出版公司，2015.
② 佚名.诗经[M].王秀梅，译.北京：中华书局，2022.

性现象。塔勒布在《黑天鹅》①一书中提出不确定性才是常态，他将会给个体、组织、国家和社会等带来巨大影响的不确定性变化的事件称为"黑天鹅"。"黑天鹅"有不可预测、影响重大、事后可以解释这三个特点，也就是说，不管我们对过去了解多少，都无法准确地从过去推测未来。因此，人们必须采取相关策略来应对"黑天鹅"的挑战，甚至从中获益。

第一，要进行试验式创新。当我们有了一个全新的设想，为了找到真正有效的办法，我们可以通过小范围试验的方式，不断总结、改进、迭代，再扩大至更大的范围。这种创新也可以被称为"做皮试型创新"。这就好比一个人要打青霉素，为了安全，要先在局部测试他是否对青霉素过敏。我国的改革开放正是采用了小范围试验、不断迭代改进、进而总结和发现规律、最后推广至全国的试验式创新。

第二，要进行想象式创新。有些变化是我们无法确定的，当我们面对这些变化时可能已经没有时间做试验了。因此，我们需要大胆地提前想象未来可能面临的情景，提出相应的应对方案。如果考虑充分，我们是有可能在不确定性变化到来时，用准备好的应对方案来解决问题的。这种创新也可以被称为"种疫苗型创新"。这就好比给新生儿打疫苗，一个人可能一辈子都遇不上这些病毒，但是国家、家长预估他们有可能遇上，就先打疫苗预防。《孙子兵法》②中有一句话叫做"胜兵先胜而后求战，败兵先战而后求胜"，其意思是：能够打胜仗的人一定是考虑到了各种情境，进行了充分的敌我分析，最后发现能赢才打。也就是说，胜兵先通过推演、确定能取得胜利了才打，而败兵就是先打了再说。我们要做到"先胜而后求战"，就是要想象所有可能的情况。想象式创新在壳牌石油公司用得很好，他们称之为情景规划（scenario planning）。中国航天有"事前预想、事后回想"的"双想制度"。事前预想是指，火箭发射前要预想所有可能的情况，做好所有准备。事后回想是指，火箭发射不管是成功还是失败，都要回想和复盘。想象式创新也就是我们常说的未雨绸缪，它比试验式创新困难，但是只要想得足够广，还是有命中的可能性的。此外，人在做时间和空间上的资源准备时要有一定的冗余性，也就是要给自己留下容错的缓冲，千万不要把所有事情都安排得刚刚好、让自己没有余地，否则一旦出现任何意外的情况，就没有回旋的余地。因此，应对不确定性，我们要准备足够多的备选项。

---

① [美] 纳西姆·尼古拉斯·塔勒布. 黑天鹅 [M]. 万丹，刘宁，译. 4 版. 北京：中信出版社，2019.

② 陈曦，译注. 孙子兵法：中华经典名著全本全注全译丛书 [M]. 北京：中华书局，2011.

　　有很多和时间有关的成语说明我们应该如何应对突发事件。**第一，未雨绸缪**。《道德经》①中的"为之于未有，治之于未乱"、《中庸》②中的"凡事预则立，不预则废。言前定则不跲，事前定则不困，行前定则不疚，道前定则不穷"、《孙子兵法》③中的"胜兵先胜而后求战，败兵先战而后求胜"等都说明了时间提前的重要性。我们要有前瞻意识，在思想上做好面对重大危机和考验的准备，提前预备好过冬的棉衣，例如企业的现金流一定要保持充足、保持一定的冗余性以防不测，等等。**第二，见微知著**。《道德经》中的"图难于其易，为大于其细。天下难事必作于易，天下大事必作于细"、《资治通鉴》④中的"夫事未有不生于微而成于著，圣人之虑远，故能谨其微而治之；众人之识近，故必待其著而后救之。治其微则用力寡而功多，救其著则竭力而不能及也"等都说明了我们要扶植发展好的苗头、及时停止不好的苗头。**第三，力挽狂澜**。"挽狂澜于既倒，扶大厦之将倾"，这是最后一道防线，我们要在紧急情况下保持理性思考的能力，具有丰富的认知资源和实力资源，并且能够很好地整合这些资源，迅速地对可选方案进行分析排序，从而果断地从相持不下的方案中做出选择，迅速地将"51∶49"变成"100∶0"。

　　创新的方法还可以通过排列组合得到。虽然不同的人都研究《孙子兵法》，但是这并不说明作战就是透明的了，因为《孙子兵法》中的方法通过排列组合会出现更多方法，越打越出其不意，所以排列组合是获得创新的方法的重要途径。《孙子兵法》就提到："声不过五，五声之变，不可胜听也。色不过五，五色之变，不可胜观也。味不过五，五味之变，不可胜尝也。战势不过奇正，奇正之变，不可胜穷也。奇正相生，如循环之无端，孰能穷之？"其意思是：音阶不过五个，五声的变化，却是听不尽的。颜色不过五样，五色的变化，却是看不完的。味道不过五种，五味的变化，却是尝不尽的。战术不过奇正两种，奇正的变化，却是无穷无尽的。奇正相互转化，如同圆圈旋绕不绝，无始无终，谁能够穷尽它呢！

　　创新需要具备情感和认知两方面的因素。其中，情感因素包括热情、勇气和耐心等。具体地，第一是要有热情。我国"导弹之父"钱学森在导弹、原子

---

① 张景，张松辉，译注．道德经：中华经典名著全本全注全译丛书 [M]．北京：中华书局，2021．
② 陈晓芬，徐儒宗，译注．论语·大学·中庸：中华经典名著全本全注全译丛书 [M]．2 版．北京：中华书局，2015．
③ 陈曦，译注．孙子兵法：中华经典名著全本全注全译丛书 [M]．北京：中华书局，2011．
④ 司马光．资治通鉴 [M]．北京：中华书局，2011．

弹、航天技术等领域表现出惊人的实力，当钱学森决定回到祖国大地、为建设新中国贡献全部力量的时候，美国在其归国之路上设置了重重障碍。最终，冲破了重重阻拦回到祖国的钱学森，凭着建设新中国的一腔热血，深深扎进军事科学的研究中。他倾其所学，不断推出科研新成果，为祖国的国防事业建设做出了突出的贡献。艾隆·马斯克对改变世界充满了热情，在太空探索、清洁能源等影响人类未来发展的领域都做出了突破性的创新。第二是要有勇气。20世纪80年代初，邓小平同志以巨大的勇气，创新性地提出了"一个国家，两种制度"的伟大构想，为我国、地区和世界的和平发展做出了巨大的贡献，展现了海纳百川、有容乃大的中国智慧。第三是要有耐心。爱迪生经历了无数次失败才点燃了第一盏真正有实用价值的电灯，为了延长灯丝的寿命，他又进行了6000多次失败的实验，才找到了可持续6000多个小时的新发光体——钨丝，从而使电灯达到了耐用的目的。经历了多次失败，连爱迪生身边的同事都开始抱怨，爱迪生则说："我愉快地告诉你，我们是失败了，但却从中学到了东西，因为我们现在明白了那项设计不能用这种方法完成，应该另辟蹊径。"爱迪生坚信："在发明途中的失败是接近成功的证明。失败了，把它作为基础再前进就好了。"可见，爱迪生不认为实验的失败是真正意义上的失败，而是帮助自己排除不可行的方案，让自己更接近成功。

创新需要具备的认知因素包括认知的底色/底蕴、开放的思维和迭代的方法。在认知的底色/底蕴上，我们需要学习中西方的文化和智慧。在开放的思维上，《易经》[①]中蒙卦第五爻的爻辞是"童蒙，吉"，其意思是人像儿童一样有开放的学习心态是吉祥的。开放的学习心态可以体现在对待和已有知识体系不一致的知识的态度上，人们可以持有排斥的态度，也可以持有吸收新知识以拓展已有知识体系的态度，后者就是一种开放的学习心态。在迭代的方法上，我们需要掌握迭代的方法，通过试验、阐释、修正，不断进化，让那最初的想法能够真正变成成功的创新。

6.2.3.3 学创的方法

以组织为例，总体上，组织在应对环境变化的过程中，可以使用学习和创新这两种不同的行动和方法。而且这两种方法是可以以对方为背景来相互定义的：所谓学习，是指组织从已经发生的事件（内部和外部曾经出现过的事件）

---

① 佚名. 易经（中华国学经典精粹）[M]. 周鹏鹏, 译. 北京：北京联合出版公司，2015.

中寻找相应的经验、知识或规律来应对变化；所谓创新，是指组织为了解决前所未有的问题（内部和外部从未出现过的问题）而开创性地提出解决措施来应对变化。只有理解了学习，才能更好地理解创新；只有理解了创新，才能更好地理解学习。换言之，理解学习和创新中的任何一个概念，都需要对应地先理解另外一个概念。

学创能力是指组织根据环境的变化，建立一种能同时开展学习和创新活动、使学习和创新活动均保持合适的程度、将学习和创新活动融为一体，从而使组织实现自身目标的能力，即学习和创新能力，简称为学创能力。

组织建立学创能力的方法包括分合式方法和融合式方法。

分合式方法是指组织从时间和空间上分别进行学习和创新两种活动，然而，从整体的时间和空间上，学习和创新是兼备的。

第一，从时间的视角来实现分合式方法。譬如，企业在某些阶段，可能主要面临和曾经发生过的事情类似的事情，这时企业可以从内部和外部的过往经历中吸取经验和教训，从而不断改进，这时就需要开展学习活动；企业在另一些阶段，可能主要面临前所未有的挑战和机会，没有内部和外部的过往经验和教训可以借鉴，这时就需要开展创新活动。由此，企业在某些阶段可能会侧重学习，在另一些阶段可能会侧重创新，但是从更长的时间来看，学习和创新是交替出现的，学习和创新是兼备的。这是实现学创型组织的一种方法。譬如，华为在创立早期向以 IBM 为代表的西方咨询公司学习。随着企业不断发展壮大，华为开始不断进行创新，如在组织文化建设上树立"以奋斗者为本"的核心价值观。

第二，从空间的视角来实现分合式方法。譬如，企业内部的某些部门可能面临曾经发生过的变化，这时可以通过学习来找到应对方法；另一些部门可能面临全新的机会和挑战，这时可以通过创新来获得应对方法。具体如下。

其一，基于职能划分的部门视角，即企业的某些后台部门（如行政、运营、财务等职能部门）以学习相关政策、过往经验和教训为主，而处于一线的部门（如研发、销售、生产等业务部门）则要不断根据市场、客户以及基层的实际问题，提出创新的应对方法和措施。例如，受到军队作战模式的启发，华为公司在进行流程和组织变革时，明确变革要以作战需求为中心，后台部门要及时、准确地满足前线的作战需求 ①。

其二，基于产品划分的部门视角，即企业在拥有多年的拳头产品和业务的

---

① 任正非. 任正非：让听得见炮声的人来决策 [J]. 中国企业家，2009，（7）：40-42.

基础上，探讨全新的产品和业务系列。对于传统的产品和业务，企业应采用从经验中学习的方式，不断优化和改进；对于全新的产品和业务，企业应采用创新的方式，积极地进行拓展。例如，杜邦公司曾一度是美国最大的火药生产商，这是它从经验中学习、谋求传统业务发展的历史路径。后来，为了适应市场环境的变化，杜邦决定将注意力转向其他非炸药类产品的研发和生产中。为了满足全新的产品和业务的发展需要，杜邦陆续建立了工业实验室等重要研究中心，实现了很多创新。截至目前，杜邦的产品类型涵盖化学纤维、农业产品、医药、生物科技等诸多领域。杜邦悠久的发展历史是其采用分合式方法、基于产品划分的部门视角来建立学创型组织的写照[1]。

其三，基于地区划分的部门视角，即对于跨地区经营的企业，或者拓展经营区域的企业，在有些地区采用学习的方式，在有些地区采用创新的方式。譬如，中国银行的经营区域主要是中国大陆各省市、港澳台地区以及一些主要的国家和地区（如北美、欧洲及亚太地区）。在这些经营区域内，中国银行主要强调各地区银行之间的相互学习和改进。近年来，随着国家政策的变化，中国银行需要在一些新的国家和地区开展业务。此时，中国银行面对的是全新的人文、政治、经济环境，需要了解当地各方面情况，从而进行经营、业务和服务模式等方面的创新来帮助其实现企业和国家战略。

其四，基于客户划分的部门视角，即企业针对已有客户，采用以学习为主的方式，从以往和客户接触的经验中学习，这样能够更好地了解已有客户的特性、偏好和需求，不断地改进来维系已有客户。而在面对全新的客户时，企业要采用创新的方式，建立新的模式来满足新客户的新需求。譬如，中国银行在国家政策的推动下，其新增的业务对象和以前的业务对象区别较大。面临这种情况，针对已有的客户群体，中国银行不断改进现有的客户服务体系，从以往的经验中学习，也向同行学习；针对即将面对的新兴客户群体，中国银行建立了全新的运营管理、客户服务等体系，采用创新的方式，吸引并维持新兴客户。

总体上，在企业中，从微观上看，有些部门是以学习为主，有些部门是以创新为主，学习和创新似乎是分开的；但从宏观上看，即站在整个企业的高度上看，学习和创新是兼备的，这是学创型组织实现的一种方式。

融合式方法是指在几乎相同的时间和空间范围内，组织同时开展学习和创

---

[1]　相关内容引自杜邦公司官网 (http://www.dupont.com.cn)。

新活动，二者融为一体，实现方式至少包括以下两种。

第一，从不同层次来实现融合式方法。宜家公司在 20 世纪 90 年代进入新的国际化阶段之后，将日常经营的方方面面层次化，在诸如核心价值观等宏观层次上学习并沿袭企业原有的思想观念和实践经验，而在诸如日常运营等微观层次上灵活创新，根据当地的人文地理环境，视情况变化进行调整。例如，在产品范围方面，根据企业的核心价值观，宜家要求所有店铺必须有其核心产品系列，但为了更好地落地于当地市场，也会根据当地市场对产品的需求，设计和销售符合当地人喜好的新产品。在运营程序方面，宜家根据企业的核心价值观，要求所有店铺均沿用标准化的模式，遵守一致的程序标准规范，而在具体的程序细节方面注重创新以适应当地人的生活习惯。总体而言，宜家在核心价值观和日常运营等经营的不同层次上同时进行着学习和创新：宏观层次上学习企业原有的常规；微观层次上则创新性地和当地环境相适应、相结合①。《基业长青》②一书提到的"保持核心，刺激进步"也强调了在保持核心的同时要促进进步和变化，这是那些能保持长久发展的组织的核心经营思路。

第二，从不同维度来实现融合式方法。华为自 1987 年创立以来，以生产和销售通信设备为主要业务。近年来，除了在已有专业领域继续前进之外，华为正逐步进入智能手机、智能家居、智慧城市等全新领域。华为在进入全新的领域时，双管齐下、学习和创新同时抓。华为既不断挖掘内部资源和智慧、从以往的经验和成果中学习，又注重创新经营理念和引进全新领域的人才。例如从管理方法和企业文化这一维度来看，华为的核心管理思想和核心文化价值观依靠学习原有的内部资源和智慧来获得；从智能手机这一全新的领域来看，华为不断探索新的技术，进行创新活动。整体来看，华为在不同维度上同时进行着学习和创新活动。

总体上，时间动态思维启示我们：第一，我们要做到动态兼顾，即既要能够重视学习，又要能够重视创新，并采取实际行动；第二，我们要做到动态切换，即应该根据组织的内部情况和所处的外部环境，在必要时对学习和创新的重要性进行区分和排序，有些情况下应该强调学习并付诸行动，有些情况下应

① Jonsson A，Foss N J. International Expansion through Flexible Replication：Learning from the Internationalization Experience of IKEA [J].Journal of International Business Studies. 2011, 42(9): 1079-1102.

② [美]吉姆·柯林斯，[美]杰里·波勒斯.基业长青：企业永续经营的准则 [M].真如，译.北京：中信出版社，2019.

该强调创新并付诸行动。动态切换需要我们不断改变思维和行动的惯性，在必要时进行学习和创新之间的切换；第三，我们要做到动态转换，即应该充分发挥学习和创新的作用，并使它们之间相互转化，产生"溢出效应"。我们既要让学习促进创新，又要让创新促进学习，要采取有效的措施来建立学习和创新之间前后相随、良性互动的流程和体系，从而提高组织成效。一方面，学习可以促进创新，比如大量地学习了本公司和其他公司的管理方法，能够对本公司的管理创新产生作用，因为在学习中可以知道现有管理方法的边界，从而有助于找到边界外创新的方向。另外，当学习到现有的基本元素后，可以通过将这些基本元素进行排列组合作为创新的基础。另一方面，创新可以促进学习，比如奥运会开幕式的导演在准备新一届奥运会开幕式时，需要有所创新。为了创新，他就需要学习以前的奥运会开幕式，因此创新的动机可以促进学习的发生。

第 7 章

时空叠加论

7.1　时空叠加的普遍性

第 4 章阐述了空间层次论，第 5 章阐述了空间维度论，第 6 章阐述了时间动态论。本章在前面三章的基础上，提出了"层维动"的时空叠加论，围绕"三兼顾""三切换"和"三转换"提出相应的行动原则和方法①。

在自然界中，譬如，一栋楼房里，有低层、中层和高层的位置；同一楼层中，有海景房、园景房、城景房等不同类型的房间；某一间房中，人们可以看到窗外一年四季、岁月更替的景色。又如，爬黄山时，有山脚、半山腰、山顶等不同观景点；在山脚的不同位置，可以近距离地观赏不同的风景，如清澈的溪流、平坦的草地等；在半山腰的不同位置，可以看到不同方向的山岭、山峰呈现不同的样子；在山顶上，可以看到 360 度的全景景色，如山间云海、群山缭绕。

在人类社会中，譬如，一个组织中，有高层、中层和基层等不同层级；同一层级有不同的部门，如人事部门、财务部门、研发部门、销售部门等。组织也存在不同的发展时期，如初创时期、成长时期、成熟时期、衰退时期和再生时期等。又如，清朝的官僚等级中，官位品级从低到高包括从九品、正九品、从八品、正八品、从七品、正七品、从六品、正六品、从五品、

---

① 陈国权. 领导和管理的时空理论——层维动综合分析模型 [J]. 技术经济，2018，37（11）：37-48，85.

正五品、从四品、正四品、从三品、正三品、从二品、正二品、从一品、正一品。清朝还设立了六部，即吏部、户部、礼部、兵部、刑部、工部，分管国家不同方面的事务。清朝的历史也存在不同时期，如建立时期、康雍乾时期（鼎盛时期）、鸦片战争时期、太平天国起义时期、戊戌变法时期和辛亥革命时期等。

7.2　时空叠加的途径

7.2.1　三兼顾

为了全面系统地认识和分析组织，我们要努力兼顾时空系统的各个方面。

根据**层次兼顾思维**，我们既要注重组织在微观层次存在的问题，关注关键的细小问题或个体的影响，又要拥有足够宏观的眼界和思维高度，超越组织本身来认识和分析组织，即建立层次兼顾的思维方式和行动方法来认识和分析组织。

根据**维度兼顾思维**，我们要学会认识不同的维度，既要重视软实力，善于管理目标和方法、利益和权力、信仰和价值观等，又要关注硬实力的获取和积累，搭建能够支持组织健康发展的人、财、物等基础实力，即建立维度兼顾的思维方式和行动方法来认识和分析组织。换言之，就是既要抓无形的东西，又要抓有形的东西。就像邓小平同志提出的，既要抓物质文明，又要抓精神文明。现在我国的物质文明和精神文明还有很大的发展空间。譬如，在物质文明方面，我国科技在有些领域还要进一步发展；在精神文明方面，我国在拼搏精神、吃苦耐劳、韧性等方面还要进一步提升。正所谓"人外有人，山外有山"，每个人都需要培养韧性，否则就很容易受到挫折。邓小平同志曾经历"三落三起"，即使境况再差，他也有心情荡秋千。对于企业来说，领导者和管理者对软实力和硬实力两手都要抓。企业创建的初期，硬实力不是很强，但领导者和管理者可以靠软实力，例如优秀的商业理念，吸引到资金。随着企业慢慢发展壮大，硬实力不断提高，此时领导者和管理者需要提高软实力，沉淀组织文化、规划制度等。国家也一样，既要科技强军，又要抓精神强军。美国著名外交家、国际问题专家基辛格认为，成功的战略威慑包含三个要素：其一，要有实力；其二，要有使用实力的决心；其三，要让对手知道上述两条信息。有实力就是有硬实力，有使用实力的决心就是有软实力，让对手知道上述两条信息就是让对手知道自己强大的软实力和硬实力。

根据**动态兼顾思维**，我们既要重视学习，认清如何将过去的经验用于解决未来的类似问题，又要重视创新，依靠试验和想象来持续不断地解决全新的问题，即建立学习和创新兼顾的思维方式和行动方法来认识和分析组织。

因此，笔者提出下面"三兼顾"的行动原则和方法。

"三兼顾"的行动原则：我们要以时空思维为总体框架，努力兼顾微观和宏观、兼顾软实力和硬实力、兼顾学习和创新，即做到层次上、维度上和动态上的"三兼顾"。

"三兼顾"的行动方法：我们在认识、分析、处理和解决各类问题时，要在观念上注重组织微观和宏观之间、软实力和硬实力之间、学习和创新之间的兼顾，通过制定相应的组织制度和流程，将"三兼顾"的思维付诸实践。

7.2.2　三切换

根据**层次切换思维**，我们要在不同的时间和空间上有明确的定位，根据实际需要给予个体、群体和组织等不同层次上的问题以不同程度的关注，建立在多层次之间切换的思维和方法，即学会在不同层次之间来回切换，在有些情况下从宏观层次考虑问题并付诸行动，在有些情况下从微观层次考虑问题并付诸行动。在层次切换的问题上，一方面，应该基于自身所处的层次开展活动；另一方面，无论自身处在哪个层次，都应该学会在不同层次之间来回切换。

根据**维度切换思维**，我们要认清现阶段关注的重点，明确组织的不同维度对其发展所能发挥的不同推动作用，根据组织的实际情况和需求，在有些情况下侧重软实力的发展，在有些情况下侧重硬实力的积累，建立在多维度之间切换的思维和方法，而这需要领导者和管理者不断改变思维和行动的惯性，在必要情况下进行软实力建设和硬实力建设的切换。

根据**动态切换思维**，我们要建立学习和创新"两条轨道"，即明确什么时候更多地在学习的轨道上，什么时候更多地在创新的轨道上，建立在学习和创新之间切换的思维和方法。

因此，笔者提出下面"三切换"的行动原则和方法。

"三切换"的行动原则：我们要以时空思维为总体框架，根据组织发展的实际情况，做好在微观和宏观之间的切换、软实力和硬实力之间的切换、学习和创新之间的切换，即做到层次上、维度上和动态上的"三切换"。

"三切换"的行动方法：我们不断优化思路、改变行动惯性，在特定的时间和空间下，尤其在资源有限的条件下，在微观和宏观之间、软实力和硬实力之间、学习和创新之间进行切换，即在有些情况下集中精力解决微观问题，在有些情况下强调解决宏观问题；在有些情况下集中精力解决软实力问题，在有些情况下强调解决硬实力问题；在有些情况下集中精力学习，在有些情况下强调创新。并通过制定相应的组织制度和流程，将这种"三切换"的思维付诸实践。

7.2.3　三转换

根据**层次转换**思维，组织中存在自上而下的"瀑布效应"（fall effect，也可以称为"动脉循环效应"，即 arterial circulation effect），组织宏观层次的因素能够以直接和间接的方式对较低层次的主体产生影响，有助于宏观层次和微观层次上下达成一致。同时，组织中还存在自下而上的"涌泉效应"（spring effect，也可以称为"静脉循环效应"，venous circulation effect）。其中，关键个体或存在于低层次的知识和经验会不断地向上涌现，最终影响组织宏观层次的整体。大自然中既有瀑布又有涌泉，是非常美丽的。人体内既有动脉循环也有静脉循环，是非常健康的。动脉循环就是含有氧气和养分的血液从心脏流向全身，静脉循环是各个器官使用过的血液回到肺部，排出二氧化碳、吸收氧气，并经过肝脏和肾脏排出废料，最终回到心脏。动脉循环不畅通，就会出现器官供血不足等问题，静脉循环不畅通，就会出现静脉曲张等问题。因此，我们要学会在不同层次之间进行转换，做到"上下相推"，即建立宏观层次和微观层次之间上下相推的流程和体系，让多层次之间有信息和知识的充分交流。

根据**维度转换**思维，组织内的软实力包括目标和方法、利益和权力、信仰和价值观等方面，硬实力包括人力、财力和物力等资源。优质的硬实力能为软实力的发展提供良好的土壤和平台，良好的软实力则能帮助组织源源不断地获取硬实力。因此，我们要学会在不同维度之间进行转换，即做到"左右相生"。这是因为，软实力和硬实力是相互促进的，应有意识地运用已有的软实力或硬实力，使它们相互转换，产生"溢出效应"，即让已有的软实力既发挥作用，又促进硬实力的提升，或让已有的硬实力既发挥作用，又促进软实力的提升，并采取措施使软实力和硬实力相互转换，形成良性促进和循环。中国共产党在一开始只有十几个人，硬实力较弱，只有思想信仰。随后，思想信仰的软实力慢慢地变成硬实力，西安事变就是一个伟大的思想变成硬实力的例子。在西安事变的时候，以毛泽东同志为核心的党的第一代中央领导集体在这重大的历史关头，为了形成全国团结抗战的局面、凝聚所有的抗日力量，主张释放蒋介石，促进了国共合作和全国抗日统一战线的形成。淮海战役时，毛泽东同志下令保护蒋家故宅的一草一木，展现了博大的胸怀。毛泽东同志曾写了一首《临江仙》，其中"明月依然在，何时彩云归"表达了希望和平解决台湾问题的意愿，为反对分裂和维护统一做出了努力。以上阐述的是维度转换的成功例子。

根据**动态转换思维**，学习（在时间轴上向过去看）和创新（在时间轴上向未来看）相互作用，学习过往经验有助于为创新打下基础，创新目标有助于推动学习的开展。因此，我们要学会在学习和创新之间进行转换，即做到"前后相随"。一方面，学习可以促进创新。比如大量地学习了公司的管理方法之后，员工能够对公司的管理创新产生作用，因为在学习中可以知道现有管理方法的边界，从而有助于找到边界外创新的方向。另外，当学习了现有的基本元素后，通过拆解这些基本元素再进行排列组合，就有了创新的基础。另一方面，创新也可以促进学习。比如奥运会开幕式的导演在准备奥运会的开幕式时，需要有所创新。为了创新，他需要把以前的奥运会开幕式都学习一遍，这就是创新的动机可以促进学习的发生。

当一个组织中同时出现"上下相推""左右相生"和"前后相随"时，就形成了"三相景象"的理想情况。在三相景象中，"上下相推"是宏观和微观相互推动。《周易》①泰卦中的"天地交而万物通也；上下交而其志同也"，其意思是，天地的阴阳交合，才有万物的生养畅通；君臣上下的交流沟通，方能志同道合。"左右相生"是软实力和硬实力相互促进。《周易》乾卦中"云行雨施，天下平也"，其意思是，雨云流动甘霖散布大地，天下太平。其中，云行的方向是横向的，横向体现了左右相生。"前后相随"是过去和现在、未来相互影响。"以史为鉴，可知兴替"彰显出了解历史对当今现实的作用，"长江后浪推前浪，代代相传会更强"既体现了后一代人要在前一代人的基础上创新，也体现了要学习传承吸收前人优秀的智慧。清代郑燮的《新竹》中写道："新

---

① 郭彧，译注 . 周易：中华经典藏书 [M]. 北京：中华书局，2006.

竹高于旧竹枝，全凭老干为扶持。明年再有新生者，十丈龙孙绕凤池。"其意思是：新生的竹子能够超过旧有的竹子，是凭仗老竹的催生和滋养。下年又有新长出来的，会长得更高。将这三句话综合起来看，使得我们看到过去、现在和未来之间以及学习和创新之间"前后相随"的作用。一个人、一个组织如果能建立三相景象，那就是一个有生命力的、能够不断纠错、迭代和进化的系统，这就是繁荣的开始。可见，在中华文化经典中可以看到一些非常好的关于"三相景象"的经典论述，为"上下相推""左右相生"和"前后相随"提供了来自经典文化的佐证。

因此，笔者提出下面"三转换"的行动原则和方法。

"三转换"的行动原则：我们要以时空思维为总体框架，善于在微观和宏观之间进行转换、在软实力和硬实力之间进行转换、在学习和创新之间进行转换，即做到在层次上、维度上、动态上的"三转换"，也就是在组织内部形成"上下相推""左右相生"和"前后相随"共现的"三相景象"。

"三转换"的行动方法：我们要善于促进组织的微观因素和宏观因素之间的相互转换（"上下相推"）、软实力和硬实力之间的相互转换（"左右相生"）、学习和创新之间的相互转换（"前后相随"），产生"溢出效应"（spillover effect），并通过制定相应的制度和流程，将这种"三转换"的思维付诸实践，在组织内形成"三相景象"。

7.2.3.1 瀑布效应和涌泉效应

层次之间会相互作用，宏观会影响微观，微观也会影响宏观。前者叫做瀑布效应，如图 7-1（1）所示，后者叫做涌泉效应，如图 7-1（2）所示。组织既要建立一个强大的机制，能够让公司正确的战略、合理的文化影响每一个个体，也要有一个畅通的渠道，能够把基层员工好的想法、实践、表现上升到组织，甚至内化为组织的制度、文化，再用来影响每一个员工。只有瀑布效应和涌泉效应同时存在，组织才有生命力。

瀑布效应是自上而下的，例如组织层次的文化制度影响每一个个体。组织的领导者和管理者既要能够接受组织积淀下来的优秀文化，又要保留创造性，为组织建设更好的制度添砖加瓦。要充分发挥组织的人口红利，给员工机会让他们发挥自己的热情和干劲，这样领导者和管理者也可以节省时间做更高层次的战略思考。譬如，华为引进了 IBM 的 IPD（integrated product development，集成产品开发）之后，很多员工都觉得不习惯，任正非就提出"削足适履"的口号，遵循"先僵化、后优化、再固化"的步骤，从而改变旧的习惯、适应新的体系，这就是瀑布效应。又如，任正非让以奋斗者为本的思想在全公司贯彻，这同样也是瀑布效应。

涌泉效应是自下而上的，例如每一个个体的创造性能够上升到组织层次来贡献组织。当然，从基层上来的想法、经验、创造并不能马上得到组织的采用，必须有审核机制，并通过优化加工成为最佳实践，再影响所有员工。譬如，华为提出"让听得到炮声的人呼唤炮火"，这体现了涌泉效应。又如，飞行员刘传健在重庆到拉萨的航班中遭遇挡风玻璃破裂，在危急关头，他稳住飞机并成功降落，拯救了飞机上一百多人。他的事迹被中央电视台采访，还被拍成电影《中国机长》。民航据此还开发了相关的培训课程。这是将微观的个体行为转变为组织和社会的行为，这就是涌泉效应。涌泉效应想说明的是，在规章制度下，组织依然要为个体的创造性留下空间，让其创造性能够涌现，来丰富和改良组织的宏观制度。辽沈战役毛泽东同志决定攻打锦州，影响了林彪要攻打沈阳和长春的想法，这就是瀑布效应。而海南岛的解放使地方军区韩先楚将军发现了非常好的机会，他认为要在谷雨节气前、在台风来临前抓紧发起总攻，这样很可能攻下海南岛，于是便向中央建言，这就是涌泉效应。

图 7-1（3）反映了瀑布效应和涌泉效应的互动关系，即"上下相推"。譬如，在古代有一个职位叫做采诗官，负责到民间采集老百姓哼唱的诗歌。我国历史上的第一部诗歌总集《诗经》就是周代采诗而来。《诗经》是劳动人民的智慧，是老百姓干活的时候唱出来的。采诗官的作用就是了解民间的个体智慧，通过涌泉效应上升到国家层次，再通过瀑布效应让大家学习。因此，一个好的组织、好的国家，应该让瀑布效应和涌泉效应都发挥作用，这样才有生命力。很多组织的问题在于宏观的战略文化不能落地，基层的想法、经验甚至问题不能迅速有效地向上流动，这都属于宏观和微观层次互动不够导致的结果，都是组织需要避免的问题。

大自然有瀑布和涌泉会更加美丽。在组织中，瀑布和涌泉的建立是组织取得成功的基础，使组织能够不断迭代。一个组织如果只有瀑布效应，没有涌泉效应，这个组织是很难自我纠正的，很可能走偏，而且容易出现危险的层级固化现象；一个组织如果只有涌泉效应，没有瀑布效应，领导者和管理者的想法就不能传递到基层，这个组织是没有执行力、战斗力和凝聚力的。所以，把握瀑布效应和涌泉效应之间的度，是组织能够长治久安的重要因素。

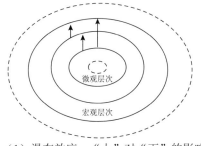
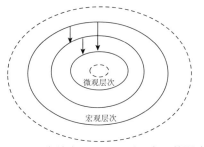

（1）瀑布效应："上"对"下"的影响　　　（2）涌泉效应："下"对"上"的影响

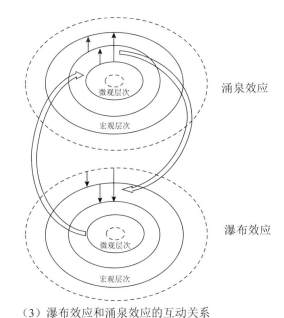

涌泉效应

瀑布效应

（3）瀑布效应和涌泉效应的互动关系

图 7-1　"上下相推"示意图

7.2.3.2　寒流效应和暖流效应

维度之间会相互作用，软实力会影响硬实力，硬实力也会影响软实力，前者叫寒流效应，如图 7-2（1）所示，后者叫暖流效应，如图 7-2（2）所示。在自然界中物质存在三种形态，即固态、液态和气态。譬如，水在受热后，随着温度的逐渐升高，会经历从固态变成液态、再从液态变成气态的过程；水在遇冷后，随着温度的逐渐降低，会经历从气态变成液态、再从液态变成固态的过程。暖流是指从水温高地区向水温低地区流动的洋流，暖流的水温高于周边海水，它蕴含着巨大的热能，能够使液态的水蒸发成水汽；寒流是指从水温低地区向水温高地区流动的洋流，寒流的水温低于周边海水，它会带来降温，寒流经过时会将近地面大气中的水汽凝结成固态。

根据前文，软实力是指无形的部分，如软实力维度包括组织的目标和方法系统、利益和权力系统、信仰和价值观系统等构成的组织制度及问题解决途径的总和。硬实力是指有形的部分，如组织的人力系统、财力系统、物力系统等构成的组织资源的总和。寒流能将无形的水，如水汽，变成有形的水，如固态、液态的水，所以在这里笔者用寒流效应来比喻软实力影响硬实力。暖流能把有形的水，如固态、液态的水，变成无形的水，如水汽，所以在这里笔者用暖流效应来比喻硬实力影响软实力。

寒流效应具体体现为企业具有的好的思想变成物质，譬如好的商业计划书可以获得投资。又如，某公司坚守"君子务本"的原则，这一思想理念使得公司获得了国内客户和国外公司的信任，由此获得了很好的利益回报。该公司还采取了"勇于承担"的工作理念和方法，由此学到了国外公司的先进技术，积累了丰富经验，提升了员工素质，也拥有了更多财富。

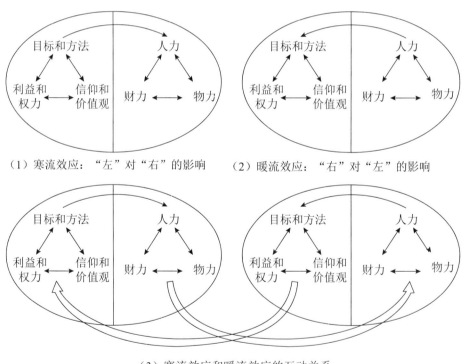

（1）寒流效应："左"对"右"的影响　（2）暖流效应："右"对"左"的影响

（3）寒流效应和暖流效应的互动关系

图 7-2　"左右相生"示意图

以企业发展为例来具体说明暖流效应。初创企业可能很快发展起来，获得一定收益。当企业盈利后想要继续成长壮大时，其组织管理方法体系可能无法支持其市场和业务的快速发展。华为也曾面临这种情况，它采取的方式是运用资金（硬实力）换取软实力。例如：在新产品开发方面，购买国外新产品开发管理系统，大大加速了新产品开发速度；在人力资源管理方面，采纳其他公司提供的咨询建议；在质量管理、生产管理方面，投入经费引进其他国家的先进经验。

图7-2（3）反映了寒流效应和暖流效应的互动关系，即"左右相生"。譬如，华为的高层管理者曾提出"前人已经做错事，走了那么多弯路，认识到今天的真理，我们却不去利用，我们却要去重新实践，自然就浪费了我们宝贵的青春年华"[①]的观点。因此，华为选择凭借硬实力，即用所赚取的利润购买先进的技术和管理体系来增强软实力，再用软实力增强硬实力，促使企业更好发展、获取更多盈利。

7.2.3.3　前浪效应和后浪效应

不同时间之间也会产生相互作用，过去会影响现在和未来，现在和未来也会影响过去，前者叫前浪效应，如图7-3（1）所示，后者叫后浪效应，如图7-3（2）所示。前浪效应和后浪效应的互动关系如图7-3（3）所示。

图中7-3（1）反映了前浪效应，即"前"对"后"的影响。六祖惠能曾说"何期自性，本自具足"，认为人的自性本身就是圆满的。将这一概念类比到历史，其实历史本身也是本自具足的。它就好比是一片"缓释片"，随着人们经历的时间和空间的不断发展，历史在慢慢地、非线性地释放出影响作用。人们也是不断地从过去的历史中"下载"知识和智慧，用于解决当下的问题。譬如，曾国藩作为儒家思想的继承者，在太平天国运动中，他带领清兵起兵讨伐信奉拜上帝教的太平天国，当时的太平天国甚至出现了破坏儒家经典、传统文化等极端行为。因此，曾国藩平定太平天国运动，对保护中华传统文化具有深远的影响。当前，随着国家对弘扬中华优秀传统文化的日益重视，这一历史事件的影响作用日益显现。又如，在历史中有很多关于识人用人的知识，如曾国藩在识人用人方面创作了《冰鉴》，建立了一整套识人用人的体系。当前，随着国家实施新时代人才强国战略，加快建设世界重要人才中心和创新高地，历史中关于识人用人的知识的作用逐渐显现。还譬如，阿里巴巴集团控股有限公司的领导者和管理者从一开始就要创造一个基于互联网的商业平台；腾讯计算机系统有限

---

① 任正非．创业创新必须以提升企业核心竞争力为中心[R]．任正非文集，第84期．

公司的领导者和管理者开创了基于互联网的社交平台。当这些公司发展到一定阶段时，它们已具备一定的规模（如人员和财富等），公司的领导者和管理者就开始总结过去的经验，从自身以往的经验中学习，它们自身已有的经验的作用也在逐渐显现。古语有言："读史以明志，知古而鉴今。"因此，历史对指导当今现实发挥了缓释作用。

图中 7-3（2）反映了后浪效应，即"后"对"前"的影响。人们常说"历史是个任人打扮的小姑娘"。人类无法改变历史本身，但能够随着时空的发展，改变对历史的认识。这是因为，随着人们年龄的增长、阅历的增加，人们对于过去历史的观点也在不断地迭代。譬如，人们在某个时间点前可能对历史中的某些道理和观点持怀疑态度，但因为在某个时间点经历了一些事情，人们对于历史中的某些道理和观点可能就会有新的体会和理解。因此，当今现实对历史知识具有"渐增"作用，即随着人们经历的空间层次、空间维度和时间动态的增加，会使得人们对过去历史的认识更加丰富化，人们认识到的历史的空间层次、空间维度和时间动态会渐渐增加。这也就是说，人们也是不断地通过分析当今的现实问题，得出更多的知识和智慧，并将其"上传"到历史的知识库中。另外，未来也会对现在产生影响。譬如，情景规划最早是由在 RAND 公司研发新武器技术的 Kahn 开发。Kahn 等（1967）[1] 将这一技术命名为"未来—现在思考"（future-now thinking），旨在将未来的想象和具体分析相结合。1960 年，Kahn 就职于 Hudson 公司，专职撰写关于未来的故事，以帮助人们想象不可想象的事情。他认为最能抑制核战争爆发的方法就是想象核战争带来的后果，并据此发表了很多文章。斯坦福研究机构（Stanford Research Institute）的未来小组（future group）利用多种方法构建了 2000 年美国的五种情景。1967 年，壳牌公司的 Ted 和 Wack 认为，提前 6 年的想象不足以有效地应对石油行业未来的变化[2]，并开始运用情景规划的方法想象 2000 年的情景。因此，当石油危机发生、石油价格猛跌时，壳牌公司已然做好准备。

图中 7-3（3）反映了前浪效应和后浪效应的互动关系，"缓释"和"渐增"，"下载"和"上传"，反映了"前后相随"的特征。具体而言，当今现实对历史知识的渐增作用能够不断地丰富历史知识，不断得到丰富的历史知识也会慢慢释放其对当今现实的指导作用。

---

① Kahn H,Wiener A J.The Next Thirty-three Years: A Framework for Seculation [J]. Daedalus, 1967, 96(3): 705-732.

② Wack P. Scenarios: shooting the rapids [J].Harvard Business Review,1985a, 63(6):139-150.

  总体上，笔者运用了自然科学领域和社会科学领域中关于水的现象，如瀑布效应、涌泉效应、暖流效应、寒流效应、前浪效应、后浪效应，来形象地比喻时空叠加的途径。这些比喻都离不开水，包括河水、海水、泉水，既有淡水，又有咸水。中国文化中喜欢用"水"来比喻，"上善若水"的含义是广泛而深远的，因为水具有滋养万物生命的品德。正所谓"一石激起千层浪"，理解了水就至少理解了管理的一部分，"水往低处流""海之所以大是因为所处的位置""滴水穿石"，等等，都说明了水包含的管理智慧。

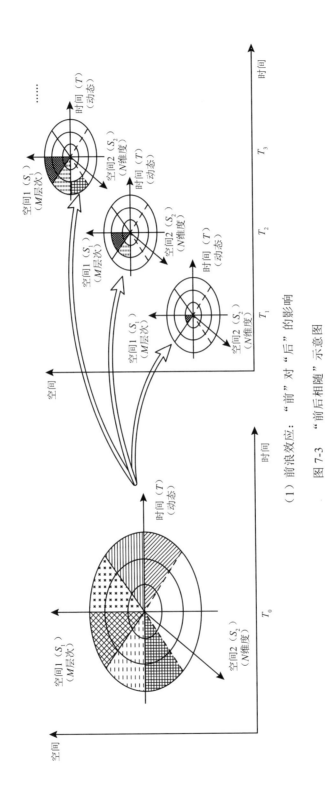

（1）前浪效应："前"对"后"的影响

图 7-3 "前后相随"示意图

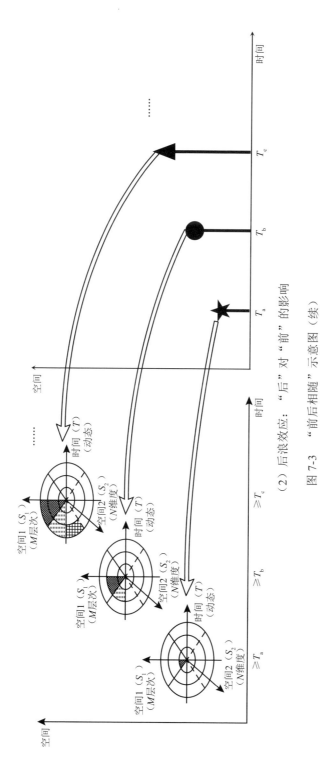

（2）后浪效应："后"对"前"的影响

图 7-3 "前后相随"示意图（续）

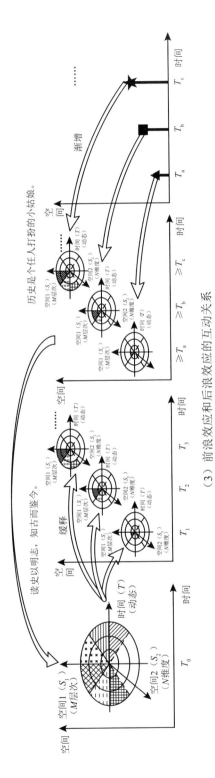

（3）前浪效应和后浪效应的互动关系

图 7-3 "前后相随"示意图（续）

第 8 章

时空互动论

8.1 时空互动的行动原则

时间和空间之间是可以互相转换的。例如，在物理学中，单摆的时间周期和空间长度呈正比关系，即 $T = 2\pi\sqrt{\dfrac{l}{g}}$，其中，$T$ 是单摆的周期，l 是单摆的长度，g 是重力加速度，π 是圆周率。本章将回到领导和管理的时空理论最初的时空视角，从更为概括和抽象的视角，更为宏观地探讨领导者和管理者为了满足组织发展的实际需要，应如何实现更大跨度的"时空兼顾""时空切换"和"时空转换"。

这里需要说明的是，本章所讨论的"时间视角"，不仅包含了前面各章中提到的学习和创新这两种动态变化的能力，而且还包含了这两种动态变化的能力发挥作用的时间窗口期的长度。因为，只有当组织的学习和创新的能力很强，而且这两种能力产生作用的时间足够长，组织才会在时间上取得优势。

当然，本章所讨论的"空间视角"，依然和前面各章中所提出的多层次和多维度相一致，其中，多维度具体表现为组织的软实力和硬实力。

组织及其所在的外部环境是由时间视角和空间视角共同组成的时空系统，为了更好地应对复杂变化环境带来的挑战和机遇，领导者和管理者要做到"时空兼顾"，即不仅要从时间视角，动态地认识和分析组织，使自己有足够长的时间窗口期来发展，并开展学习和创新方面的活动，还要对存在于各个层次、各个维度的问题进行领导和管理。这也意味着，领导者和管理者要努力树立时空观念，对组织及其所在环境的不同层次、不同维度和随时间发展变化的情况同时予以充分的重视。尽管领导者和管理者的注意力等资源是有限的，且组织实际可能无法具备充足的资源支撑这两个视角的兼顾，但培养、树立这种全面系统的分析框架与领导和管理理念对组织的健康发展非常重要。由此，领导者和管理者需要遵循下面的行动原则。

时空兼顾的行动原则：领导者和管理者要以时空思维为总体框架，在条件允许的情况下，努力做到时空兼顾。

实际上，组织在生命周期的各个阶段会呈现出不同的发展特点，对应不同类型的战略目标，甚至也会在同一阶段面临复杂变化的主要矛盾，这就要求领导者和管理者在对组织的时间和空间进行全局掌控的基础上，在实际工作的操作方面，有重点地、科学地在不同工作重心之间动态切换。这也回应了在一定的时空范围内，组织整体的资源禀赋有限，且领导者和管理者的注意力等资源同样有限的现实条件。这意味着领导者和管理者要在认识和行动方面，在空间上（宏观和微观等不同的层次、软实力和硬实力等不同的维度）和时间上（发展的时间窗口期的长度、学习和创新的能力等）有所侧重，这关系到组织的成长路径、发展速度和经营结果，也是对组织全局所进行的理性思考和行动。由此，领导者和管理者需要遵循下面的行动原则。

时空切换的行动原则：领导者和管理者要以时空思维为总体框架，根据组织发展的实际情况，实现时空切换。

由于不同组织发展的初始条件和资源禀赋各有不同，因此随着时间的推移，当内外部环境发生改变，组织需要针对实际发展需求进行战略重心和资源配置的调整。这时，如何将已有优势和原有经营管理工作重心转化为当前发展所需要的内容，进而形成优势，对组织提升效率、解决问题具有重要意义。因此，领导者和管理者要学会在恰当的时机实现时空转换。

在讨论时空转换之前，先提出两个概念，分别是"基于时间视角的优势"和"基于空间视角的优势"。组织"基于时间视角的优势"是指从时间视角来看组织所具有的优势，即动态优势，也就是组织在可以用来发展的时间窗口期的长度以及学习和创新的能力的大小这两个方面具有的优势。其中，时间窗口期的长度取决于内部组织系统和外部环境两个方面。从内部组织系统来看，如果组织专注于核心业务，或行事低调，对于外部环境的"挑战"较小而使其他竞争者的"应战"也较小，则能够为组织赢得较长的时间窗口期；从外部环境来看，如果竞争者没有关注到组织及其所从事的业务，或相关的竞争者数量较少以及竞争程度较低，则组织也会具有较长的时间窗口期。组织"基于空间视角的优势"是指从空间视角来看组织所具有的优势，即层次和维度上的优势，也就是组织在层次管理和维度管理上的优势或者组织在各个层次具有的软实力和硬实力优势。

图 8-1 给出了这类时空转换的一个说明。其中，横轴代表"基于时间视角的优势"，在这个轴上得分较高意味着组织拥有的用来发展的时间窗口期较长，同时具有良好的学习和创新的能力，善于进行传承和变革；纵轴代表"基于空间视角的优势"，在纵轴上得分较高意味着组织在各个层次上都具有良好的软实力和硬实力，可能是具有良好的资源禀赋，如雄厚的人、财、物等资源，也可能意味着组织已经建立了科学、完善的组织结构和业务流程，或领导者和管理者有一定的"先见之明"，为组织制定了具有长久生命力的目标战略，产品拥有广阔的市场前景等。图中箭头列举了几种可能的转换路径，实心圆点表示组织在时间视角和空间视角所对应的优势水平。

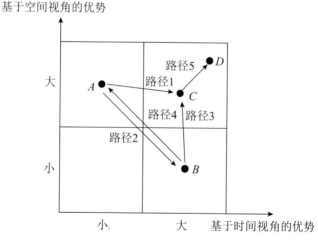

图 8-1　时空转换示意图

说明：横轴代表"基于时间视角的优势"，纵轴代表"基于空间视角的优势"，得分高表示"基于时间视角的优势"大或者"基于空间视角的优势"大。箭头代表可能的转换路径。实心圆点表示组织在"基于时间视角的优势"和"基于空间视角的优势"上所对应的水平。

第一，"基于时间视角的优势"小、"基于空间视角的优势"大：用"空间优势"换"时间优势"。在起始阶段（A 点），组织可能拥有良好的资源禀赋或拥有合理的组织结构和设计，但时间较为紧迫，学习和创新能力相对较弱，这种先天条件仅能支撑组织在一段时间内的发展，当组织发展到一定的阶段后，组织的内外部环境对组织进行学习和创新提出更高的要求，这时，组织可能会支付更多的费用来提升其内部员工的学习和创新能力，并采取相关的措施来延长其学习和创新能力发挥作用的时间（即时间窗口期），或学习和购买其他组织先进的成熟经验，来弥补自身在这方面的缺失，此时，"空间优势"向"时间优势"发生转换。当这种转换没有耗费过多的组织初始优势资源时，转换遵循路径 1，达到 C 点的状态，即"基于空间视角的优势"稍有降低，但"基于时间视角的优势"大幅提升；当这种转换耗费了过多的组织初始优势资源时，转换遵循路径 2，达到 B 点的状态，即"基于时间视角的优势"虽大幅提升，但"基于空间视角的优势"也大幅减少。

第二，"基于时间视角的优势"大、"基于空间视角的优势"小：用"时间优势"换"空间优势"。在起始阶段（B 点），组织虽然先天软硬实力较弱，起点较低，但拥有的用来发展的时间窗口期很长，并具有很强的学习和创新能力，这种学习和创新的能力能为组织源源不断地带来新的经验和技术，帮助组织迅速发展产品和服务，并进行迭代。组织在不断发展中扩大规模，持续积累资源，提升人、财、物等资源储备，并规范人员管理、优化内部结构设计，实现在空间视角方面的进步。当这种转换没有耗费过多的组织初始优势资源时，转换遵循路径 3，达到 C 点的状态，即"基于时间视角的优势"稍有降低，但"基于空间视角的优势"大幅提升，组织发展日趋完善；当这种转换耗费了过多的组织初始优势资源时，转换遵循路径 4，达到 A 点的状态，即"基于空间视角的优势"虽大幅提升，但"基于时间视角的优势"也大幅减少。

第三，"基于时间视角的优势"大、"基于空间视角的优势"大："时间优势"和"空间优势"互换。在起始阶段（C 点），组织已经同时具备较好的"时间优势"和"空间优势"，为了应对内外部环境的变化，组织持续地在"时间优势"和"空间优势"之间进行转换，根据实际发展需求进行战略重心和资源配置的调整，最终不仅帮助组织积累了"基于空间视角的优势"，也锻炼、提升了学习和创新能力，延长了其学习和创新能力发挥作用的时间（即时间窗口期），即"基于时间视角的优势"，达到了 D 点的状态，组织更趋完善。

综上，领导者和管理者需要遵循下面的行动原则。

时空转换的行动原则：领导者和管理者要以时空思维为总体框架，妥善地进行时空转换。

8.2 时空互动的行动方法

本节将基于前文的理论命题，提出领导者和管理者基于时空互动思维、实现"时空兼顾""时空切换"和"时空转换"的行动方法。

8.2.1 时空兼顾的行动方法

时空兼顾的行动方法： 领导者和管理者在认识、分析、处理和解决各类组织问题时，要树立全面、系统的时空兼顾观念，并通过制定相应的组织制度和流程，尽可能地将这种"时空兼顾"思维付诸实践。

当今，在中国共产党领导下，我们正走在中华民族伟大复兴的道路上。国家在各方面的建设都取得了很好的发展。

在软实力维度中的目标和方法方面，我们拥有中华民族伟大复兴的"中国梦"、建设中国特色社会主义的道路等，这些都对国家的发展有着重要的指导作用。在利益和权力方面，我们强调共同富裕、重视利益的合理分配，激励努力奋斗的人们。在信仰和价值观方面，我们有社会主义核心价值观，重视继承和发扬优秀的传统文化，强调文化自信。在硬实力维度中的人力方面，根据人口普查结果，中国拥有十多亿人口，而且正在努力调整人口政策来积极影响人口数量和人口结构。此外，国家正在努力改进教育政策，通过全面普及义务教育、努力发展高等教育等举措来提高人口素质。在财力方面，中国采取有效的政策促进经济快速和高质量增长。在物力方面，我们已经建立了较为完善的交通基础设施，例如高铁、公路、航空、水运等，在航空航天、生物科技、互联网技术、人工智能等方面也取得了举世瞩目的成就。

尽管中国在软实力和硬实力方面都具备了较强的实力，但我们仍然强调保持危机意识，强调自我反思、自我批评、自我革命，以史为鉴、从历史中学习。大家知道，中国的国歌中有句词是"中华民族到了最危险的时候"。在当今的和平年代我们依然沿用这句歌词，就是提醒我们每一个中国人要始终保持清醒头脑和危机意识。我国始终强调改革开放，从世界文明中学习经验和教训，同时也强调自主创新。从中国成功爆炸第一颗原子弹和第一颗氢弹、成功发射第一颗人造地球卫星，到天宫空间站的发射、蛟龙号载人潜水器的下潜等，这些都是创新能力不断提高而取得的成果。学习和创新能力的发展是我们一直都在坚持的。

除此之外，中国一向奉行独立自主的和平外交政策，积极同世界各国建立友好合作的关系，这为中国乃至世界各国的发展创造了稳定的外部环境，从而为中国的和平发展赢得了时间。

综上所述，中国共产党在领导全国人民走向民族复兴的伟大进程中，一直都兼顾时间（如发展的时间窗口期的长度、学习和创新能力）和空间（如国家的软实力和硬实力）的考虑。我们坚信，中华民族实现伟大复兴必将指日可待，并且还会为全人类的和平发展、为人类命运共同体的建设做出更大的贡献。

8.2.2　时空切换的行动方法

时空切换的行动方法：领导者和管理者要更加深入地优化思路、改变行动惯性，在特定的情况下，基于有限的资源条件，对时间视角下的问题和空间视角下的问题的重要性和紧迫性加以区分和排序，对工作重心加以切换。即在有些情况下强调解决时间视角下的问题，在有些情况下重点解决空间视角下的问题，并通过制定相应的组织制度和流程，尽可能地将这种"时空切换"思维付诸实践。

例如，领导者和管理者在带领企业发展的过程中，需要很好地把握发展和竞争的节奏，适时地进行时空切换。时空切换方面有两个重要的法则：企业"发展的三部曲"和企业"竞争的三部曲"。

第一，领导者和管理者需要掌握企业"发展的三部曲"。

从自身发展来看，企业在不同的阶段会在时间和空间上各有侧重。譬如，企业在自身发展的初期，要努力获得长时间发展的机会和快速的学习能力，因此需要"悄悄地"开展经营活动，以免引起竞争对手的注意。接着，发展到一定程度时，就要注意站稳脚跟，步步为营，巩固地位，"稳稳地"在软实力和硬实力方面全面提高竞争优势。然后，在后面进一步的发展过程中，需要"妥妥地"采取各种有效的措施，譬如需要克服大企业病，防止企业规模大和年龄大带来的企业僵化、固化等通病，积极地开展自我批评和自我革命，尽量做到不犯或少犯错误，努力开展学习和创新，以求得可持续发展。由此，笔者总结出企业"发展的三部曲"——"悄悄地""稳稳地""妥妥地"。企业遵循这样的三部曲，就更有可能在发展中建立优势。

第二，领导者和管理者需要掌握企业"竞争的三部曲"。

企业在发展的过程中，难免会同其他组织产生竞争。从企业之间的竞争策略来看，企业在不同的竞争状况下会在时间和空间上有不同的侧重。领导者和管理者在考虑竞争策略时，可以有如下的做法。譬如，一个组织在初期实力弱，因此会"弱弱地"处理竞争问题，采取融入（譬如，跟大家一样，获得合法性）与柔和（譬如，不刺激周围，获得发展许可）的策略，来争取更长的发展和成长的时间。

在竞争的情况下，往往会采用"缓兵之计"来和对方保持和平的关系。但是，当实力发展到一定的阶段，领导者和管理者会"猛猛地"应对竞争，组织会采取措施，大力地发展自己的软实力和硬实力，譬如建立自己独特的目标和方法系统、利益和权力系统、信仰和价值观系统，以及人力系统、财力系统和物力系统，在争夺市场、客户等方面开始更为激进，甚至不惜采用更为针锋相对的策略。如果实力发展到可以碾压对方的程度，领导者和管理者可以"狠狠地"开展竞争，企业可以采取猛烈的方式来和对方竞争，不给对方喘息的机会，譬如在价格战中通过大量的资金投入使对方败下阵来，从而赢得竞争的胜利。从这个过程中可以看出来，企业在一开始是重视时间方面的竞争（譬如，采用缓兵之计，获得长时间的机会、不断学习和创新），然后重视空间方面实力的增强（譬如，组织软实力和硬实力的发展），在后期重视时间方面的竞争（譬如，速战速决、乘胜追击，不给对方发展的时间、瘫痪对方的学习和创新系统）。总之，如果领导者和管理者能够遵循上述企业"竞争的三部曲"——"弱弱地""猛猛地""狠狠地"，就更有可能在竞争中取得胜利。

8.2.3　时空转换的行动方法

时空转换的行动方法：领导者和管理者要善于促进组织内部发生有机互动和循环，根据组织发展的内外部特征，针对处于优势地位和劣势地位的资源禀赋，学会战略性地在恰当的时机，实现时间视角和空间视角的转换。即在有些时空环境下将"基于空间视角的优势"转换成"基于时间视角的优势"，在有些时空环境下将"基于时间视角的优势"转换成"基于空间视角的优势"，在有些时空环境下实现更好的"基于时间视角的优势"和"基于空间视角的优势"。并通过制定相应的组织制度和流程，尽可能地将这种"时空转换"思维付诸实践。

时空转换，包括时间换空间和空间换时间。

第一，时间换空间。以创业团队的发展为例进行说明，创业团队有很好的想法，虽然没有足够的财力，但是其发展潜力可以吸引到外部投资，这就是时间换空间。时间换空间对年轻人来说是非常重要的，因为年轻人最重要的资源就是时间，需要让别人看起来是一个非常有潜力的人，这样就可以获得别人的投资，年轻人就获得了时间换空间的机会。

又如，在为人处世中的"两缓一迟"，即事缓则圆、人缓则安、语迟则贵，意思分别是遇到事情不能操之过急，而是要争取时间慢慢地设法应付，以获得更大的空间资源，使事情能够得到圆满的解决；做人要缓缓从容，保持冷静和耐心，才有助于维护和谐稳定的关系；说话的时候要反复琢磨，不能急于表态，要仔细斟酌，力求准确无误，不能心直口快，信口开河。这些都是在强调为人处世当中的以时间换空间的重要方法。同样地，曾国藩也说过："凡遇事须安详和缓以处之，若一慌忙，便恐有错。"生活就像一场竞赛，越是心浮气躁，越容易自乱阵脚，失去理性判断。只有静下心来，控制住自己的情绪，沉着应对，才能见招拆招，笑到最后。古训中曾写道："知止而后有定，定而后能静，静而后能安，安而后能虑，虑而后能得。"心浮气躁的人难成大事。真正的强者大都平静如水。争取更多的时间，才能冷静下来，才会摆脱坏情绪的控制，保持一颗清醒的头脑。不慌不忙，才能沉着应对困难，有条不紊地解决所有麻烦。此外，人们常说"事以密成，语以泄败"，其意思是，事情由于保守机密而取得成功，说话不慎、泄露机密都会导致事情失败。

第二，空间换时间。譬如，成熟企业的可持续发展，一个企业可以用丰富的财力资源购买有潜力的创业团队的想法、产品，为企业增加活力，从而赢得更长的可持续发展的时间。

毛泽东同志在领导我军进行解放战争期间，很好地运用了时空转换的策略。在1947年3月，蒋介石下令国民党军队对中共中央所在地——延安进行袭击。那个时候，国民党军队和共产党军队在陕北的力量对比悬殊。国民党军队的总兵力有几十万人，而且作战武器更为先进，还拥有强大的空军、近百架飞机，而共产党军队当时在陕北的总兵力约几万人，武器装备也和对方相差很远。此时延安的情况十分危急。在这个关键时刻，毛泽东同志做出了暂时撤离延安以保住有生力量和国民党军队进行斗争的决策。毛泽东同志提出了"存人失地，人地皆存；存地失人，人地皆失"的著名论断。毛泽东同志给我军将士做思想工作时提出，作战不要在乎一城一地的得失，只有保存我军的有生力量，才能取得战争的胜利，要以一个延安来换取全中国，延安最后也会回到人民的手中。然后，党中央和毛泽东同志在中央警备团的保护下先后撤离了延安，给国民党军队留下了一座空城。而我方保存了有生力量，赢得了发展的时间。在随后的几年中，日益壮大的共产党军队击垮了国民党军队，赢得了解放战争的胜利。毛泽东同志领导全国人民建立了新中国，延安也成了中国革命的圣地，成为当今我们坚定信仰、获取智慧和吸取力量的地方。

第 9 章

时空竞争论

9.1　竞争互动视角下的行动原则

9.1.1　空间层次：升层策略和降层策略

在空间视角下的层次方面，领导者和管理者可以采用两种策略来面对竞争，第一种是升层策略，第二种是降层策略。

所谓升层策略，是指领导者和管理者通过提升分析问题的层次来获得竞争的胜利。升层策略的通俗名称是"走上层路线"。

譬如，在抗战时期，中国共产党领导集体成功地处理了西安事变，从而促进了国共合作和全国抗日统一战线的形成，为抗战的胜利创造了有利的条件。具体地，在西安事变中，张学良和杨虎城对蒋介石实行"兵谏"，国内的形势和局面处于动荡之中，不利于对外抗战。以毛泽东同志为核心的党的第一代中央领导集体在重大的历史关头，为了形成全国团结抗战的局面、凝聚所有的抗日力量，主张释放蒋介石，促进了国共合作和全国抗日统一战线的形成。以毛泽东同志为核心的党的第一代中央领导集体在面对当时的重大变局时，没有计较国共两党之间过去的恩怨，而是站在国家和民族的层次上考虑问题，把握时机做出了正确的决策，使我国最终取得了抗战的胜利。这个实例反映了以毛泽东同志为核心的党的第一代中央领导集体在反对帝国主义战争中的升层策略。

在企业之间的商战中，领导者和管理者也可以通过提升自己的思维层次，扩大自己思考的范围，从而在竞争中取得胜利。譬如，企业的领导者和管理者可以通过在行业协会或组织中获得一定的职位，或者同行业协会或组织中的决策者建立良好的信任关系，从而获得上层的支持和资源，甚至对行业或组织层次的政策、制度和规则等进行调整、改变和影响，使得自身组织在和其他组织竞争的过程中处于有利的形势和位置，因此取得竞争的胜利。

所谓降层策略，是指领导者和管理者通过降低分析问题的层次来获得竞争的胜利。降层策略的通俗名称是"走下层路线"。

在国家之间竞争的时候，降层策略可以发挥一定的作用。譬如，某两个国家在开展国家层次的竞争时，其中一个国家可能会将思考的着力点下降，通过组织层次或者个人层次的策略来采取行动，逐步获得突破，然后取得竞争优势。假想 X 国和 Y 国之间正在开展全面的竞争。X 国的高层领导者和管理者经过认真研究发现，Y 国在整个国家层次的竞争力是很强大的。譬如，Y 国的政治、经济、社会、科技和军事等各方面的政策制定得都很合理、实力发展得都很雄厚，国家的高层领导集体的理想信念坚定、治理能力强大。X 国认识到，在这个层次上无法撼动对方，取得竞争优势不是一件容易的事情。于是，X 国开始将思考的着力点下降，即在两国之间的公司合作和民间交往等过程中采取一些方法和措施，通过影响 Y 国的基层民众来逐步动摇民众的意志，改变民众的思想。譬如，X 国可以通过其电影公司输出隐含不合适的理念和价值观的电影进入 Y 国的市场，通过其演艺和媒体公司输出过度娱乐的节目、充斥绯闻的报道、不思进取形象的明星、散发颓废气息的人物造型和服装服饰、令人沉迷的电子网络游戏等，来对 Y 国的国民尤其是年轻人产生负面的影响。X 国希望通过输出这些东西达到影响 Y 国国民的目标：掠夺国民的时间、弱化国民的斗志、降低国民的道德、拉低国民的智商、降低国民的体质、挑拨国民的团结等。而且，X 国还希望通过自己公司的行为达到影响 Y 国的一些同行业公司的目标：一些电影电视公司向 X 国的公司学习，制作一些充满享乐思想和拜金主义、粗制滥造和质量低劣的产品来投放市场，扰乱秩序、败坏风气、中饱私囊；一些不良的媒体公司不择手段地制造各种稀奇古怪、虚假不实的内容来发布给民众，博得眼球、骗取流量、获取钱财。X 国希望看到的情景是：Y 国有越来越多的人花大量的时间去玩手机、打游戏、刷视频、看热闹、聊绯闻等；然后超前消费、债务缠身、运动减少、视力变差、体质下降等。如果 X 国希望 Y 国出现的这些现象能够逐步发生，那么只要时间足够长，Y 国国民的数量和素质将会下降，国家的安全和发展将出现危机。那么 X 国就很可能达到原来的目标，在和 Y

国的竞争中取得优势。显然，X 国从影响 Y 国基层的公司和民众入手来开展活动，具有极强的隐蔽性和欺骗性，可以通过"洗脑""糖衣炮弹"和"不战而屈人之兵"等方式来获得妄想的结果，达到险恶的目标。

以上这些内容虽然是假想的描述，但是人们可以从中得到警示，那就是"有则改之，无则加勉""害人之心不可有，防人之心不可无"。一个国家必须做到时刻保持警觉和清醒的头脑，做到"未雨绸缪""见微知著""防微杜渐"，将任何不良的阴谋和苗头铲除在萌芽状态；在事态严重的时候还必须用"壮士断腕"的勇气来"力挽狂澜"，迅速扭转不良的局面。只有这样，国家才能实现长治久安。

由此，笔者得出以下两条竞争方面的行动原则。

升层竞争的行动原则：领导者和管理者要运用时空思维，在适当的情况下采取升层策略开展竞争。

降层竞争的行动原则：领导者和管理者要运用时空思维，在适当的情况下采取降层策略开展竞争。

9.1.2 空间维度：升维策略和降维策略

在空间视角下的维度方面，领导者和管理者可以采用两种策略来面对竞争，第一种是升维策略，第二种是降维策略。

所谓升维策略，是指领导者和管理者通过增加分析问题的维度来获得竞争的胜利。升维策略的通俗名称是"多点围攻"。

譬如，某家企业提出了一种创新的、行之有效的管理方式，成为了领先企业。但是，领先企业的这种管理方式必定会使得一些竞争对手进行模仿。时间长了，当这些竞争对手都模仿学会了之后，这家领先企业的竞争优势就会下降，甚至有些模仿者由于规避了首创的风险、节省了首创的成本，并在学习了该领先企业在实施这种创新管理方式的过程中的经验和教训的基础上进行改进，因而会超过该领先企业。这也就是所谓的后发优势。现在的问题是，该首创的领先企业应该如何做才能建立更为持久的竞争优势呢？设想一下，如果该企业提出的创新管理方式不只是由一个方面的独特活动组成，而是在很多不同的方面都有独特的活动，而且多种独特的活动之间都还相互支持、互为条件，形成了一个总体的、有机的系统，那么其他对手来模仿时就会存在较大的壁垒和困难。这是因为，对手模仿一种活动也许相对容易，但模仿一组相互支持、互为条件的活动系统就不那么容易了；对手如果只模仿了其中的一个活动，但没能学到支持和匹配这个活动的其他多种重要的活动，这就很可能会对模仿者产生负面的作用。

所谓降维策略，是指领导者和管理者通过全面分析对方的实力，避开对方实力的优势维度所能发挥作用的地方（即降低对方优势维度的作用），将着力点集中在自身具有相对优势的实力维度上，采取相关的措施来获得竞争的胜利。降维策略的通俗名称是"单点突破"。

譬如，在国内革命战争初期，红军只有小米加步枪，而国民党军队拥有先进的枪支弹药、飞机大炮，还有充足的后勤补给。在这种力量对比悬殊的情况下，红军选择了一条艰难的道路—长征。红军以惊人的意志力、顽强的战斗精神以及挑战人类生存极限的勇气，长时间地爬雪山、过草地，在人迹罕至的地方坚强地寻找生存和发展的地方。红军行走的这些地方，是国民党军队不愿意、也不可能长期行走的；在这些地方，国民党军队的飞机大炮等先进武器的实力也无法发挥作用。从某种意义上说，中国共产党的领导人在领导红军队伍的这段特殊时期，英勇无畏地选择了长征的道路，这种策略大大发挥了红军在信仰和价值观方面的优势，避开和降低了国民党军队在武器装备和供给物质方面的优势，从而保存了中国革命的有生力量。红军成功到达陕北，并同那里的队伍会师，为今后取得国内革命战争的胜利和对外抗日战争的胜利建立了重要的基础。

由此，笔者得出以下两条竞争方面的行动原则。

升维竞争的行动原则：领导者和管理者要运用时空思维，在适当的情况下采取升维策略开展竞争。

降维竞争的行动原则：领导者和管理者要运用时空思维，在适当的情况下采取降维策略开展竞争。

9.1.3　时间动态：升时策略和降时策略

在时间视角下的动态方面，领导者和管理者可以采用两种策略来面对竞争，第一种是升时策略，第二种是降时策略。

所谓升时策略，是指领导者和管理者通过延长时间以及提高自身学习和创新的意愿和能力，从而持续提升自身实力来获得胜利的策略。升时策略适合于组织自身现有的实力不敌对方，但是实力发展的潜力优于对方，以至于在今后有机会超越对方的情况。因此，领导者和管理者可以采取延长时间的方式，使组织自身的实力能够随着时间不断增长，到了实力超越对方的时候发起竞争，从而获得竞争的胜利。升时策略的通俗名称是"韬光养晦，后发制人"。

例如，邓小平同志提出"韬光养晦"的外交思想，就是要不张扬地发展，让外国对中国的刺激和挑战处于适度的范围内，这样就可以赢得宝贵的发展窗口期。再譬如，诸葛亮北伐时，无论诸葛亮如何刺激，司马懿都拒不迎战。诸葛亮曾派人送来女人的衣服侮辱司马懿，司马懿当即穿上衣服，摆出一副无所谓的样子。司马懿知道，诸葛亮远道而来，希望速战速决，否则军队的士气和后勤供给会受到影响；拖的时间越长，对诸葛亮越不利，而对自己有利。而且诸葛亮足智多谋，司马懿自知不是他的对手。因此，司马懿采用升时策略，不应战，消耗诸葛亮的时间，等待更有利的时机。有一次，刘禅因听信宫中谗言，召诸葛亮回去，这使诸葛亮失去了攻打司马懿的机会，北伐没有达到预期的效果。

所谓降时策略，是指领导者和管理者通过抓住时机，缩短对方发展的时间以及降低对方学习和创新的意愿和能力，阻止对方提升实力，并充分利用自身已有的优势，尽早出击，从而获得胜利的策略。降时策略适合于组织自身现有能力强于对方，但是对方具有发展潜力，需要及时遏制对方发展的情况。因此，领导者和管理者可以采取缩短时间的方式，不给对方发展和增强实力的机会，在对方的实力弱于自己时发起竞争，从而获得竞争的胜利。降时策略的通俗名称是"瞬时亮剑，一招制胜"。

譬如，在《三国演义》[①]中，司马懿曾经得到曹睿的重用，被任命为大都督。曹睿约他到长安见面。这时恰逢诸葛亮任用马谡守街亭，街亭是个难守的地方，而马谡又是一个只会纸上谈兵的将领。司马懿认为机不可失，时不再来，应该抓住机会攻打街亭。司马懿对时机的迅速把握，使得固执己见的马谡来不及得到诸葛亮调整战术的建议，失守街亭，惨遭失败。司马懿取得了这次重要战役的胜利。总的看来，司马懿并没有急于按照原来的约定和曹睿在长安见面，而是"将在外军令有所不受"，抓住了战机，没有给马谡时间，在街亭一战中取得胜利后，才奔赴长安和曹睿见面。曹睿不但没有责怪司马懿，反而对其进行了嘉奖。

又譬如，观察很多独角兽企业的发展过程，我们就会发现，企业一旦有了一个新的商业计划和创新的产品或服务的想法，领导者和管理者就会通盘考虑，

---

① 罗贯中. 三国演义（全二册）[M]. 北京：人民文学出版社，1998.

不仅会考虑到自己的经营活动会给自己带来什么样好的效果，而且还会从博弈的角度分析自己的经营活动会给对方带来什么样的思考和反应。为了使自己的商业计划取得成功以及不给对方太多的时间进行模仿和超越，这些企业往往会在开始行动之前做充分的准备，一旦执行新的商业决策和行动，一定会用强大的软实力——如正确的目标和合理的方法、良好的激励机制、有战斗力的信仰和价值观，以及充足的硬实力——如充足的人力、物力和财力，来开展各项商业活动，从而迅速取得竞争优势，建立人员、技术、资金和行业标准等各方面的壁垒。这个时候，即使对手企业进行模仿，也会在价格战等方面付出巨大的代价，最后不得不退出竞争。这种在各方面进行充分准备，以"迅雷不及掩耳之势"的方式来获得优势，从而达到"一战定江山"的效果，就是对降时策略极佳运用的结果。

由此，笔者得出以下两条竞争方面的行动原则。

升时竞争的行动原则：领导者和管理者要运用时空思维，在适当的情况下采取升时策略开展竞争。

降时竞争的行动原则：领导者和管理者要运用时空思维，在适当的情况下采取降时策略开展竞争。

9.1.4　组织和环境关系：升激策略和降激策略

领导者和管理者在带领组织和环境互动的过程中，应该为组织创造一个适度挑战的环境，但给对手营造一种不适度挑战的环境（即要么是挑战很微弱，要么是挑战很强烈）。

在组织和环境的挑战-应战关系方面，领导者和管理者可以采用两种策略来面对竞争，第一种是升激策略，第二种是降激策略。

所谓升激策略，是指领导者和管理者通过提高刺激强度，不给对手任何发展的余地，并一举击败对方，从而获得竞争胜利的策略。升激策略的通俗名称是"动如雷霆，闪电制胜"。

譬如，《孙子兵法》[1]的谋攻篇中就提出了集中优势兵力击败敌人的方法，原文是："故用兵之法，十则围之，五则攻之，倍则分之，敌则能战之，少则能逃之，不若则能避之。故小敌之坚，大敌之擒也。"这段话的译文是："所

---

[1]　陈曦，译注. 孙子兵法：中华经典名著全本全注全译丛书 [M]. 北京：中华书局，2011.

以用兵的规律是，兵力十倍于敌军就包围它，兵力五倍于敌军就进攻它，兵力两倍于敌军就分散敌人兵力，兵力与敌军相等就要能设奇兵打它，兵力少于敌军就要能避开它，兵力弱于敌军就要能逃避它。所以实力弱小的军队如果固执硬拼，就会被强大的敌人擒获"。从这段话可以看出，在军事上一般的策略并不是"以少胜多"或"以弱胜强"，这些只是在不得已的情况下采取的方法。在更多的情况下，将帅们往往会采用"以多胜少"或"以强胜弱"的策略。

再譬如，在第二次世界大战后期的欧洲战场上，以美国为首的同盟军在艾森豪威尔等统帅的指挥下，率领陆海空 280 多万大军，选择了德军防御较弱、位于法国的诺曼底登陆，对德军展开了大规模的进攻，为最后击溃德国法西斯做出了重要贡献。

所谓降激策略，是指领导者和管理者通过降低刺激强度，麻痹对方，使对方放松警惕，而自身则趁机发展力量，等待条件成熟时一举击败对方，从而获得竞争胜利的策略。降激策略的通俗名称是"不动如山，麻痹制胜"。

譬如，在《三国演义》[①] 中，东吴的将领陆逊曾经对蜀国的刘备采用过降激策略。刘备为关羽报仇，远道来攻打东吴，推进至夷陵、夷道一带，被东吴陆逊大军阻挡，无法前进。为了寻找水源以及避开酷热，刘备扎营于深山密林。马良认为这种扎营方式是兵家之大忌，建议刘备画个图让诸葛亮提出意见，并将此图送给了诸葛亮。诸葛亮立马给出建议，由马良送给刘备，但是刘备并没有采纳诸葛亮的建议。吴国将领陆逊对刘备的远来伐吴采用了不迎战的策略，先是以逸待劳，耗尽刘备军队的耐心、精力和粮草。在时机成熟之后，采用火攻的方式，火烧七百里连营，最后大败刘备。刘备无颜回成都，只能在白帝城托孤。

领导者和管理者在有些时候，应该尽量不刺激竞争对手，或者对其刺激程度不足，这样就不会引起竞争对手的注意，也不会激起竞争对手的反应。我们可以从《周易》[②] 的乾卦中得到启发。乾卦一共有六爻，第一爻是"潜龙勿用"，其中的一个意思是：一个人在时机不成熟、实力不够时，不可盲目地采取行动，以免给外部带来刺激，从而招来不可承受的挑战；最好的策略是默默地积蓄力量，发展自己，伺机而动，才能取得成功。

由此，笔者得出以下两条竞争方面的行动原则。

升激竞争的行动原则：领导者和管理者要运用时空思维，在适当的情况下

---

① 罗贯中 . 三国演义（全二册）[M]. 北京：人民文学出版社，1998.

② 郭彧，译注 . 周易：中华经典藏书 [M]. 北京：中华书局，2006.

采取升激策略开展竞争。

降激竞争的行动原则：领导者和管理者要运用时空思维，在适当的情况下采取降激策略开展竞争。

9.2 竞争互动视角下的行动方法

9.2.1 空间层次：升层竞争和降层竞争

升层竞争的行动方法：领导者和管理者思考竞争问题所处的层次，采用更高层次的手段来解决问题。

在企业之间的商战中，领导者和管理者可以通过提升自己的思维层次，扩大自己思考的范围，从而在竞争中取得胜利。下面举例进行说明。

譬如，国内的公司 A 和国外的公司 B 是通信设备制造行业的同行，也是竞争对手。公司 A 的领导者在带领管理者和员工发展的过程中，始终能够站在国家层次来规划自身的业务发展，如投入大量的人力、财力和物力在通信方面的基础研究和应用研究上，取得了国际公认的通信技术标准，为国家在这一技术领域建立竞争优势做出了重要贡献。公司 A 所确立的技术标准已成为国内通信行业的标准，这意味着其他同行公司在研发和生产过程中必须遵循此标准。同时，公司 A 在发展国内市场的同时，还积极开拓国际市场，在世界各大洲建立了分公司并获得了很好的发展，其产品成为世界知名的品牌，为我国民族工业的国际化做出了贡献。公司 A 还努力采取各种有效的激励机制吸引世界范围内的高水平人才来国内工作，在推进政府积极倡导的建设世界人才高地的战略中，树立了一个值得效仿的典范。另外，公司 A 在人员管理和文化建设的过程中积极弘扬爱国主义、艰苦奋斗以及批评和自我批评的精神，成为新时代继承党和老一辈无产阶级革命家精神的典范，为各行各业的发展带来了积极的影响。因此，公司 A 受到了国家的高度重视和认可，其领导者被邀请在全国科技大会上发言。由于公司 A 获得了国家的认可，又是行业标准制定的重要一方，在公司发展过程中不仅得到了政府在政策和资源方面的支持，也得到了国内同行业机构以及广大消费者的支持。在同国外同行公司 B 竞争的过程中，公司 A 获得了国家和行业的支持，而公司 B 主要依赖自身组织层次的资源。因此，具有高层次和大格局思维的公司 A 在竞争中获得了巨大的竞争优势。

还譬如围魏救赵的故事。赵国被魏国攻打，向齐国求救，并承诺解围后赠予中山。齐王派田忌为将、孙膑为军师，田忌本想直接攻入赵国邯郸，被孙膑制止，孙膑提议攻打魏国空虚的后方，迫使魏国撤回攻打赵国的部队，从而达到解救赵国的目的。赵国将齐国拉入战局是提升了空间层次，孙膑将魏国后方拉入战局也是提升了空间层次。因此，赵国和孙膑都是采用升层策略赢得了此次战役。

降层竞争的行动方法： 领导者和管理者思考竞争问题所处的层次，采用更低层次的手段来解决问题。

譬如，公司 E 和公司 F 是业务上的竞争对手。公司 E 认为从组织层次的实力来看，自身无法和公司 F 抗衡。于是公司 E 的领导者和管理者降低竞争的层次，从公司 F 中找到几位关键技术岗位上的员工，通过加倍的工资待遇吸引这些员工离开公司 F，加盟到自己的公司，从而削弱了公司 F 在关键技术上的力量，并增强了自身的力量。公司 E 的领导者和管理者采用了降层策略，通过获得对方核心技术人员的方式，使公司 F 失去了领先优势，并逐渐建立起自身的竞争优势。

9.2.2　空间维度：升维竞争和降维竞争

升维竞争的行动方法： 领导者和管理者思考竞争问题所涉及的维度，采用更多维度的手段来解决问题。

譬如，某一家创业公司 J 提出了一种新的产品概念，已经获得了一部分风险投资的资金，开始招聘员工、建设厂房、购置设备，并准备开始规模生产。公司 K 也在类似的产品领域耕耘多年，具有强大的资金实力、生产制造能力、管理经验、市场销售渠道和员工队伍等优势。眼看着公司 J 的新产品就要上线生产，公司 K 的产品今后将会被逐渐取代，公司 K 立即组织研发人员分析公司 J 新产品的核心创新技术，凭借强大的资本实力招来国内外本行业领域优秀的研发人员，针对公司 J 产品的核心技术进行跟踪研发，甚至寻求超越。同时，利用自身在人员规模、生产制造、运营管理、营销渠道、市场、维修等多维度的实力优势向公司 J 发起进攻。公司 K 的新产品迅速投入大批量生产，提前进入市场。由于公司 K 比公司 J 具备更多维度的能力优势，因而公司 K 在这场竞争中使用升维策略取得了最后的胜利。

降维竞争的行动方法： 领导者和管理者思考竞争问题所涉及的维度，避开自己处于劣势的维度，采用自己处于优势的维度的手段来解决问题。

　　譬如，公司 M 和公司 N 都是房地产企业。公司 M 在一线城市高档商品房的拿地、设计、开发、建造和物业管理等方面都有较强的实力和丰富的经验。一开始，公司 M 和公司 N 都在一线城市开展业务，后来，公司 N 发现自己在建设高档房产方面的实力和公司 M 相比存在较大差距，于是就逐渐离开一线城市，去二、三线城市开展房地产业务，避开和公司 M 的竞争。公司 N 的优势在于对中档社区的设计和开发，充分利用国家城镇化的浪潮，在大规模城镇化的地区建立了房地产开发的竞争优势。后来，随着大城市周边开发政策的变化，公司 M 的市场份额突然下降，公司 N 则在二、三线城市保持良好的发展势头。可见，在公司 M 和公司 N 的竞争中，公司 N 采用降维策略，避开公司 M 的锋芒，采取类似"农村包围城市"的方式，利用城镇化的浪潮建立了竞争优势。

　　又譬如，蜀将关羽在镇守荆州重地的时候，东吴采取了降维竞争的手段，导致关羽失去了对荆州的掌控。吕蒙和陆逊精准地发现了关羽的薄弱之处，即其骄傲自大的性格弱点。他们精心策划了一场看似谦恭的表演，以麻痹关羽并使其放松警惕。实际上，他们趁其不备，发起突袭，成功地夺回了荆州，并生擒了关羽。正所谓"一物降一物"，这是大自然的规律，运用降维竞争的方法，找到对手最弱的一个维度专攻，就能打败对手。

9.2.3　时间动态：升时竞争和降时竞争

　　升时竞争的行动方法：领导者和管理者思考竞争问题所涉及的时间因素，采用延长时间的手段来解决问题。

　　譬如，公司 P 和公司 Q 皆为银行，公司 P 处于行业内的领先位置。公司 Q 作为新进入者，无论从资产规模、人员素质、业务网点等方面都无法和公司 P 抗衡。因此，公司 Q 为了能在市场里也"分得一杯羹"，就对公司 P 极其尊重，向其学习和请教，同时特别遵守行业规矩，在存款利息、贷款利率等方面都同大公司保持一致，这样就获得了同行业公司，尤其是公司 P 的好感、认可和支持。当然，公司 Q 在发展业务的过程中也不会和公司 P 抢客户，而是大力开发公司 P 无法顾及的客户资源，提供个性化的、方便的服务，在另一片市场赢得了客户的满意。由于公司 Q 很好地把握了和行业同伴尤其是领先公司 P 的关系，为自己争取了很长的发展时间。因此，公司 Q 采用升时策略，逐渐发展壮大，后来也进入了世界五百强公司之列。

　　降时竞争的行动方法：领导者和管理者思考竞争问题所涉及的时间因素，

采用缩短时间的手段来解决问题。

譬如，公司 R 和公司 S 都处在互联网技术行业。公司 R 发展的时间长，实力强大，在市场上处于领先地位，而公司 S 属于初创企业，只具有某个方面的技术优势。虽然公司 S 的综合实力不如公司 R，但最近几年的发展速度较快。公司 R 清楚地察觉到，公司 S 正依赖其某项优势技术加速发展，并通过与外部合作伙伴的协同合作，逐步和自己一样建立起全面的竞争优势。看出这个苗头后，公司 R 迅速出手，首先是运用自己的实力，采取一些手段，把公司 S 的合作伙伴全部拉入自己的麾下，使其断绝了同公司 S 的合作。公司 R 通过这些合作强化了自己的优势，并且使公司 S 处于孤立状态。同时，公司 R 投入大量力量针对公司 S 拥有的技术优势开始竞争性研发，不久便超越了公司 S。在公司 R 的多重压力之下，公司 S 很快就失去了客户，最终将公司出售，退出了市场。因此，公司 R 采取降时策略保住了自己在市场上的领先位置。

9.2.4　组织和环境关系：升激竞争和降激竞争

升激竞争的行动方法：领导者和管理者思考竞争的程度，采用提升刺激的手段来解决问题。

譬如，公司 V 和公司 W 都处在酒店行业。在原本平静的商业运行过程中，公司 V 发现公司 W 对其采用恶意竞争手段，用各种手段将公司 V 的客户吸引到公司 W 中去，同时还散播对公司 V 不利的言论。公司 V 发现这种情况后，准备开始反击。公司 V 首先对公司 W 经营管理各方面的情况进行分析，找到其在不同层次、不同维度方面存在的问题和漏洞，准备好相应的攻击方式，等待时机成熟之后再发起总的反击。随着疫情的到来，公司 W 由于现金不足难以支撑，公司 V 则利用此机会，针对公司 W 在不同层次和不同维度方面存在的问题和漏洞同时开始攻击，这些齐发的"猛烈的炮火"使得公司 W 喘不过气来，公司 W 最后倒闭了。因此，公司 V 通过升激策略对蓄意伤害自己的公司 W 进行了沉重的打击，取得了竞争的胜利。

降激竞争的行动方法：领导者和管理者思考竞争的程度，采用降低刺激的手段来解决问题。

譬如，公司 X 和公司 Y 同处于电器制造行业。公司 X 在行业里发展历史悠久，实力强大，而公司 Y 是新进入者，实力远不如公司 X。公司 X 对新进入行业的公司 Y 并不友好，总是想方设法地阻挠公司 Y 的发展。对于公司 X

的态度，公司 Y 采取的是不应战的策略。公司 Y 努力做好自己的事情，尽量不同公司 X 在业务上有竞争，尽量避开公司 X 产品销售的地区和客户。公司 Y 甚至还会在一些场合讲公司 X 的好话，这些好话传到公司 X 那里，缓解了公司 X 对公司 Y 的敌意，后来就不再刻意打压公司 Y 了。公司 Y 一直保持尽量不刺激公司 X 的做法，为自己赢得了发展的机会，同时和其他同行伙伴保持良好的关系，不断积累实力。公司 X 的领导者和管理者因为自己处在行业领先的位置，逐渐滋生出骄傲自满的情绪，其领导者和管理者有时在一些场合发表不合时宜的讲话，招致社会和媒体激烈的舆论批评。同时，由于公司 X 的发展时间较长，公司规模大了之后，内部形成了不同的利益集团，内部各方面的矛盾也不断出现。后来，由于客户在使用公司 X 产品的过程中发生事故，造成重大损失，引起政府的高度重视和严厉的处罚。在这几个问题的多重打击下，公司 X 大伤元气，一蹶不振。公司 Y 则步步为营发展起来，现在已经成为业界的头部企业。

第 10 章

时空成效论

根据领导和管理的时空理论，时空成效需要从时间和空间上进行评价。时空成效包含了时间视角成效和空间视角成效，空间视角成效又包括空间视角层次上的成效和空间视角维度上的成效。

总体来说，时空成效可以用 3 个层空间次上的"好"、2 个空间维度上的"强大"、3 个时间上的"对得起"来概括，如图 10-1 所示。

空间视角层次方面有 3 个"好"，第一个是管理"好"自己，第二个是管理"好"团队，第三个是管理"好"组织。

空间视角维度方面有 2 个"强大"，第一个是建立"强大"的软实力，第二个是建立"强大"的硬实力。

时间视角方面有 3 个"对得起"，第一个是"对得起"过去，第二个是"对得起"现在，第三个是"对得起"未来。

综合起来，时空成效模型可以简称为"323"模型。

下面就时空成效分别展开详细的阐述。

10.1　空间层次的成效：3 个"好"

从空间层次评价成效包括 3 个"好"。

第一个是管理"好"自己，第二个是管理"好"团队，第三个是管理"好"组织。

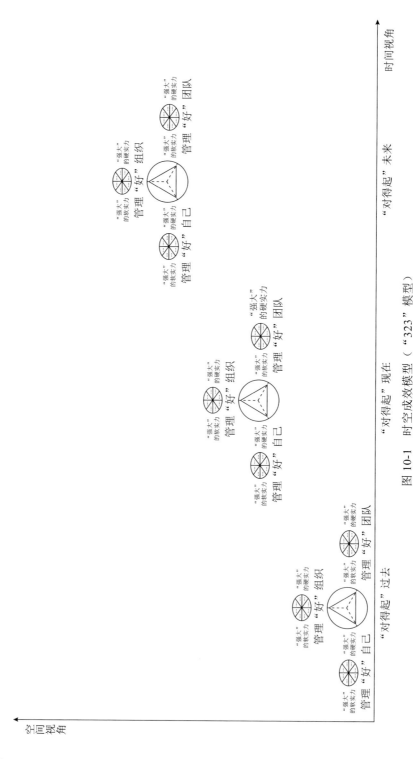

图 10-1　时空成效模型（"323"模型）

> ## 时空成效模型（"323"模型）
>
> ### 空间层次的成效：3个"好"
>
> 第一个是管理"好"自己，第二个是管理"好"团队，第三个是管理"好"组织。
>
> ### 空间维度的成效：2个"强大"
>
> 第一个是建立"强大"的软实力，第二个是建立"强大"的硬实力。
>
> ### 时间动态的成效：3个"对得起"
>
> 第一个是"对得起"过去，第二个是"对得起"现在，第三个是"对得起"未来。

第一个"好"是管理好自己。管理好自己就是领导者和管理者需要学会正视自己，厘清内心真实的愿望，确定自己的目标和定位，了解自身的价值观、态度、兴趣、偏好、性格、能力等方面的特点，找到适合自身发展的工作，做好职业规划，培养自己的敬业精神，在工作中充分发挥自己的潜力，热情而有创造力地工作，为组织效力，还要善于管理个人风险，不断地学习和成长，超越自我，提升自我。总之，管理好自己就是要努力让自己成为一个既对组织和社会有价值，又能实现自己的理想和目标的人。

管理好自己的第一个要点是要了解内心深处真实的愿望。领导者和管理者要能够使自己的职业生涯持续发展，一个特别重要的基础条件是领导者和管理者要做自己愿意做和能够做的事情。这虽然是一个理想状态，但是如果有可能，领导者和管理者还是应该尽量争取。如果领导者和管理者能够把社会责任同自身的愿望和兴趣结合在一起，那么其职业生涯就能够得到更可持续的发展。

管理好自己的第二个要点是管理个人的风险。领导者和管理者要善于管理自己的风险，包括政治风险、经济风险和身体风险。第一，政治风险（political risk）。领导者和管理者必须有正确的政治站位，有大局意识，能够站在国家、民族和集体的角度来考虑问题，从而避免政治风险。第二，经济风险（economical risk）。领导者和管理者要避免因为不能正确地对待财富、获得不义之财所带来的风险，这就是国家领导人提出的"领导干部要过好权力关、金钱关、美色关"中的金钱关。第三，身体风险（psysiological risk）。领导者和管理者要让自己保持身体健康。领导者和管理者对社会的贡献同其身体是密切相关的，只有身体健康才能做到行稳致远。所以领导者和管理者要过政治关，要过金钱关，还要过身体关，要规避政治风险、经济风险和身体风险。

第二个"好"是管理好团队。领导者和管理者需要组建和经营好自己的人生团队，学会包容和换位思考，理解他人的愿望、需求和目标，采取有效的措施激励他人，善于认清他人的价值观、态度、兴趣、偏好、性格、能力、思考问题和为人处事的方式等，努力给每个人安排合适且能发挥他们长处的职位，努力在团队内部建立有效的信息沟通和分工协作机制，以及解决矛盾和冲突的机制，学会建立共创共享的利益机制和伙伴文化，促进团队成员之间相互分享信息、知识和经验，善于整合所有人的智慧来解决复杂的问题。总之，管理好团队就是领导者和管理者要建立一个具有凝聚力和工作能力的团队，为实现整个组织的目标服务。

管理好团队的第一个要点是管理好人生团队。领导者和管理者的人生团队包含工作团队和生活团队，其中工作团队包含一般的工作团队和智囊。一般的工作团队包括核心成员和一般成员，譬如领导者和管理者的"左膀右臂"就是其核心成员。智囊包括学院派的智囊和江湖派的智囊。生活团队里有家人和朋友，家人可以分为小家庭和大家庭，朋友可以分为一般的朋友和"微量元素型"的朋友。其中，微量元素是人体内的元素，它在人体内含量虽极其稀少，但是具有强大的作用，很珍贵。在这里，"微量元素型"的朋友是一种比喻，这种朋友如同微量元素那样稀少而珍贵，能够在人处于困境的时候给予帮助，也能够在人处于顺境的时候给予警醒和建议。

管理好团队的第二个要点是要学会包容和换位思考。情商对于领导者和管理者来说是非常重要的，换位思考就是情商的一个维度。换位思考就是能够站在别人的角度来考虑问题，比如一个企业家要站在客户的角度来考虑产品和服务的特点，满足客户的需求；要站在员工的角度来考虑员工的特点和利益诉求，助力员工的职业发展；要站在政府的角度来考虑企业的发展，帮助政府实现社会管理的目标；要站在供应商的角度来考虑供应商的需求，合理分配企业和供应商之间的利益；要站在社会的角度来考虑社会公众的需求、所在社区的民众的需求，做一个好公民，对当地的环境和人民的发展提供力所能及的帮助。

第三个"好"是管理好组织。领导者和管理者需要深入认识组织的本质，组建好组织队伍，做到"见树又见林"，拥有看清复杂系统的能力，掌握必要的组织管理的理论、方法和工具，在组织内建立良好的软实力和硬实力系统，使组织既能达成现有的目标，保持内外部的稳定，又能不断发展和成长。总之，管理好组织就是要建立一个健康的和可持续发展的组织，为社会创造良好的效益。

值得一提的是，随着社会的发展，效益的含义在不断地扩展。Archbugi和Njkamp出版了一本名为《经济和生态：走向可持续发展》（*Economy and Ecology: Towards Sustainable Development*）的书，作者在书中阐述了如何达到经济（economy）和生态（ecology）两方面效益兼顾的思想，也有人将其称为"双E"策略（double E）[①]。Elkington等西方学者提出了三重底线（triple bottom line）的思想，分别是经济效益、社会效益和环境效益，还有人在此基础上进一步提出了三个"P"的效益指标，第一个"P"是"profit"，组织要取得经济效益、要盈利；第二个"P"是"people"，组织要助力员工的发展成长，为所在社区的民众带来福祉；第三个"P"是"planet"，组织要为保护地球的自然环境做出贡献。

笔者认为，在"planet"方面，组织既应该考虑对地球上生物多样性的保护，也要考虑对地球上文化多样性的保护。生物的多样性可以使地球的生态系统保持健康，文化的多样性可以使地球上不同的国家、不同的种族保持其独特的文化，不同的文化互相补充、相得益彰，对人类的生存发展起到重要作用。如果地球上只有人类这一种生物，人类是不可能生存发展下去的。同样地，如果地球上只有一种文化，人类社会也很难得到好的发展。随着环境的改变，人类需要采取不同的应对环境的方式，只有保持文化的多样性，人类才有能力应对不同的变化。Fang等[②]发表在《组织科学》（*Organization Science*）上的文章《通过结构设计平衡探索式学习和利用式学习：子群体的隔离和组织学习》（*Balancing Exploration and Exploitation Through Structural Design: The Isolation of Subgroups and Organizational Learning*）发现，较低水平的跨群体连接和较高的均衡绩效相关，子群体的半隔离有助于保持组织中思想和信念的异质性，少量的随机跨群体联系能使表现最好的思想和信念在组织中扩散。社

① Archibugi, F., & Nijkamp, P. (Eds.). Economy and ecology: towards sustainable development [M]. Dordrecht, Netherlands: Kluwer Academic, 1989.

② Fang C, Lee J, M Schilling A.. Balancing Exploration and Exploitation Through Structural Design: The Isolation of Subgroups and Organizational Learning[J]. Organization Science, 2009,21(3):625-642.

会学家费孝通曾提出"各美其美，美人之美，美美与共，天下大同"。世界各国都有自己的文化，我们在保护各自文化的同时，还要"美人之美"，欣赏和我们不一样的文化，让不同的文化能够共存，最后实现天下的大同。"大同"的意思并不是完全一致，而是既有共同点，也有差异，互相之间求同存异。"大同"来自于《周易》①的大有卦和同人卦，分别表达了富有和同心的含义。世界的各个民族、各个文化都各守其道，同时又进行良性的互动交流、互相促进，就能维持世界的和平和可持续发展。每个民族、每个文化都有其特点和特长，一个民族、一个文化解决不了的事情，另一个民族、另一个文化可能可以解决。

因此，不同文化之间可以交流，但不能完全同质化。对组织而言，保护自然环境、生物多样性和文化多样性，是非常重要的。比如一家捕捞行业的企业，如果大量捕捞海水或河水里的某种生物，可能会导致该物种消失。所以捕捞行业需要有限地进行捕捞活动，从而维持生物多样性。食品企业在将食品推向全世界的时候，推广得越多，盈利越多，但对全球饮食文化多样性的损害越大。大学要招收多样化的学生，培养的过程也要保留而不是消除多样性，不能只用学习成绩衡量学生，要有更多的评价维度。不同专业、不同个体之间的关系也不要过于紧密、沟通也不要过于频繁，要保持相对的独立性，否则容易导致信息和知识的同质化。所以，采取适当的行动维持生物多样性和文化多样性，不仅仅是企业的责任，也是政府和公共事业部门的责任。

当然，以上讨论的组织是狭义的，将组织定位在一个相对较小的范围。实际上，从广义来看，组织可以是一个地区、一个县市、一个省、一个国家，甚至是全世界。如果在这样的层次上来讨论时空成效，那么将会有更丰富的内容。

10.2　空间维度的成效：2 个"强大"

从空间维度评价成效主要包括 2 个"强大"。

第一个是在各个层次上建立"强大"的软实力，第二个是在各个层次上建立"强大"的硬实力。

在管理好自己方面，可以从领导者和管理者自身的软实力和硬实力的发展来评价成效。

---

① 郭彧，译注 . 周易：中华经典藏书 [M]. 北京：中华书局，2006.

在软实力的发展方面，第一，领导者和管理者是否形成了正确的目标和方法体系；第二，领导者和管理者是否形成了一套行之有效的利益和权力的分配体系；第三，领导者和管理者是否形成了良好的信仰和价值观体系。在软实力的这几个方面，领导者和管理者应该在其职业发展过程中不断地精进，不断地成长。

硬实力的发展主要体现在人、财、物方面。对领导者和管理者自身而言，"人"指的是领导者和管理者是否让自己成为良好的人力资本，成为组织、国家的正资产，而不是负债。"财"指的是领导者和管理者是否做到了"君子爱财，取之有道"以及"君子散财，散之有道"，也就是按照正确的方式获得该得的财富，并按照正确的方式把财富给予正确的人。例如企业家做慈善，把财富捐给大众和社会也要把握一定的原则，否则社会中就会出现更多的懒人和闲人，不劳而获会磨灭人的斗志。"物"指的是领导者和管理者是否掌握了符合社会发展的相关技术和知识，使其能够在不断变化的环境中有效地工作。

在管理好团队方面，可以从团队的软实力和硬实力的发展来评价成效。

团队的软实力指的是在领导者和管理者的领导和管理下，团队是否建立了正确的目标和方法体系，是否形成了团队内部合理的利益和权力分配体系，以及是否建立了良好的信仰和价值观体系。比如，衡量中国女排总教练在管理女排团队的软实力时，要看他是否能够让女排团队具有崇高的目标和追求，是否能够让女排团队拥有一套行之有效的训练方法和获得比赛胜利的打法，以及是否能够在团队内部建立利益共享的机制和群策群力的机制。当然最重要的是女排总教练是否能够让女排团队拥有强大的信仰和形成良好的价值体系。从这个意义上说，中国女排五连冠对中国的影响不仅体现在她们拿到了冠军、为中国争得了荣誉，而且也体现在她们身上的女排精神，对各行各业的人都是极大的鼓舞。

从团队的硬实力来评价成效指的是在领导者和管理者的领导和管理下，团队是否形成了一支能打胜仗的队伍，是否获得了必要的财力支持，是否掌握了先进的科技手段，是否取得了荣誉等。

在管理好组织方面，可以从组织的软实力和硬实力的发展来评价成效。

从软实力的发展方面来说，在领导者和管理者的领导和管理下，组织是否建立了一套有效的、正确的目标和方法体系，是否建立了具有强大竞争力的利益和权力分配体系，是否形成了组织成员能够共同遵循的、能够给组织成员带来激励的信仰和价值观体系，即我们常说的精神文明建设。"君子爱财，取之有道"，尽管组织要盈利，但获得的应该是正当的利益。同样的资金可以投资到不同的产品上，有的产品是环保的，有益于人的身体健康，即使这些产品的投资回报率低，组织也要去投资；有的产品可能对社会发展产生负面作用，即使这些产品的利润率高，组织也要坚持不投。也就是说，组织不应该以利益多少作为唯一的投资标准，而应该坚守某种准则和价值观。组织拥有正确的价值观非常重要，因为从长远来看，正确的价值观能够帮助组织可持续成长。

组织的硬实力的发展包括人、财、物等方面的发展。对组织而言，"人"方面的发展就是领导者和管理者是否带领组织建立和发展了一支高素质的人才队伍等，"财"方面的发展就是领导者和管理者是否带领组织盈利等，"物"方面的发展就是领导者和管理者是否带领组织建立了强大的科技实力等。组织取得的财务绩效无疑是评价组织硬实力的一个重要标准，但是对组织硬实力的评价还应该包括组织对环境的保护，包括对生物多样性、文化多样性的保护等，前者是经济效应，后者是社会效应。

10.3　时间动态的成效：3 个"对得起"

从时间动态评价成效主要包括 3 个"对得起"。

第一个是"对得起"过去，第二个是"对得起"现在，第三个是"对得起"未来。

第一个是领导者和管理者的所作所为和结果能够"对得起"过去。这是指对得起历史。所谓对得起历史，体现为领导者和管理者需要传承前人优秀的传统和文化，而且把它们发扬光大。比如，当代同仁堂的领导者把始于康熙年间的"同修仁德，济世养生"的精神传承了下来。又如历经百年的胡庆余堂，它的名字来自《周易》①文言传中的"积善之家，必有余庆"这句话，胡庆余堂现在的领导者也把这种精神和"真不二价"的做法传承了下来。中国制定《中华人民共和国中医药法》来保护传统，是对得起过去的一种体现。

第二个是要"对得起"现在。作为组织的领导者和管理者，要能够解决当下面临的问题。比如我国领导人就提出"人民对美好生活的向往，就是我们的奋斗目标"，中国已经完成了新时代脱贫攻坚目标任务，解决了占全世界人口20% 的人的吃饭问题。除了解决生活问题，我国领导人还在解决医疗问题，例如为农村人口解决医疗保险的问题，以及解决教育问题，例如保障九年义务教

---

① 郭彧，译注 . 周易：中华经典藏书 [M]. 北京：中华书局，2006.

育、增加民办大学、加强对教育的投入等。

第三个是要"对得起"未来。组织的领导者和管理者尽管有任期，主要是对任期内的事情负责，但是从时空的视角来看，领导者和管理者应该要为组织未来的发展打下良好的基础，包括建立一套良好的组织运行体系、良好的组织文化、良好的组织基因，使组织未来的发展有良好的保障。

"对得起"未来还意味着"有所为而有所不为"。领导者和管理者既要授人以鱼，也要授人以渔。"有所为"指的是领导者和管理者要在组织内部建立学习和创新的机制，使组织具有应对未来变化的能力，为组织未来发展保存良好的自然资源、知识资源和文化资源，进而建立良好的制度文化和基因，还要建立良好的组织运行机制。所谓"有所不为"，就是领导者和管理者要为今后人类的发展留下余地，要为子孙后代的发展留下空间。

第三部分

时空论在个人成长和组织发展领域的应用

第11章

人的有限理性的时空根源和应对策略

11.1 以往研究中对人的有限理性的探讨

关于人的有限理性（bounded rationality），学者们进行了较多的探讨和研究。

1. 赫伯特·西蒙的观点

赫伯特·西蒙认为，客观理性的行为主体在决策前会从全局的角度来看待各个备选行动方案，考察所有可能的备选方案的结果，并从中选出最佳方案。他发现，社会科学在看待"理性"的问题上存在两个极端，一个是经济学家的"经济人"假设，认为人类可以掌握所有可能的行动方案，并从中选择最优方案；一个是以西格蒙德·弗洛伊德的理论为代表的社会心理学家对非理性的极端认知，认为人类所有的认知活动都归因于情感的支配。

西蒙认可切斯特·巴纳德关于人的决策能力有限的思想。巴纳德认为，经理人员在进行决策的时候，往往会依赖于他们对决策情境的直觉或判断反应。这一观点考虑到了人类决策过程中直觉和情感所扮演的重要角色。据此，西蒙为了用更加符合现实的模型来代替经济理性模型，提出了有限理性模型，认为人的理性是有范围的、有边界的，正如《晏子春秋》①中所说的"智者千虑，必有一失"。

在《管理行为》②一书中，西蒙认为个人的行为达不到理性

① 汤化，译注 . 晏子春秋 [M]. 北京：中华书局，2021.
② [美] 赫伯特·西蒙 . 管理行为 [M]. 正茂，译 . 第 4 版 . 北京：机械工业出版社，2004.

标准的原因主要有自身因素和环境因素。

自身因素包括知识的不完备性、预期的难题和行为的可行性范围等，这些因素会导致个体的行为不可能达到完全理性。具体来说，第一，知识的不完备性是指，人们不能完全了解自己的行动所处的环境条件和未来发展。譬如，消防部门无法完全估计每一个地区发生火灾的可能性，因为每个地区的情况会随时发生变化，消防部门很难掌握全部信息。因此，人们的理性会受到知识不完备的限制。第二，预期的难题是指，人们对于行动结果的评价往往会受到个人能力的限制，很难达到和事实完全准确和一致的情况，这是由于人们的头脑中很难同时掌握所有的结果，不同时期会被不同的价值要素吸引注意力。譬如，高风险组织在制定措施时，有一些措施能够体现安全，有一些措施能够体现效率，其关注点往往是安全或效率，而很难考虑到这些措施所带来的所有可能的结果。第三，行为的可行性范围是指，由于人们的想象力有限，所以对可行方案的构思也是有限的。除此之外，人的记忆、习惯等因素都有可能导致人们进行决策时的有限理性。

环境因素包括环境的不确定性和复杂性等，这些因素使得人们在决策时难以完全预测和掌控未来的结果，因此其决策的理性是有限的。譬如，组织中的不同部门人员在获得同一个信息的时候，他们都会基于自己在组织当中所处的位置，更倾向于获取和其工作密切相关的部分信息，如营销部门人员更倾向于关注销售信息、研发部门人员更倾向于关注产品研发信息等，这样往往很难掌握该信息所包含的全部内容。

西蒙的有限理性模型更好地反映了社会现实，他获得了1978年诺贝尔经济学奖。有限理性模型对管理实践的指导意义是，管理者的资源是有限的，必须考虑投入产出的比例，没有必要投入那么多的资源来追求最优解，而应该将资源投在能产生令人满意的投资回报方案上。

2. 阿莫斯·特沃斯基和丹尼尔·卡尼曼的观点

西蒙的有限理性模型并没有说明判断和决策的偏见是如何产生的。为此，认知决策学家阿莫斯·特沃斯基和丹尼尔·卡尼曼于1974年在《科学》（*Science*）期刊发表了《不确定性下的判断：启发式方法和偏见》（*Judgment under Uncertainty: Heuristics and Biases*）[①]。他们认为，决策者主要依靠启发式方法进行决策。所谓启发式方法（heuristic），是指人在解决问题时所采取

---

① Tversky A, Kahneman D. Judgment under Uncertainty: Heuristics and Biases [J]. Science, 1974, 185(4157): 1124-1131.

的一种根据经验规则进行发现的方法。荆其诚（1991）在《中国大百科全书：心理学》^①一书中对这一概念做了非常细致的解释，他认为"启发式方法的特点是，在解决问题时，利用过去的经验，选择已经行之有效的方法，而不是系统地、以确定的步骤去寻求答案。启发式解决问题的方法是与算法相对立的。算法是把各种可能性都一一进行尝试，最终能找到问题的答案。但它是在很大的问题空间内，花费大量的时间和精力才能求得答案。启发式方法则是在有限的搜索空间内，大大减少尝试的数量，能迅速地达到问题的解决。但由于这种方法具有试错法的特点，所以也有失败的可能性。科学家的许多重大发现，常常是利用极为简单的启发式规则。认知心理学的信息加工理论认为，启发式是人类思维解决问题的重要方法。在人工智能中常用启发式设计计算机程序，模拟人类解决问题的思维活动，已经证明，这是一条有效的途径。"

启发式方法可以减少决策者对信息的要求，并通过以下方式产生实际性的帮助：第一，对过去的经验进行总结，并提供一个简单的方法来对现实情况进行评估；第二，制定简单的启发原则或者"标准操作程序"来收集复杂信息，并进行计算；第三，节约大量的心理能量和认知过程。这些启发式方法尽管使决策过程变得简单，并在一定程度上让人满意，但也会导致人出现错误和偏差，主要包括三个方面：易获得性启发（availability heuristic）、代表性启发（representative heuristic）、锚定和调整的启发（anchoring and adjustment）。

易获得性启发是指，决策者在对判断进行认知输入时，倾向于根据他们记忆中事件发生的频率、可能性来进行判断。譬如，一些刚发生的、发生在我们自己身边的，或者是当时影响很大的、印象很深刻的事件更容易从我们的记忆中被提取出来，作为我们判断的依据。譬如，人们在评估朋友对自己是否关心时，容易根据最近一段时间朋友对自己的行为来评价，而可能忽视朋友以前的表现。还譬如，我们在判断学校的学风时，容易只根据身边学生的表现做出评判；我们在评价一个人的品质或能力时，会根据其所做的影响最大的一件事来评价。所有这些都是易获得性启发，给我们提供了在搜集信息和做出判断方面的捷径。但是这种捷径会带来偏差，譬如，我们有时会将小概率事件发生的可能性夸大，譬如人们通常会高估飞机事故发生的可能性，而低估一些大概率事件发生的可能性。

代表性启发是指，决策者倾向于根据一个业已存在的决策经验（特别是依

---

① 荆其诚.启发式方法 [M]// 胡乔木.中国大百科全书：心理学.北京：中国大百科全书出版社，1991：241.

据相似事件发生的惯例）来判断实际事件发生的可能性。譬如，管理者可能会根据以前和某类人打交道的经验来判断他若再次和此类人打交道的结果。这种判断有点类似于知觉的恒常性，尽管能在有些时候让我们快速地判断，但也可能造成偏差，因为同一类人也会有个体差异。

锚定和调整的启发是指，决策者的判断是从一个最初的决策标准或价值开始，在这个标准的基础上进行调整，最后做出判断。譬如，我们在商场买东西时，或多或少会受到售货员最初开出的价格的影响。这种启发式方法虽然能够使我们快速决策，但也会造成偏差，因为对方开出的初始价格可能和他能接受的成交价格相差甚远。

总之，《不确定性下的判断：启发式方法和偏见》关注了人们在处理信息时的偏差和错误，为前景理论（prospect theory）的提出建立了基础。1979年，卡尼曼和特沃斯基在《计量经济学》（*Econometrica*）期刊上发表了《前景理论：风险下的决策分析》（*Prospect Theory: An Analysis of Decision under Risk*）[①]，正式提出了前景理论。该理论主要关注了人们在面对不确定性时的行为模式，其重要思想之一是，人们在风险下进行决策时，对于损失（loss）和获得（gain）的反应程度是不同的，损失的痛苦要远远大于获得的快乐，即"损失厌恶"（the aversiveness of losses）。卡尼曼和特沃斯基认为损失和获得是相对于参照点（reference point）而言的，通常情况下，参照点和个体当前的资产状况相对应，而参照点的位置以及对损失和获得的感知可能会受到决策者对前景的表述和期望水平等的影响。然而，他们并没有对参照点这一概念给出系统而全面的解释。

此外，卡尼曼在《思考，快与慢》（*Thinking, Fast and Slow*）[②]和《噪声》（*Noise*）[③]这两本书中关注了个体的判断情境，提出了偏见（bias）和噪声（noise）可能会导致人们在判断和决策过程中出现错误。卡尼曼认为，当判断有一个正确答案时，偏见就是平均误差，噪声是误差的变异系数。具体地，在《思考，快与慢》一书中，卡尼曼认为人的大脑有两套系统——系统1和系统2。系统1在运行时，人们往往更多地依赖直觉、情感和经验等无意识的思维模式；系

---

① Kahneman D, Tversky A. Prospect Theory: An Analysis of Decision under Risk [J]. Econometrica, 1979, 47(2): 263-292.

② [美]丹尼尔·卡尼曼. 思考，快与慢 [M]. 胡晓姣，李爱民，何梦莹，译. 北京：中信出版社，2012.

③ [美]丹尼尔·卡尼曼，奥利维耶·西博尼，卡斯·R.桑斯坦. 噪声 [M]. 李纾，汪祚军，魏子晗，译. 杭州：浙江教育出版社，2021.

统 2 在运行时，人们则会更专注和有意识地进行逻辑思考和理性分析。人们在这两种大脑系统的共同影响下进行判断和决策。进一步地，卡尼曼认为，系统 1 和系统 2 分别产生了快思考和慢思考这两种思维活动。其中，快思考是指个体在面对复杂问题时，主要依赖系统 1 所提供的直觉、经验、感觉和记忆等所有无意识的大脑活动而进行快速的判断和决策。这种思维活动能够节省个体的时间和精力，也有助于迅速适应变化的环境，但也更容易受到各种认知偏见和思维限制的影响，从而导致了个体的有限理性。慢思考是指个体在面临复杂问题时，其思考活动不再依赖系统 1 的无意识的大脑活动，而是会启动系统 2 的更慢、更严谨的仔细检查等有意识的大脑活动，其优点是有助于降低认知偏见和思维限制的影响，提高判断和决策的准确性和合理性，但却会耗费个体较多的时间和精力，同时也受个体自身的知识和能力的影响。在《噪声》①一书中，卡尼曼等根据来源把噪声主要分成三类，即水平噪声（level noise）、模式噪声（pattern noise）和情境噪声（occasion noise），并认为这三类噪声会对人的理性造成影响。具体地，水平噪声是指不同的人对同一事物做出的判断的平均值的差异，譬如，有的人宽容，有的人严厉，因此他们在对同一件事情做出判断时会存在差异；模式噪声是指同一个人因为个人偏好对不同特征的事物做出的不同反应；情境噪声是指内外部因素导致的个体判断的差异，如天气、季节、情绪等因素可能导致同一个人对同一个事件的判断不同。

卡尼曼和特沃斯基在判断和决策方面的研究为人们理解有限理性产生的原因提供了有益的视角，做出了开创性的贡献，卡尼曼在 2002 年获得了诺贝尔经济学奖。

3. 理查德·塞勒的观点

2017 年诺贝尔经济学奖得主理查德·塞勒撰写了著名的三部曲：《赢家的诅咒》（*The Winner's Curse*）、《助推》（*Nudge*）、《"错误"的行为》（*Misbehaving*），认为人并不总是理性的，人常常会陷入偏见和非理性之中，从而导致其做出非理性的判断。

在《赢家的诅咒》②一书中，塞勒谈到了禀赋效应、跨期选择、心理账户和交易效用等如何影响人的理性。

禀赋效应是指，当人们拥有了某一物品后，会增加对该物品的价值评估，

---

① ［美］丹尼尔·卡尼曼，奥利维耶·西博尼，卡斯·R·桑斯坦. 噪声 [M]. 李纾，汪祚军，魏子晗，译. 杭州：浙江教育出版社，2021.

② ［美］理查德·塞勒. 赢家的诅咒 [M]. 高翠霜，译. 北京：中信出版社，2018.

这一价值评估甚至会大于拥有之前。塞勒认为，正是由于禀赋效应的存在，人们对于失去的恐惧会大于得到的快乐，从而影响了人们的理性。禀赋效应的提出受到了前景理论的启发，禀赋效应中的"禀赋"是指个体所拥有的东西。禀赋效应侧重于个体对于拥有的物品的价值评估，而前景理论则侧重于个体在不确定性情境中的判断和决策。前景理论中所提到的参照点是相对而言的、并非确定性的，而禀赋效应中的"禀赋"更明确了参照点的具体内涵。

跨期选择是指，成本和利益分散在各个时期里进行的决策。在塞勒看来，人们在跨期选择上存在有限理性，很难做出长期的理性选择。譬如，相比于一年后去吃一顿大餐，今天去吃会更有吸引力。

心理账户是指，人们会为自己不同来源和不同用途的钱建立不同的虚拟"账户"，对于不同账户里的每一块钱的态度是不同的。

交易效用是指，人们实际支付的价格和其期望价格之差，如果支付的价格远远低于预期的价格，人们就会觉得自己"捡漏"了，这可能会带来非理性的、先入为主的偏见。

在《助推》①一书中，"助推"的英文是"nudge"，是"帮助推动"的意思，就像是"用胳膊肘轻推一下"。塞勒提出人有两套认知系统：直觉思维系统和理性思维系统。其中，直觉思维系很容易使人们受到外部环境的影响从而产生非理性。在书中，塞勒通过设计一种全新且有效的引导式管理模式——助推，来让人们的直觉思维系统少犯错误。

在《"错误"的行为》②一书中，塞勒回顾了行为经济学从 1970 年到现在的发展历程。

4. 其他心理学家的观点

此外，还有来自心理学家的社会模型。譬如，弗洛伊德认为，人类是由一系列的感受、情绪和直觉构成的，人类的行为主要是由无意识的需求所驱动的。很多心理学家的研究都表明，人类的决策行为会受到很多因素（如个人的情绪情感、社会压力）的影响。斯蒂芬·罗宾斯（2005）提出了承诺升级（escalation of commitment）现象，指的是人们一直固守着某项决策，尽管有明显证据表明该决策是错误的。譬如，当一个人在公共汽车站等车时，等得越久、就越会一直等下去，因为他觉得自己已经付出了太多。还譬如，一位女士和一位男士谈恋爱已经五年，现在发现这位男士已经发生了变化，没有多少优点可以吸引她

① ［美］理查德·塞勒，［美］卡斯·桑斯坦.助推 [M].刘宁，译.北京：中信出版社，2018.
② ［美］理查德·塞勒.“错误”的行为 [M].王晋，译.北京：中信出版社，2016.

了，但她可能还会同该男士结婚，因为她觉得自己已经付出了太多的情感。有人认为，付出越多越有包袱、越难以自拔，这是有一定道理的。承诺升级的负面效果是，它使人们过多地关注沉没成本（sunk cost），让人在错误的泥潭中越陷越深、不能自拔。当然，承诺升级有时也是有积极意义的。它会使人坚持不懈地朝着一个目标奋斗到底，获得最后的胜利。譬如，王选是激光汉字照排系统的创始人，被誉为当代"毕昇"，最初也有其他机构的研究人员研究同样的技术，但只有他坚持到了最后，所以获得了成功。心理学家所罗门·阿什所做的实验也表明了人类的非理性。他发现，在比较线段长度这样的"对和错""白和黑"非常明显的情境中，有超过 1/3 的实验被测试者会屈从于团队压力而做出明知错误的选择，这反映了社会压力对人的行为影响巨大。

11.2　基于时空论的人的有限理性的时空根源和应对策略

总的来说，在上一节中学者们对人的有限理性及其原因进行了探讨，他们从不同的学科和角度出发，对传统的经济学中的"经济人"假设提出了批判，认为经济学中的"经济人"假设是不符合现实的，人们在决策时往往会受到自身的知识、情感、经验、偏好、习惯、环境等因素的影响，而不是单纯地追求效用或利益最大化。他们提出的理论之间有着相似的观点，也有着互补的作用。其中，西蒙提出了有限理性模型，表明人们尽管追求最优解，但实际上会对其理想的追求做出让步（或者说简化），即从追求最优解到追求满意解。但西蒙并没有说明判断和决策的偏见是如何产生的。特沃斯基和卡尼曼关注了人们在处理信息时的偏差和错误以及面对风险决策时的行为模式，以揭示人们在判断和决策的过程中的非理性因素。基于特沃斯基和卡尼曼的研究，塞勒将心理学引入经济学中，运用了心理学的理论和实验方法，分析了人们在经济决策中的认知偏见和思维限制。心理学的社会模型是最极端的非理性情况，反映了人在某些特定环境下会越来越偏离理性，越来越受到情绪情感、价值观、社会压力以及无意识的因素的影响。

基于此，笔者发现，这些学者对于有限理性的原因的探讨还可以作进一步的发展。已有学者主要从某个或某几个方面对造成人的有限理性的原因进行探讨，还缺乏从全面系统的视角进行分析和探讨。进一步地，随着时代的发展，人们获取信息的渠道和途径越来越多，其有限理性是可以得到改进和优化的。

因此，基于时空论，笔者认为：一方面，个体的理性之所以会受到上述原因的影响，是因为个体经历的空间层次、空间维度和时间长度有限，从而导致其理性容易受到上述原因的影响；另一方面，随着个体经历的空间层次、空间维度和时间长度的增长和发展，个体是可以不断地改进和优化自身的有限理性的，从而使其不断认识和发现世界的真理。接下来，笔者将基于时空论对人的有限理性的时空根源和应对策略进行进一步的探讨。

11.2.1 基于时空论的人的有限理性的时空根源

人的理性具有时间和空间的特征。根据时空论的视角，人的理性（Rationality，简称 R）是时间和空间的函数，即

$$R=f(T, S_M, S_N)$$

其中，R 是人的理性，T 是人经历的时间，S_M 是人经历的空间层次，S_N 是人经历的空间维度。

笔者认为人的有限理性之所以存在，是因为人经历的空间层次有限、空间维度有限、时间长度有限。

第一，人经历的空间层次有限。例如我们只能经历和认识有限的个体、和有限的群体打交道、在有限的组织里工作生活，经历的空间层次的有限性导致了理性的有限性。爱因斯坦曾说："人类在某个层次上制造的问题往往难以通过该层次的思维来解决。"这句话就强调了人经历的空间层次的有限性会导致人的有限理性。

第二，人经历的空间维度有限。例如我们和同事打交道，了解的更多的是同事的工作表现、脾气、智商等，而对其他在交往过程中同事没有表现出来的维度就不了解。这就像月球的背面，永远不会被人们从地球上直接看到。纵观东西方文明的历史发展可以发现空间维度的有限性会对人的理性发展产生重要的影响。

第三，人经历的时间长度有限。我们经历和认识的历史是有限的，我们对未来的了解也很有限。正所谓"路遥知马力，日久见人心"，人在有限的时间内只能认识到有限的事物面貌。

以小孩的学习成绩为例进行总体说明。第一，小孩的学习成绩不好，如果家长只看到小孩自身的问题，就会存在空间层次的有限理性。家长应该看到，

小孩的学习成绩不好，除了有小孩自身的问题，还有其学习伙伴、班级、学校，甚至整个国家的教育制度等多层次的问题。第二，如果家长只看到小孩学习动机不足的问题，就会存在空间维度的有限理性。家长应该看到，小孩学习成绩不好，除了其自身的学习动机不足，还有学习兴趣、学习习惯、知识结构等多维度的问题。第三，如果家长只看到小孩目前的学习成绩就判定其学习成绩不好，就会存在时间动态的有限理性。家长应该看到，小孩在学习上可能是慢热型，随着时间的变化，其学习成绩可能会有提升，随着成长小孩就逐渐开窍了。

再以新产品开发为例进行总体说明。传统的产品开发模式沿用"串行""顺序"和"试凑"的方法，即先进行市场需求分析，将分析结果交给设计部门，设计部门人员进行产品设计，然后将图纸交给另一部门进行工艺方面的设计和制造工装的准备。采购部门根据要求进行采购，等一切都齐备后进行生产加工和测试。产品结果不满意时再反复修改设计和工艺，再加工、测试，直到满足要求。由于在整个产品开发的过程中，各个部门的工作总是独立进行的，因此设计部门往往较少考虑工艺和工装部门、加工部门以及检测部门的多方要求，这便造成了上述的设计修改大循环，严重影响产品的上市时间、质量和成本。在上述过程中，人的有限理性主要体现在以下几个方面：其一，新产品开发的空间层次有限。例如，设计部门人员在进行产品设计时，常常基于个人对技术的了解来开发产品，容易忽略部门的要求，以及组织的竞争战略、成本、不同产品之间的关系等，甚至可能忽略了产品和双碳政策等国家政策之间的关系，从而导致了空间层次的有限理性；其二，新产品开发的空间维度有限。例如，在产品设计环节中，设计部门人员可能只考虑了产品的先进性，而忽视了工艺和工装部门的要求、制造部门的加工生产能力、采购部门的要求、检测部门的要求、运输部门的运输条件等，没有多维度地考虑自己设计的产品在不同部门中是否能够实现，从而导致了空间维度的有限理性；其三，新产品开发的时间动态有限。例如，设计部门人员在设计产品时可能缺乏前瞻性的考虑，比较短视，只考虑产品的使用过程，不考虑产品报废的问题，而产品报废时可能存在污染等问题，还可能忽视未来人口的结构变化、经济发展、社会消费习惯等，导致设计出来的产品只在短时间内有用，无法适应未来的发展趋势。例如柯达公司在产品开发上专注于加强自身已有的胶卷业务，忽视了数字化技术在未来的发展趋势，没有真正理解数字化技术对未来消费行为的变革性改变，从而导致其市场规模不断萎缩，公司逐步进入亏损，最终百年胶片巨头轰然倒塌。

德国哲学家康德提出"物自体"（thing in itself）的概念，认为人不可能认识到事物的本质，也就是本质不可知，但现象可知。笔者认为，这些真理很多都是空间层次 S_M、空间维度 S_N 和时间 T 都趋近无穷（∞）的知识，人们的认识可能只是这些真理的投影，只反映了这些真理的某个方面，因此是片面的、包含了某种程度的偏见。譬如，两条一维的线分别代表人的能力和品德，两条线上分别有很多零维的点，代表人的不同能力和不同品德。能力包括学习能力、工作能力、心理承受能力、身体能力等，品德包括勤奋、善良、尊老爱幼、保护自然等。这两条一维的线构成了二维的面，在这个面上可以有很多包含了品德和能力两个方面的故事或案例，例如德才兼备的诸葛亮、左宗棠等。如果只投影到能力这一条线，甚至只投影到能力这条线上的军事能力这一个点上，就属于"降维"，就会造成偏见。很多人崇拜明星，可能仅仅只是看到了明星在某点上的投影（如表演能力、歌唱能力），而没有从各个维度全面地看待明星。我们常说一个人"路走偏了"，就是这个人只沿着某个面、某条线或者某个点走。亚当·斯密提出的专业化分工，既给人类带来了效率的提升，也是人类走偏路的原因之一，过度强调某一方面的专业能力，导致人的应变能力和独立生存能力无法得到发展。人工智能等科技的过度发展也是一种"偏"，如果只强调技术，把道德、伦理都抛在脑后，这种畸形的发展可能会给人类带来很多麻烦和问题。某个公共政策的制定站在某个人或者某个部门的角度来看可能是正确的，但是如果站在国家或者整个人类社会的角度来看就可能是有问题的。

当一个人懂得了普遍真理和一般认识的相对性，他就会明白"兼听则明，偏信则暗""听其言观其行""让子弹飞一会儿"这些话的含义，他就会理解波普尔的证伪思维。证实主义通过归纳获得初步的理论，而证伪主义通过批判思维对理论进行改进。大多数科学理论都是真理在某个方面的投影、在某个范围内的反映，所以才可以被证伪。例如，牛顿力学就是真理在宏观世界的投影，量子力学就是真理在微观世界的投影。还例如，哈耶克的自由主义市场经济理论和凯恩斯的计划主导经济理论，都是经济规律在某一方面的投影，即哈耶克的理论是经济规律在市场主导一线上投影，凯恩斯的理论是经济规律在计划主导一线上投影。当一个人懂得了普遍真理和一般认识的相对性，他就会明白大学教育中通识教育的重要性：只有广泛学习可以迁移转化为其他领域知识的知识，才能不断提升人们对真理的认识、减少偏见。人们在继承的同时，也要具有质疑精神、批评精神、创造精神，不断证伪，这样才能回答"钱学森之问"，让教育能够培养杰出人才。当一个人懂得了普遍真理和一般认识的相对性，他就会意识到既不能教条主义，又不能经验主义。例如有些人有盲目的"重现的信念"，相信以前发生的事情会重现，这就是经验主义。比如他交过不好的朋友，以后就再也不交朋友了；他在赌场上赢了钱，即使输得再惨也会继续赌博；他在炒股时看到股票历史上有某种规律，就相信以后也会重现，等等。哲学家休谟认为，从已知推不出未知、从过去推不出未来，因此盲目的重现的偏见不可取。

11.2.2 基于时空论的人的有限理性的应对策略

在这里，时空论是从一个人所经历的时空的有限性出发，得出人的理性是有限的。那么，我们要提高理性、获得大智慧，就必须尽可能多地经历更多的空间层次、更多的空间维度和更长的时间长度。俗话说"久经考验"，就是时间要长、经历的事情要多。一个人要广泛地和其他人打交道、在不同的群体和组织中体验、去不同的国家学习了解，并且尽可能多地从不同的维度全面了解个体、群体、组织和国家等，要多读历史、读经典书籍，并走访各地实践学习，这样才能使一个人提高理性、获得大智慧。所有的人都是有限理性的，但在商业竞争中，只要自己经历的空间层次、空间维度和时间长度多一些，就可以相对地比别人更理性、更智慧，在竞争中就会获得优势。具体包括以下几个要点。

第一，一个人不可能凭空获得大智慧，大智慧的一个源头是周围的自然和社会环境，人通过跟自然和社会环境的直接交互获得大量信息、知识和灵感。譬如，人从鸟类飞翔中得到启发，发明了各种飞行器；人从蚂蚁和大雁的行为方式中得到灵感，体会到团队工作的要领；人从雪花的分形结构中得到智慧，提出建立分形的组织结构；杰克·韦尔奇一次在海滨游泳时突发灵感，提出公司"无边界管理"的理念，强调在通用电气这种大规模跨国公司的管理中要打破各部门、各层次之间的壁垒，让信息和知识能得到充分的共享和交流。人类在宇宙世界中是非常渺小的，其生存发展所需要的很多方面，如空气、阳光、食物，以及知识和智慧等都来源于大自然。人只有用心融入、观察、聆听、感受和领悟自然，才能悟出更多的知识和智慧。人离自然越近，就越能获得知识和智慧。人类历史发展到今天，现代科技和管理已经非常先进，但为什么我们依然还发现古人的很多经典著作非常有价值？笔者认为，古人所处的社会环境比现在要简单得多，他们能静下心来，用心感悟自然，从自然中领悟出真道（即自然的本象和法则）。除自然外，人的知识和智慧还来自对社会环境的体验。一对双胞胎如果生活在不同的国家，其体验和领悟的知识是不同的。一个大学生毕业后，在不同的组织、部门和岗位工作，和不同的人交往共事，在生活中经历不同的事情，得到的体验和知识都是不同的。

第二，人的很多知识和智慧来自别人的教导、分享和指点。尽管人的知识和智慧在很大程度上来自正规教育，但除此以外，人的知识和智慧还来自非正式的渠道。一个真正善于向他人学习的人是那些善于寻找任何机会进行学习的有心人。在人们的正规教育基本相同或没有本质差别的情况下，人和人之间成功的差别在很大程度上来自非正式渠道的学习。一些成功的政界领导者、企业家和学者都曾有受到智慧之人的"指点"或"点拨"的经历。通过这些非正式渠道的学习，人们可以丰富自己的知识和智慧，特别是得到名家指点并与之交流，更可以大大开阔自己的视野，使知识得以融会贯通。这种非正式渠道的交流对人的学习尤为重要。

第三，人类大量的知识和智慧记载在各种媒介中，包括文献、书籍、杂志、报纸、电视、网站等。这些媒介是对各种自然和社会现象、事件和规律等知识和智慧的记录，是人获取知识和智慧的重要来源。毛泽东同志熟读中外经典，掌握前人的经验和教训，这对他成功指导中国革命起了重要作用。国内一些优秀的企业家也认真研读中外经典，从中领悟前人的智慧，为己所用。还有一些企业家善于从权威的杂志和网站中动态地把握最新的信息、知识和走向，使自己的企业管理和决策紧跟时代的脉搏。

第四，人的很多知识和智慧是基于对自己了解或经历的事情或案例，通过向内探索（包括：回顾、分析、总结、归纳和反思等）而得到的。"温故而知新""前事不忘，后事之师"，人是通过不断地尝试、摔倒，然后回顾、纠正，最后获得了知识和智慧。人类很多重大的发明和突破，都来自于对以前实验失败的总结和反思，很多企业家的英明决策也都来自于对以前错误决策的总结和反思。"失败乃成功之母"，自然和社会中所有的规律、法则和道理都隐含在它们的系统本身以及历史长河里发生的事件之中。人类只有不断地向内总结和反思，才能认识和领悟到其中的本象和法则，从而获得知识和智慧。然而，从过去发生的事情中学习绝非易事，对很多人而言，成功的事件不易重复，而同样的错误却一犯再犯。

总之，人永远在追求智慧的道路上、永远在不断地接近终极智慧。人只有通过让自己的认知在空间层次、空间维度和时间长度上接近无穷，不断求极限，才能得到大智慧，不断接近终极智慧。因此，人们需要读万卷书、行万里路、阅人无数、高人指路、经历山峰、体验低谷、自己去悟。读万卷书时要注意把自己的学习链和中西方经典智慧相连接，产生"问渠那得清如许？为有源头活水来"的效果；行万里路时要注意到不同的行业、部门、国家、文化环境中深入了解，要深入基层、扎根现实；阅人无数就是要和不同的人打交道，了解不同的人的不同特点，这样才能更好地理解人性；高人指路就是要有自己的导师、教练和智囊，来帮助自己看到自己的盲区、了解自己没有经历过的层次、维度和时间；经历山峰和体验低谷就是既能够经历成功，也能够经受失败；最后是自己去悟，也就是要综合这些不同层次、不同维度和不同时间的体验，不断反思、归纳、总结，把经验和教训用在今后的学习和实践中。既然我们都在追求终极智慧的路上，过程就变得尤为重要，《有限与无限的游戏》[①]这本书就强调了过程的重要性。无限的游戏的目的不在于赢得胜利，而在于让更多人加入游戏中，让游戏永远进行下去。有了对有限理性、大智慧和终极智慧的认识后，我们可以学习到：第一，每个人都有其局限，只要我们比对手好一些就可以了；第二，过程很重要；第三，社会是前进的；第四，人外有人，山外有山；第五，我们应该一直抱有进取、敬畏、谦卑、学习、创新、改进的心态。

11.3 关于终极智慧的探索

在上一节中，笔者基于时空论，提出人的理性是时间和空间的函数，即

$$R = f(T, S_M, S_N)$$

进一步地，终极智慧（Ultimate Wisdom，W_U）是对人的理性求极限（limitation），即通过向内求极限和向外求极限的方式来获得终极智慧，具体表现为在时间（T）、空间层次（S_M）和空间维度（S_N）上都趋近无穷（∞）。

$$W_U = \lim_{\substack{T \to \infty, S_M \to \infty, S_N \to \infty \\ \text{向内求+向外求}}} R = \lim_{\substack{T \to \infty, S_M \to \infty, S_N \to \infty \\ \text{向内求+向外求}}} f(T, S_M, S_N)$$

从这个意义上看，人类在追求终极智慧的道路上，对世界还不能形成100% 的理解，但可以无穷地趋近它。哲学家康德提出的物自体的概念正是反映了这一点，即人们对任何一个事物的理解永远是该事物表现出来的现象，人们永远不可能了解它的本质。

人获得智慧或终极智慧包括向外求和向内求这两种方式。向外求是指通过

---

① [美]詹姆斯·卡斯.有限与无限的游戏[M].马小悟，余倩，译.北京：电子工业出版社，2019.

转向外部世界获得智慧。向外求的方式包括读万卷书、行万里路、阅人无数、高人指路、经历山峰、体验低谷等。向内求是指转向自己的内心世界，通过不断地反思和体悟来获得智慧。六祖惠能曾说："何期自性，本自具足"，认为人自身就具有圆满的智慧。向内求的方式包括内观、反省、冥想等。向内求和向外求这两种方式对人获得智慧或终极智慧都是很重要的。

在我国的传统经典中，有很多作品内容深刻，给人带来很多的启发和思考。先秦道家学派代表人物庄子创作的《庖丁解牛》和北宋著名理学家邵雍创作的《渔樵问对》就是这样的优秀作品，下面就借此来讨论人们对终极智慧的探索。

（1）庄子的《庖丁解牛》

《庖丁解牛》① 很好地向我们展示了人追求终极智慧的过程。

庖丁的解牛达到了很高的境界，已经不仅仅是完成解牛，而且还可以给人以艺术的享受。原文中写道："庖丁为文惠君解牛，手之所触，肩之所倚，足之所履，膝之所踦，砉然向然，奏刀騞然，莫不中音，合于《桑林》之舞，乃中《经首》之会"。其意思是："庖丁为文惠君宰牛，手触肩颈、足踩膝抵等各种动作，牛的骨肉分离所发出的砉砉响声，还有进刀解牛时哗啦啦的声音，都无不符合音乐的节奏，与《桑林》舞的节拍，《经首》曲的韵律相和谐"。

因此，文惠君就问庖丁，他解牛的技术怎么会达到这样高超的地步，庖丁于是告诉了文惠君自己的方法和心得。我们可以从庖丁的阐述中得出以下三个追求终极智慧的心法。

第一，爱好求道，在事上练。追求终极智慧的第一个心法是"爱好求道，在事上练"。一个人只有热爱终极智慧，才能在日常的工作和生活中，抓住一切机会探求万事万物的规律，以及探究任何事情的"道"。庖丁说："臣之所好者道也，进乎技矣"。其意思是："我所爱好的是道，已经超越技术层面了"。在爱好求道的驱使下，人还要重视在事上练，正如王阳明在《传习录》② 中所提到的"人须在事上磨，方立得住，方能'静亦定，动亦定'"。这也是在我国禅宗中修行所遵循的法则，即在平常的行走、坐卧、吃饭、喝茶和赏花等活动中，都可以感悟"一花一世界，一叶一菩提"，强调了在日常的工作生活当中自然而非刻意地去求道和悟道。

第二，循序渐进，熟练生巧。追求终极智慧的第二个心法是"循序渐进，熟练生巧"。庖丁说："始臣之解牛之时，所见无非牛者；三年之后，未尝见

① 方勇，译注. 庄子：中华经典名著全本全注全译丛书 [M]. 2 版. 北京：中华书局，2015.

② 王阳明. 传习录 [M]. 北京：台海出版社，2017.

全牛也。方今之时，臣以神遇而不以目视，官知止而神欲行。依乎天理，批大郤，导大窾，因其固然，技经肯綮之未尝，而况大軱乎！良庖岁更刀，割也；族庖月更刀，折也。今臣之刀十九年矣，所解数千牛矣，而刀刃若新发于硎。彼节者有间，而刀刃者无厚，以无厚入有间，恢恢乎其于游刃必有馀地矣。是以十九年而刀刃若新发于硎。"其意思是："开始我解牛时，见到的都是整体的牛；三年之后，就再也看不见整头的牛了。现在，我宰牛时全凭心领神会，而不需要用眼睛看，感觉器官的作用停止了，而专凭精神活动来行事。顺着牛身上天然的纹理，劈开筋肉的间隙，在骨节的空隙处引刀而入，顺着牛的自然结构去用刀，即便是经络相连、筋骨交错的地方都没有碰到，何况那大骨头呢！好的厨师一年换一把刀，因为他们是用刀割筋肉；普通的厨师一个月换一把刀，因为他们是用刀砍骨头。我的刀用到如今已经十九年了，宰过的牛也有几千头了，可是刀口还是像刚从磨刀石上磨出来的一样锋利。牛的骨节间有缝隙，而刀刃却薄得没有厚度，用没有厚度的刀刃切入有缝隙的骨节，宽宽绰绰，刀刃的游动运转肯定有足够的余地。所以这把刀用了十九年还是像新磨的一样。"

庖丁在用刀的这十九年中，每次解牛就像是在探索牛的整个身体上某些空间层次上、某些空间维度上的自然结构。通过日积月累的实践，庖丁循序渐进、熟练生巧，全部掌握了牛整个身体的各个空间层次和各个空间维度的结构和特征，这种全盘了然于心的掌握，体现在其脑海里、表现在其身体的动作上，解牛的技术也就逐渐达到炉火纯青的状态。格拉德威尔在其著作《异类：不一样的成功启示录》①中提及的"10000小时定律"认为，在某个领域中10000小时的练习和磨砺是从普通人变成专家的必备条件，也是强调了训练的次数和时长对人掌握某方面技能的积极影响。

第三，**谦虚敬畏，止于至善**。追求终极智慧的第三个心法是"谦虚敬畏，止于至善"。庖丁说："虽然，每至于族，吾见其难为，怵然为戒，视为止，行为迟，动刀甚微，謋然已解，如土委地。提刀而立，为之四顾，为之踌躇满志，善刀而藏之。"其意思是："虽然这样，每碰到筋骨盘结的地方，我知道不容易下手，依然小心谨慎，眼神专注，手脚缓慢，刀子微微一动，牛就哗啦啦解体了，如同泥土溃散落在地上一般。我提刀站立，环顾四周，悠然自得，心满意足，然后把刀擦干净收藏起来。"从中可以看出，庖丁即便水平高超，但总

---

① 马尔科姆·格拉德威尔.异类：不一样的成功启示录[M].苗飞，译.北京：中信出版集团，2020.

是保持谦虚敬畏的心态。在《周易》①中的谦卦是六十四卦中唯一每一爻都吉祥的卦，象征了人的德行很高、能力很强，但却不自满、不张扬，对今后可能发生的新的变化保持敬畏之心，通过学习和创新，尽力对变化做出最好的应对。因此，庖丁的解牛水平不断得到精进，对道领悟得更深，也就越来越接近这方面的终极智慧。

从上面庖丁解牛的故事中，我们可以得到很多启发。其实，我们每一个人在人生中面对着很多"牛"，如何很好地"解牛"，就必须了解"牛"的结构和本质，找到"解牛"的道和智慧。在中国革命的实践中，毛泽东同志在遵义会议后如何反围剿，体现了他如何理解当时所面临的"牛"和"解牛"的智慧，这对中国革命取得成功十分重要。

可以发现，庖丁提到的"以无厚入有间"的道理，在毛泽东同志指挥的四渡赤水中，就有很好的体现。在毛泽东同志的指挥下，三万红军的精干队伍（"无厚"），通过运用调虎离山的策略以及运用复杂的气候和地形，在四十万敌军的队伍中形成间距（"有间"）、从中迅速转移、最后从金沙江北上，逃脱了包围圈，成功实行战略转移，保存了革命的火种。这一军事史上的奇迹，体现了毛泽东同志把握了敌军这头"牛"的特点，而且比庖丁更为高明的是，他采取了一系列的策略，训练自己的部队变得更加精干、机动和灵活，变得"无厚"；同时还改变了敌军这头"牛"的结构，使其变得"有间"；这样就以"无厚"入"有间"，获得了军事上的胜利。

和庖丁提到的"以无厚入有间"道理相类似的还有《道德经》②中提到的"无有入于无间"，后来被人引申为"以无间入有隙"，这句话同"以无厚入有间"相对应。"以无厚入有间"强调了通过自身的精干和灵活在空间中找到间隙。毛泽东同志指挥一支优秀的红军队伍在四渡赤水中创造有利空间突破包围，渡过金沙江，北上和红四方面军汇合。"以无间入有隙"则强调了通过自身的"无懈可击"来等待对手的"内忧外患"，这样我方于对方就"有机可乘""一招制胜"。正如《孙子兵法》③中的"昔之善战者，先为不可胜，以待敌之可胜。不可胜在己，可胜在敌。故善战者，能为不可胜，不能使敌之可胜。"所体现的思想，其意思是，要让自己不能被战胜（"无间"），然后等待敌人可以被战胜（"有隙"）。譬如，在四渡赤水过程中的娄山关战役中，毛

---

① 郭彧，译注 . 周易：中华经典藏书 [M]. 北京：中华书局，2006.

② 张景，张松辉，译注 . 道德经：中华经典名著全本全注全译丛书 [M]. 北京：中华书局，2021.

③ 陈曦，译注 . 孙子兵法：中华经典名著全本全注全译丛书 [M]. 北京：中华书局，2011.

泽东同志不断加强政治思想工作，保障了我军内部的士气高涨和人心稳定（"无间"）。同时，还对对手进行了有力的政治宣传，使我军更加深入地认识到国民党军队的真实面目（"有隙"），在敌我双方总体力量悬殊的情况下，硬是在局部的娄山关取得了重大的胜利。

（2）邵雍的《渔樵问对》

《渔樵问对》①是宋代邵雍撰写的渔夫和樵夫之间的对话，书中以樵夫询问、渔夫回答的方式，体现了作者对世界终极智慧的探索。其中，渔夫的视角是从一位精通天地之道的圣人出发，而樵夫的视角和普通人一样，他通过提出看似简单但在人们生活中却十分普遍的问题，来引出渔夫的回答。在这一问一答中，看似在讨论钓鱼和砍柴，实则在讨论"道"，揭示世界的终极智慧。根据渔夫和樵夫的对话，笔者将其内容分为以下六层。

第一层：对话的第一层是从分析钓鱼的利害关系逐渐深入事物的构成。在对话中，樵夫认为鱼吃鱼饵而受害，人钓鱼而获利。渔夫则认为鱼和人的利害关系是相同的。一方面，鱼吃了鱼饵能生存为利，不吃鱼饵无法生存则为害；另一方面，人去钓鱼，若能钓到鱼，则为利；若钓不到鱼，不仅耗费时间和精力，还可能饿肚子，甚至有失足掉到水里的危险，则为害。在渔夫看来，鱼吃鱼饵有害也有利，不单单是害；人钓鱼有利也有害，不单单是利。这让樵夫认识到，要全面地看待事物，任何事情有好的一面，也有坏的一面。进一步地，樵夫认为即使渔夫钓到鱼了最终还是要用他的柴火煮鱼。因此，两人的对话从人和鱼的利害关系进一步引申出体用关系。渔夫以柴火为例来辨析体用关系。渔夫认为，柴变成火才能煮鱼，柴是火的本体，火是柴的作用。世界上所有的事物都有各自的体和用。因此，认识一个事物，不仅要认识到它的表面（类似于"用"），还要看到它的本质（类似于"体"），这样才有助于我们真正认识世界。在这里，无论是"害"还是"利"、"体"还是"用"，都是构成一个事物两个相互对立的方面，可以将其抽象地概括为"阴"和"阳"。根据中国传统的哲学思想，世界万物是由"阴"和"阳"这两个相互对立的元素构成的。

第二层：在了解了事物的构成之后，人们如何才能在实践中看到事物的构成？于是，对话的第二层就讲述了事物的构成是随环境变化而逐渐显现的。渔夫先是提出要以无心来了解万物，即打破"我"和物的界限，然后物物相通。紧接着，渔夫谈到了天和地相互依附、有和无相生、形和气相息等现象，进而

---

① 邵雍.渔樵问对 [M].北京：北京汇聚文源文化发展有限公司，2015.

引出事物随环境变化而逐渐显现其构成。渔夫举例说明，小偷在偷盗的时候嫌东西少，但被发现后会嫌东西多；官员接受贿赂时希望财物越多越好，但在被审判时会希望财物越少越好。可见，同一事物由于环境的不同而呈现出利和害。因此，构成事物的"阴"和"阳"会随着环境的变化而逐渐显现出来。

第三层：那么人们如何认识到构成事物的"阴"和"阳"两个方面，以及"阴"和"阳"是如何随环境变化而显现出来的？于是，对话的第三层就阐述了圣人观察世界的三种方法。渔夫通过问樵夫而自答的方式，提出了观物有三种观法，即眼观、心观和理观。具体地，眼观就是用眼睛去看事物的表面；心观就是用心去感知事物的本质；理观就是用理智去客观地理解事物的本质，即不从"我"的角度去观物，而是从物的角度去观物，即以物观物，进而能达到"用天下之眼观物，用天下之耳听物，用天下之口言物，用天下之心谋物"的境界。其中的"以物观物"其实就是人们常说的换位思考，也就是破除"我执"、不"着相"。进一步地，观物还讲究知理、知性、知命三者合一，即知晓事物的机理、本性和命数。

第四层：对话的第四层论述了人为和天命之间的关系。樵夫问渔夫如何钓到鱼，渔夫列举了钓鱼所需的六物（鱼竿、鱼线、鱼漂、鱼坠、鱼钩、鱼饵），说道：六物具备不一定能钓到鱼，但六物不具备就一定钓不到鱼。在其中，六物是否具备是人为；六物具备但能否钓到鱼是天命。所谓"尽人事，听天命"正是此意。樵夫接着提出祈祷有无用处这一问题，渔夫给出这样的回答，他认为，善恶是人为的，福祸是天定的；因果报应是天道，无关祈祷。樵夫继续追问为何世上会有"行善者遇祸，行恶者获福"的情况，从而引出了渔夫关于天命和缘分之间关系的回答：行善者得福那是他的福分，至于实际是否能得福，那就是他的命了。行恶者得祸那是他的恶缘，至于实际是否遇到祸，那就是他的命了。因此，这段话体现了内因和外因（是一对"阴"和"阳"）的作用，即一个人尽了人事，但最终的结果还会受到外部环境（即天命）的影响，这是人力所无法控制的。渔夫进一步阐述环境（即利害关系）对人际行为的影响，譬如，有利害关系会使亲人之间失和、无利害关系可以使陌生人之间亲近。但即使这样，渔夫还是认为一个人如果按照义而非利的原则对待他人，就能化解利害关系带来的祸害。后来樵夫继续问负重和身体受害的关系，渔夫借着樵夫的问题进一步阐明，如果一个人也不能对自己做到重义而轻利，而是贪婪地追求利，他自己的身心也会受到伤害；告诫人们不能因为贪多而受累、受伤，做事应量力而行才是有智慧的。

第五层：前面渔夫的回答引发了樵夫的思考，樵夫意识到渔夫是懂易理的人，他继而问渔夫有关易理方面的知识。因此，对话的第五层上升到易理的知识。渔夫介绍了易学之道，即太极生两仪，两仪生四象，四象生八卦，八卦生六十四卦。其中，太极是"无为之本"；两仪是天地之祖，以一和二为名；四象则是阴阳刚柔；八卦为乾、坤、离、坎、兑、艮、震、巽；八卦两两相重，则生出六十四卦。渔夫介绍了易学之道之后，以复卦、无妄卦和姤卦为例，阐释这三卦所蕴含的易理。最后，阐述完复卦、无妄卦和姤卦的易理后，渔夫继续述说阴阳随四季变化而使万物产生（春）、成长（夏）、收藏（秋）和肃杀（冬）的过程。

第六层：前面的对话上升到易理后，对话的第六层是从个人上升到国家，进一步以朝代举例说明，从中揭示世间兴衰更替所蕴含的阴阳思想。首先，樵夫提出"小人是否能绝迹？"的问题引出了渔夫关于君子和小人的论述，渔夫认为君子和小人是相辅相成、不可或缺的。小人和君子也可以理解为"阴"和"阳"。当君子的正气盛、小人的邪气衰时，则世治而兴国、兴家；当君子的正气衰、小人的邪气盛时，则世乱而亡国、亡家。渔夫表示小人不会灭绝，世界的构成决定了小人的存在，有些事情是小人能做到而君子不能做到的。渔夫把君子和小人比喻为药材，药材有平常药和毒药（这是一对"阴"和"阳"）。在一般病症的情况下，没有毒性的平常药就能治病。但若遇到了疑难杂症等特殊病症时，则可能需要毒药的毒性来以毒攻毒治病，只是需要把握好使用毒药的度。由此引出渔夫对君子和小人的归类：正才和不正之才。二者都有才华，区别在于是否行正道。圣人治世要量才而用，渔夫以用药医病为例进行说明，毒药有其用处，但病愈则要速停；平常药日常可用，但遇重病可能无疗效。因此，君子可常用，但小人应少用，仅在特殊时期用之，且要注意度。进一步地，樵夫疑惑：国家的兴亡和人才的正邪相关，也都各有其天命，那君主为何不择人而用之？渔夫回答道，君主选择臣子，臣子也在选择君主。同类型的君主和臣子相聚，不同类型的君主和臣子相离。若君主好仁义，那么仁义的人会相聚，国家也会繁荣昌盛；若君主好利益，那么好利的人会相聚，国家也会日渐消亡。最后，对话回到了善和不善、盛世和乱世的关系上，渔夫总结道，盛世离不开君子、善和义，而乱世则和小人、不善和利相关。

在《渔樵问对》这部经典著作中，樵夫怀着满心的疑问，通过向渔夫提问（向外求），不断地探索这个世界的真相，接近终极智慧。同时，樵夫也从自身的反思中提升认识（向内求）。通过将向外求和向内求这两种追求智慧的方式结合起来，樵夫升华了对自然和社会的认识，发出了最后的感慨："我听说上古有伏羲，今日好像一睹其面。"全书贯穿了《周易》的阴阳思想，谈笑间，世间的终极智慧展现于问答之间。书中展现的终极智慧：世界上的万事万物都是由相互对立的阴阳智慧构成的。总体上，在《渔樵问对》中，对话的第一层到第四层属于"观"的阶段，樵夫通过和渔夫的对话达到了内观和外观的结合，实现内观和外观的同频共振；基于前面对话内容的铺垫，在对话的第五层中，作者借樵夫的问题和渔夫的回答上升到易学之道，引出书中所蕴含的终极智慧。最后，第六层属于"照"的阶段，照即照明、投影，即将对话的第五层中的易学之道又进一步投影到具体的现实问题上，如人才的类型、朝代的兴衰更替等。在几何学中，投影是指从一个高维空间到低维空间的映射。譬如一个三维物体，光线通过该三维物体后，在这个物体背面的屏幕上会形成一个二维的影子。笔者在此处所提出的"投影"是指将一个高维智慧投射到低维智慧中。譬如，将终极智慧运用于具体的情境、实践或问题中，就好比是将终极智慧投影到具体领域中，但在具体领域中显现出来的内容只是终极智慧的一个"影子"。

总体上，《庖丁解牛》主要是**"向内求"**，庖丁勤于实践，善于反思，其终极智慧主要展现了人在实践中精进从而得到真知，也反映了毛泽东同志的《实践论》的思想，即实践出真知。《渔樵问对》主要是**"向外求"**，通过樵夫提问、渔夫回答的方式探索终极智慧，其终极智慧主要展现了万事万物是由阴阳对立元素构成，也反映了毛泽东同志的《矛盾论》的思想，即任何事物都包含矛盾，矛盾双方既相互依存、相生相克，也可以相互转化。我国古代的经典《庖丁解牛》和《渔樵问对》分别反映了近现代毛泽东同志的《实践论》和《矛盾论》的基本思想，对我们是很有启发的。众所周知，《实践论》和《矛盾论》这"两论"是我们队伍建设重要的思想武器，对于我国革命和建设事业的成功起到了十分重要的作用。

终极智慧的想法在一些经典著作中有阐述。譬如，在《金刚经》中有"无上正等正觉"，被用来比喻最高智慧的境界，"无上"是指再没有超过它的了，含义是"彻悟一切宇宙奥妙圆融圆通无滞无碍之觉"；在《心经》中有"般若智慧"，有多重含义，其中就包括"如实认知一切事物和万物本源的智慧"；在《道德经》中有"道"，正所谓"道可道，非常道；名可名，非常名"，这里的"道"是一种超越人类语言和认识范畴、但又无所不在的存在。此外，还有终极之道、大智慧、高维智慧、圆满智慧等这些词汇，这些都反映了人类对终极智慧的描述。

在现实当中，我们可以发现任何一个人提出的观点、看法，甚至理论等，都是经由证实主义和证伪主义来产生的。比如说关于"天鹅是白的"这个结论，如果我们看到了一万只天鹅，发现它们都是白的，由此得出"天鹅是白色的"，这就是证实。但只要人们发现有一只天鹅是黑色的，那"天鹅是白色的"这个结论就不成立了，这就是证伪。所以任何一个理论的建构，它先是被证实了，然后可能被证伪了。譬如，牛顿力学在低速运动的宏观物体领域中被证实了，但在高速、微观及强引力场的情况下却不适用，它被证伪了。爱因斯坦提出了相对论，包括狭义相对论和广义相对论，对牛顿力学进行了继承和发展，突破了牛顿力学的局限，适用于描述高速运动（与光速可比拟的高速）和强引力场中的物理现象，如天体和宇宙中的引力、电磁波等。爱因斯坦认为宇宙中的一切都有其内在的规律性和确定性，不是随机的。因此，从这个角度来看，爱因斯坦并不认为"上帝会掷骰子"，即不认同随机性和不确定性在宇宙中的存在。而量子力学是一种研究物质世界中微观粒子运动规律的物理学理论，认为物质是由微观粒子组成的，这些微观粒子在空间和时间上具有不确定性和随机性，其意思是认为"上帝会掷骰子"，人类不能准确预测粒子在某个时间点的位置，最多只能认识到其在某位置的概率函数。

从牛顿力学到相对论再到量子力学，反映了物理学的三个重要进程，体现了证实主义和证伪主义的作用。进一步地，终极智慧和普通智慧在某种程度上也是一种投影关系。此外，宗教哲学和自然科学的方法论是不同的，宗教哲学主要是从高维出发，再往下发展。而自然科学主要是从低维往高维逐步发展，这个过程中会有很多学术探讨和争论。

现实中人们提出和运用的很多观点、看法甚至理论，都是经由证实主义、证伪主义来产生、改进和发展，但在大多数情况下，都是这种终极智慧在某一个层次、某一个维度或某一个时间上的投影。

我们学习时空论和时空大智慧的目标之一，在于一开始就认识到接近高维的终极智慧的重要性，在心田种下善因、智慧的种子，从而笃定、不迷茫，无论是做什么事情，都能做到通透、成竹在胸、淡定、从容，进而在追求终极智慧的同时，将大智慧应用到各种具体领域中（即投影）、持续精进、领悟智慧、收获善果。

第12章

领导者时空智慧发展的过程和影响因素

12.1 领导者时空智慧发展的过程

领导者时空智慧的发展存在一个过程，下面以企业家 S 先生的案例进行详细阐述。

S 先生被评价为"当今中国商界最具争议和最具传奇色彩的人物"[①]。改革开放后，S 先生受到深圳创业氛围的影响，毅然辞职下海创业，通过自主研制的某一桌面排版印刷系统软件赚得了第一桶金。他有着豪赌的爱好和天才般的营销才能，1990 年初创建了巨人公司，开发巨人汉卡推向市场，仅用一年时间，就跃居国内同类行业之首，纯利润过千万元。1992 年，面对资产规模过亿的巨人集团，S 先生计划建造一栋 70 层高的"巨人大厦"。随着国外向中国出口计算机的禁令被取消，国际大型电脑公司进入中国，S 先生看到了电脑行业的危机，提出要走多元化扩张的道路，于是他瞄准了保健品和药品市场，动用了大量资金开拓这一市场，多线作战、齐头并进。1995 年，S 先生下达"总攻令"，在全国各大报纸上密集地给巨人集团的电脑、保健品和药品等 30 个新品做广告，虽然此举迅速带来了订货量的巨大提升，但员工素质和组织协调能力并不能马上跟得上订货量的提升，甚至出现了许多恶性事件，S 先生不得不在两个月后宣布"创业整顿"。建造巨人大厦的高额资金需求又迫使 S 先生不断从保健品公司"输

---

① 黄志猛，评论：S 先生的老虎性格，2008-01-25，http://tech.sina.com.cn/i/2008-01-25/10521997530.shtml

血"给巨人大厦，拆东墙补西墙，再加上社会对巨人保健品的真实效果的质疑，以及巨人对竞争对手的诋毁，这些都导致其名声滑坡，巨人内部也出现了私吞集团利益的恶性事件。最终在 1997 年初，巨人集团被媒体频繁曝光财务危机，巨人大厦也因资金短缺停工，巨人集团名存实亡，欠债两亿多元的 S 先生也消失在公众视野中。S 先生后来去爬了喜马拉雅山，经历了一番险境下山后，决心再次开始创业，带领原班人马组建了某生物科技公司，推出了一款保健品。这次他退居幕后、稳扎稳打、保证资金链安全，并且继续采取他最熟练的广告轰炸策略，仅用三年时间，该保健品就成为中国最畅销的保健品。继该保健品之后，S 先生又推出了某维生素产品。2004 年，受到某款游戏在纳斯达克上市的启发，S 先生进入游戏领域，成立了某网络游戏公司，率领团队开发游戏，并于 2007 年在纽约证券交易所上市。

根据笔者的分析，S 先生从成功走向失败、又从失败走向成功的过程主要可以分为以下三个阶段。

第一阶段，S 先生创业成功，主要靠的是冒险和广告营销。他的冒险个性从他毅然决然辞职下海创业就初显苗头，当他耗费 9 个月时间研制出某桌面排版印刷系统软件后，他"豪掷"8400 元，在某杂志上刊登广告，就这样，他仅用了两个月就赚得了第一桶金 10 万元。他又把这笔钱全部投入广告中，四个月后，他成了百万富翁。成立巨人集团后，他不顾所有员工的反对，对全国的电脑销售商宣告，只要订购 10 块巨人汉卡就可以免费来珠海参加巨人的销售会。就这样，S 先生以数十万元的成本搭建了一个汇聚了 200 多位遍布全国的销售商的销售网络，巨人仅用一年就取得了纯利润破千万元的成绩，仅用两年就取得了资产规模过亿的成绩。

第二阶段，S 先生从成功走向失败，也主要是因为他的冒险和广告营销。他在短期内获得的巨大成功让他被胜利冲昏了头脑，他变得更加自负、激进，没有意识到守业和创业要遵循的"道"可能并不相同，没有对外部环境潜在的变化保持关注，也没有对其决策可能隐藏的危机保持警觉。S 先生在这个阶段变得非理性，他并未认识到市场环境、商业竞争等的动态性。S 先生决定要建造巨人大厦，一开始计划盖 38 层，但在周围人的撺掇下，这一计划不断加码，从 38 层到 54 层、再到 64 层、最后到 70 层。面对电脑市场竞争加剧，S 先生又提出了"二次创业"、走多元化扩张道路的战略。S 先生"变本加厉"地、"狂轰滥炸"式地使用广告营销，这确实使得订货量大幅度提升，巨人集团子公司从 38 家迅速发展到 228 家，员工从 200 人迅速增加至 2000 人。但是，员工素质提升的速度无法跟上订货量增长的速度，巨人集团新增的员工要么是刚毕业不久的学生、没有经验，要么是其他公司跳槽来的"雇佣军"、缺乏对公司的认同感和忠诚度，导致了很多负面事件。巨人集团的广告文案甚至还诋毁竞争对手，造成了巨人集团的声誉滑坡。于是，前一阶段让 S 先生取得成功的广告营销在这一阶段反而起了负面作用。无论是巨人大厦还是多元化扩张，都对巨人集团的资金提出了庞大的需求，再加上巨人集团内部存在管理和体制的问题，尽管 S 先生意识到了其中一些问题，但也没有采取有效的措施来根本性地解决这些问题。内忧外患之下，巨人集团的危机终于爆发，很快巨人集团轰然倒塌，S 先生负债累累、消失在公众的视野中。

第三阶段，S 先生从失败走向成功，主要靠的是他反思悔悟、改进自己的经营管理策略。巨人集团崩溃后，S 先生离开珠海，和同伴去爬了珠穆朗玛峰，期间经历了迷路和氧气几乎耗尽的危险情况，好在同伴没有抛弃他，他得以脱离险境。下山后，S 先生决定重新开始，这一次，他变得沉稳，深入思考并吸取了第一阶段成功的经验和第二阶段失败的教训。当 S 先生推出某保健品、大获成功之后，他就把该款保健品卖给了其他公司。当他研发游戏、赚得盆满钵满、游戏公司成功上市之后，他就退居二线。他没有再像第二阶段那样，多线并进地进行多元化扩张，而是深挖某个行业的某个产品，当这个产品取得了不错的成绩之后，他便见好就收，进入另一个感兴趣的行业开发新的产品。S 先生在2006 年接受访谈时曾提到，所有失败的企业都有一个共同点，就是没能抵挡得住诱惑，战线拉得过长。这些体现了 S 先生对他在第二阶段失败的反思和改进。

12.1.1　基于人性的智慧发展过程

上面这个案例故事的情节本身并不复杂，但是却充分反映了人性的问题。

人性中一个极其重要的方面，就是人的理性。S 先生为什么在巨人集团取得成功后做出了一系列特别激进的决策最终导致巨人集团的衰败？ S 先生为什么在东山再起时采取了不同的策略？从理性的角度，S 先生应该怎么做？一个人理性思维的形成会受到什么因素的影响？人在什么时候会失去冷静清醒的头脑？什么时候又会回归和增加理性？

我们知道，宇宙飞行器在回到地球的时候，飞行速度极高，和空气快速摩擦，就会产生一个磁场，从而导致用于通信的电磁波传输衰减或反射。此时，地面和飞行器之间的无线电通信便中断了，这种现象叫做"黑障"。这就像一个人在高速发展的时候，他听不进外部的声音，没有人有极强的沟通技巧让他能够听得进去这些声音。他即使能听得进去的声音也是有选择性的，他会习惯性地被自己的偏好和偏见所引导，从而将自己桎梏于像蚕茧一般的"茧房"中，这种现象叫"信息茧房"。譬如，一位销售出身的企业家，在空调这个领域做到了行业第一。但她没有听周围人的劝阻，将空调销售方面的自信迁移到手机、新能源汽车、数控机床等领域，导致投资失败，企业遭受经济损失。还有一位企业家，他起初经营航空公司十分出色，该公司还跻身了世界五百强企业。但后来，他先后投资了旅游、金融、地产等许多非航空相关领域，导致企业债务缠身，最终只能申请破产重组。这也许就是人性的规律使然。所以，当一个人成功到一定程度后，可能容易缺乏理性，进而会陷入"信息茧房"，当然这也让其他人有翻身的机会。大自然设置的这个机制叫做人性，人性的弱点使得人在取得成功后就有可能走向它的反面。

老子的《道德经》①中有一句话"反者道之动，弱者道之用。天下万物生于有，有生于无"。其意思是，循环往复的运动变化，是道的运动，道的作用是微妙的、柔弱的。天下的万物产生于看得见的有形质，有形质又产生于不可见的无形质。例如，学生从进入教室的那一刻起是"聚"，但也开始了走向"散"的趋势。任何力量开始的时候就有一股力量使其走向反面。老子讲的这句话是万事万物的真相和规律。根据这种思想，人们就要保持警惕，譬如，进赌场多次赢钱就要引起警惕，一个人突然对你好的时候你也要保持警惕。

这也就能解释为什么有些人会从成功走向失败，因为人性，使其缺乏约束，容易陷入"信息茧房"。所以这个世界是公平的，一个人在成功的时候，可能就会遇到一些坎，能过这些坎就能保持成功，不能过这些坎就可能会走向失败。

成败可以影响一个人的智慧。《周易》②采用了四种现象对人的状态进行概括，分别是吉、凶、悔、吝。曾仕强先生③曾经将"吉、凶、悔、吝"联系起来，形成图 12-1 所示的关系图，反映了人的行为循环特征。

其中，"吉"是指人处在吉利、成功的状态。"凶"和"吉"相对，指人处在凶险、失败的状态。"悔"是指人处在悔悟的状态。"吝"的含义是从词语"吝啬""吝惜"中引申而来的，是指人处在吝惜于自己所拥有的东西，如观点、看法等，而不愿意舍弃的状态。著名易学家金景芳等在《周易全解（修订本）》④中认为"悔是吉之先；'有悔'，有过知改，有问题知解决，有可能

① 张景，张松辉，译注．道德经：中华经典名著全本全注全译丛书 [M]．北京：中华书局，2021．
② 郭彧，译注．周易：中华经典藏书 [M]．北京：中华书局，2006．
③ 曾仕强．易经的奥秘：完整版 [M]．北京：北京时代华文书局，2023．
④ 金景芳，吕绍纲．周易全解（修订本）[M]．上海：上海古籍出版社，2017．

变好。吝是凶之本；'吝'，有过不肯改，有问题不能解决，必将变坏"。根据他们的观点，笔者在这里取"吝"的含义为：听不进外部的声音、看不得和自己预期相反的事实，即使听到了、看到了也不会重视。处在这种状态的人掌握的信息不是真实、全面、客观的，而是有选择性的，因此很容易失败。

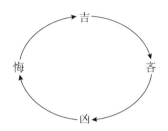

图 12-1 "吉凶悔吝"关系图[①]

　　一个人在成功的时候，很容易过度自信，在自己身边形成一个壁垒，阻挡外部的智慧进到他的脑海里，往"吝"发展，表现为固步自封、听不见外面的意见，导致决策的错误，然后就会陷入"凶"的状态。《邹忌讽齐王纳谏》[②]一文中，邹忌对齐王说，他自知不如城北徐公美丽，但是他的妻子偏爱他、妾惧怕他、客人有求于他，所以都说他比徐公美丽，而偏爱齐王的姬妾近臣、惧怕齐王的大臣、有求于齐王的百姓更是不计其数，因此齐王受到的蒙蔽是更严重的。齐王听取了邹忌的谏言，下令奖赏当面批评他的人、上书劝谏他的人、在公共场所指责他过失的人，最终使得齐国风清气正、国势强盛。正面的例子还有唐太宗。魏征十分正直，经常不留情面地向唐太宗进谏，唐太宗也十分器重魏征，魏征不在后，唐太宗感叹道："以铜为镜，可以正衣冠；以古为镜，可以知兴替；以人为镜，可以明得失。"魏征没有了，唐太宗认为自己失去了一面镜子。此外，成语"房谋杜断"指的是唐太宗的两名得力宰相，多谋的房玄龄和善断的杜如晦，前者善于提出计谋，后者善于做出决断，两人共同为唐朝制定了许多规章制度。反面的例子有项羽。范增为项羽出谋划策，不断增强项羽的实力，但是项羽却不听范增提出的除掉刘邦的建议，认为刘邦还不足以构成威胁、除掉刘邦是不义之举，并开始猜疑范增，还同意了范增的辞官请求，两人关系彻底决裂。范增离开之后，项羽兵败、自刎于乌江边。刘邦对此感叹道："项羽有一范增而不能用，此其所以为我擒也。"

　　因此，在现实中还存在一种比图 12-1 更不好的情况，那就是从"吉"的

① 曾仕强. 易经的奥秘：完整版 [M]. 北京：北京时代华文书局，2023.
② 缪文远，罗永莲，缪伟，译注. 战国策：中华经典藏书 [M]. 北京：中华书局，2006.

状态直接到"凶"的状态，这就是如图 12-2 所示的状态。在这种状态下，人的智慧不仅不是在增长，反而在降低。

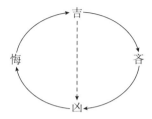

图 12-2　从"吉"的状态直接到"凶"的状态

上面这些事例都在告诉人们，领导者要时刻保持清醒的头脑，要广泛听取批评意见，不能偏听偏信。美国的一位企业家讲过，自信和自傲之间是一条非常微妙的分界线，稍有不注意就会从自信跨越到自傲。对有些人来说，即使听到了他人的声音，也没有去改进，那就是从"吉"到"吝"，最终很可能走向"凶"。但是对有些人来说还有挽救的机会，出现"凶"了以后他们会悔悟，会反思自己，发现和解决问题，找到正确的发展思路。正如一句话所说的："能说服一个人的从来不是道理，而是南墙。"撞到南墙后，人们就开始反思，于是人就又开始走向"吉"。但"好了伤疤忘了疼"，又开始听不进意见、进入"吝"的状态，又会出现问题，导致"凶"，然后"悔"，如此循环往复。图 12-1 体现了这样循环往复的过程，这样的过程也反映出人的智慧很难增长。这就是人性的普遍规律，每个人都会出现这种情况，只是程度大小不同而已，极少数人也许能够做得好，但是对一般人要怎么改进呢？下面将探讨修订的基于人性的智慧发展过程。

12.1.2　修订的基于人性的智慧发展过程

在上述基于人性的智慧发展过程的基础上，笔者认为，要跳出基于人性的智慧发展的循环，就需要对图 12-1 进行修订，有如下几种做法。

1. 在"吉"的状态进行反思和改进，增长智慧

曾仕强先生 [①] 认为，一个人要做到"超越吉凶"，就要做到"悔在先"，只有事先多"悔"，才能避免不好的结果。受曾仕强先生观点的启发，这里提出，人在"吉"的时候，虽然感到开心是自然的，但是有先见之明和危机意识

———————————

① 曾仕强. 易经的奥秘：完整版 [M]. 北京：北京时代华文书局，2023.

的人还应该进行"反思和改进"。人进行"反思"具体包含的问题有：我这次获得成功（处在"吉"的状态），可以总结的经验是什么？还有哪些方面可以做得更好？有哪些方面做得不足甚至有错误？这次获得成功，哪些是由于自己内在的因素所致，哪些是由于外在的因素所致？下一次的情景会有哪些变化、获得成功的游戏规则是否会改变、要获得成功必须考虑哪些方面的因素、具备哪些方面的条件、做好哪些方面的准备……除了进行上面这些"反思"外，人还要将这些"反思"的内容落实成具体的行动，即进行"改进"，为下一次再获得成功（进入"吉"的状态），做好充足的准备，使自己具备充分的条件。一个人如果在"吉"的状态，能够进行上面这样的"反思和改进"，那么就有可能获得下一次的成功，依然可以进入"吉"的状态，这也就是从胜利走向胜利。基于这样的分析，就形成了图12-3（1）所示的状态。"反思和改进"有助于个体跳过"吝"和"凶"的状态。有些人一直无法跳出图12-1的循环，有些人则能够主动进行"反思和改进"，直接跳过"吝"的状态和"凶"的状态，后者是很难得的，其智慧会不断增长。一个人在取得成功的时候，需要建立多层次思维，想到自己取得成功除了个人的努力之外，还有家庭的支持、团队的合作、平台的支持、国运的力量、世界的和平。当一个人这么思考时，就不会过度自信，就会思考自己还有什么改进的空间、下次的成功可能要具备其他的关键因素。比如在改革开放初期，企业家要取得成功可能要靠胆量，但随着改革开放的发展，光靠胆量就不行了，还需要掌握科学的管理方法、利益平衡的技能，再往后还需要企业家有韧性、有耐心、有情怀、有胸怀、有格局，等等。所以，在不同的时期取得成功的关键因素是不同的。

因此，一个人要想在"吉"的状态保持清醒的头脑，首先是要保持谦逊的心态，要想到这次取得成功不完全是由于个人的因素，还有很多别的因素；其次是进一步思考下次成功需要考虑什么别的因素，从而不断改进，从成功走向成功，从胜利走向胜利，不断发展和提升时空智慧。当然，能这么想是很不容易的，人性就是取得成功的时候要欢呼、要庆祝，如果这个时候还能想到自己还有什么不足和需要改进之处，是非常难得的、理想的情况。

2. 在"吝"的状态进行反思和改进，增长智慧

在"吝"的状态能够及时悔悟，如图12-3（2）所示的状态。一个人处在"吉"（成功）的状态，变得有点听不进外部的声音时，即进入"吝"的状态，此时能够立马醒悟发现这个问题，很快让自己进入"悔"的状态中，即反思自身还有什么地方做得不足，有什么地方可以改进，这样就可以又进入"吉"的状态。

一件事情做成功了并不能代表自己什么都对，可能做的是错的，但是被别的因素（比如运气）掩盖住了。

3. 借助外部力量进行反思和改进，增长智慧

个人的力量是有限的，除了自己"反思和改进"，还可以借助外部力量。外界力量可以分成两种，一种是外部的智囊，另一种是外部的吉凶。

第一，外部的智囊。外部的智囊会告诉自己"山外有山，人外有人"。这很关键，人无论是遇到贵人还是高人，都可以让自己变得更理性一点。一个人只要能够听取外部的智囊正确的意见，那么其无论是在"吉"的状态还是"凶"的状态都能有良好的心态和为人处世的方式。一个人有一定的先见之明，能够做到"反思和改进"，同时又有外部的智囊的帮助，提出正确的建议，既肯定其优点，又指出其缺点，这是很难得而珍贵的。中国历史上左宗棠就是这样的人。左宗棠曾为曾国藩写过一副对联，这副对联被认为是晚清第一大名联，即"谋国之忠，知人之明，自愧不如元辅。同心若金，攻错若石，相期无负平生。"其中，"谋国之忠"是指曾国藩在为国家谋事上是绝对忠诚的，他即使功高也没有二心。"知人之明"是指他知人善任，左宗棠也是曾国藩推荐的，尽管左宗棠脾气不好，但曾国藩觉得左宗棠可以用，左宗棠后来收复新疆，为中国立下这一功劳，其伟大功勋难以用言语表达。"自愧不如元辅"就是左宗棠自愧不如曾国藩这个宰相。"同心若金，攻错若石"反映了两人之间的真实关系。外界曾经传闻他们两人关系不好，因为左宗棠在指出曾国藩缺点的时候不留情面，但是左宗棠回应他跟曾国藩其实是"兄弟同心，其利断金"、是同心一致的。左宗棠经常指出曾国藩的错误，就好比扔一块石头打在曾国藩身上，虽然很疼、很严厉，不留面子，但是这都是他们对彼此一辈子的期许，借此互相改进、互相激励，从而无悔人生。左宗棠认为自己该说的话，对曾国藩这个朋友都说了，哪怕这些话"攻错若石"，也没有辜负这位朋友。英雄总是惺惺相惜的，相攻则互安，相护则共危。真正的朋友能够对自己"攻错若石"，而不是一味地奉承巴结，在社会中弥足珍贵。这里，对于曾国藩来说，左宗棠是特别好的外部的智囊。

第二，外部的吉凶。一个人要善于从外部发生的"吉凶"事件中学习别人成功的经验和失败的教训，做到"见贤思齐焉，见不贤而内自省也"[①]。当一个人有一定的反思和改进能力，并从外部了解到别人成功（"吉"）的经验和失败（"凶"）的教训，这些"吉"和"凶"的事件能够让其学习和警醒，增

---

① 陈晓芬，徐儒宗，译注. 论语·大学·中庸：中华经典名著全本全注全译丛书 [M]. 2 版. 北京：中华书局，2015.

长智慧。譬如，有一位成功的企业家，从改革开放以来经营企业有近四十年的时间，虽然经营的企业取得过很多成功，但他能以平和的心态对待成功，并总是保持危机意识，持续地改进经营管理上的不足，从而使得企业的竞争力不断增强，成为受众人尊重和称赞的企业。当某一位企业领导者了解和学习到外部这样"吉"的企业案例时，就会不断进步，增长智慧。又譬如，某一位国土资源部门的主管，有一个开发商正想贿赂他，而他正好看到电视上正在播放《零容忍》这部片子（"凶"的案例），这位主管看了这些腐败分子的下场后，能够及时"反思和改进"，不接受贿赂，就能避开"凶"的状态了。总之，外部的吉凶让一个人可以获得经验和教训，增长智慧。

一个人在"吉"的状态，能够有外部的智囊和外部的吉凶对其产生积极的影响，这就是如图 12-3（3）所示的状态。一个人在"凶"的状态，能够有外部的智囊和外部的吉凶对其产生积极的影响，这就是如图 12-3（4）所示的状态。一个人无论是在"吉"的状态，还是在"凶"的状态，都有外部的智囊和外部的吉凶对其产生积极的影响，这就是如图 12-3（5）所示的状态。

4. 通过犯小错误来反思和改进，增长智慧

对一些人而言，每一次"吉"的状态后都会出现"小吝"，即犯轻一点的故步自封的错误，这就会导致"小凶"，"小凶"就好比南墙，既不会让他倾家荡产，也不会让他锒铛入狱，却使其深刻地悔悟并得到宝贵的教训（"大悔"）。然后取得更大的成功（"大吉"）。这就是如图 12-3（6）所示的状态。这就好比一辆车由于零部件出现小故障，在行驶中出了小事故，但没有掉到悬崖下，而是在路边侧翻了，好好地修一修则可以更好地使用。这也好比小孩子生个小病，譬如发烧，每发烧一次，其免疫系统都会增强一次。因此，一个人犯了小错，他通过反思反而有了更大的提升，水平得到提高，智慧得到增长。"小凶"难以避免，但人一定要做到"大悔""小题大做""以小见大"，从而增长智慧。人有时候甚至可以有意识地、试验性地犯小错，这种错误被称为聪明的错误（smart failure），是低成本高回报的，可以让人的智慧在多个层次、多个维度上增长。

聪明的人会不断地通过小的错误，将其"小题大做"，并且不断地进行"反思和改进"，让自身从中得到深刻的道理，其智慧会得到持续的发展，从而变得更加成功，这就是如图 12-3（7）所示的状态。人每经历一次"小凶"或者挑战，就是开启或者打通一个穴位（在空间层次、空间维度、时间上），多次经历"小凶"或者挑战，人的智慧就逐渐完善，领导者也才能真正成熟！这是领导者成长的过程。当然，也不是只有经历"小凶"或者挑战这种途径，平常的读书、交流、思考都可以增长智慧。一个优秀的家长一定要让孩子犯点小错误，千万不要为孩子扫清成长路上所有的障碍，否则他就体会不到犯错的代价，那么很多道理都入不了其心。每个人都要经历逆境，这是人生道路上必须交的学费，学费要越早交越好、交得越少越好，如果到了很大年纪才犯错，而且犯的还是大错误，那么这样的人是不会轻易得到大众原谅的。一个经常生小病的人具有很强的健康意识，如果平时什么小病都不生，常常一生病就是大病，因为他们的防御能力和思想意识并没有得到提升和训练。所以，一些企业在招聘员工的时候，如果在考察期间发现这个人从没有犯过任何错误，就要比较小心了，因为他今后犯错的学费可能在本企业交。一些领导者在培养员工的时候，也并不希望员工处处不犯错，因为处处不犯错就等于什么都不干，因此需要让员工犯一些可以让其学习到更多智慧的错误。

5. 先天和后天相结合、内因和外因相协同，增长智慧

综合上面的分析，人要跳出如图 12-1 所示的"吉、凶、悔、吝"循环以及避免如图 12-2 所示的从"吉"的状态直接到"凶"的状态，需要内外部的共同作用，据此进一步提出图 12-3（8）。

第一，基于人性，每个人都不是完美的，都会犯错。因此人就有可能在"吉"的状态出现"小吝"的状态，导致"小凶"的状态，然后进行"大悔"，最终进入"大吉"的状态。在这个过程中，个人后天的经历以及从失败中学习对增长智慧起了重要作用。人在犯一些小错误的过程中，不断丰富自身的智慧，这也是一个领导者成长的真实过程。所以我们在看成功人士的故事时，如果这个人没有犯过任何错误，其故事的参考意义其实很小。当然，有一些人会在某些情境下，即使在"吉"的状态也能够主动进行"反思和改进"，从而增长智慧，这里反映出这些人先天拥有的慧根。

第二，如果一个人除了被动地从成功的经验和失败的教训中学习以及主动地进行"反思和改进"外，还能得到外部力量（外部的智囊和外部的吉凶）的支持和启发，那么其智慧的增长就会更加迅速。

因此，先天和后天相结合、内因和外因相协同才能更有助于形成智慧增长的引擎。人们智慧的增长就是这样一个过程：其一，自身有进行反思和改进的慧根；其二，有外部力量（外部的智囊和外部的吉凶）；其三，犯些小错，而且很有悟性和改进能力。如果能够建立这样的机制和条件，一个人就能得到很好的发展。因为每经过一次循环，人的某个层次、某个维度的智慧就动态地提高了，再循环一次，另一个层次、另一个维度的智慧也动态地提高了，各个不同的层次、各个不同的维度的智慧在各个不同的时间点的持续提高就能形成更完整的时空智慧，也就是"羽翼丰满"。所以图 12-3（8）所示的循环过程就是个体大智慧的形成过程，就是时空智慧不断发展的过程，就是羽翼变得不断丰满的过程。

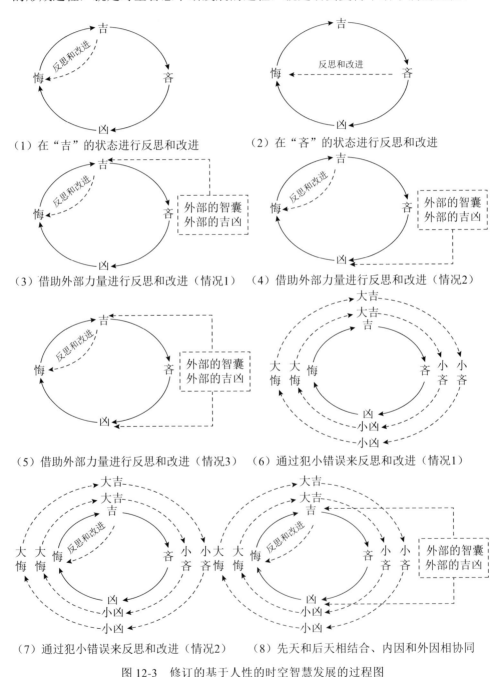

图 12-3　修订的基于人性的时空智慧发展的过程图

在上述图 12-3（8）所示的过程中，领导者的智慧发展也遵循了时空的逻辑：时间上，领导者的智慧发展是先天和后天相结合，即领导者既有先天的"反思和改进"，也有后天的"经验学习"；空间上，领导者的智慧发展也是内因和外因相协同，即领导者既靠自己的各种方式来学习，也靠外部力量（外部的智囊和外部的吉凶）来学习。

12.2　领导者时空智慧发展的影响因素

从上节的阐述中，我们可以看出成功（"吉"）的经历和失败（"凶"）的经历对领导者时空智慧发展的影响。当然，领导者时空智慧发展还会受到其他因素的影响。譬如，利益、情绪情感、年龄、身体状况和化学物质等都会影响人的智慧和理性（如图 12-4）。这些影响因素都处在个人层次。

图 12-4　领导者个人层次上时空智慧发展的影响因素

综合来看，影响领导者个人层次上时空智慧发展的因素及其机理具体如下。

第一，成败。 "吉"就是经历成功，"凶"就是经历失败。成功和失败都可能促进领导者时空智慧的增长，也可能不利于其时空智慧的增长。例如，失败可以让人变得更加清醒，可以促使人反思、悔悟、虚心向他人请教，但也有可能让人灰心丧气、不再努力进取。一个没有经历过事业成功和失败等过程的人，不可能形成很好的智慧，也不可能建立起真正的韧性。公司一定要选用那些兼具成功经历和失败经历，但是成功经历多于失败经历的人。对于从不犯错的人要小心，从不犯错的人的理性会减少，他的脑子里积累了过度的自信、自以为是。一个人成功后，很多人会在其面前只说好话，想要讨其欢喜，没有人愿意告诉他还有比他更厉害的人存在。如果他还不懂得反思和改进，那这个人绝对不能担任重要的职务，而且今后的处境可能会变得不好。

第二，**利益**。人在面对利益和诱惑时有可能会丧失智慧和理性，这就是成语中所说的"利欲熏心"和"利令智昏"。譬如，有个做光缆的企业，遇到三个亿的铜缆生意十分动心，也不管能不能完成，就先接了再说。后来其外包的铜缆供应商出现了质量问题，导致产品全部召回，损失了几百万。所以人在面临很大的利益和诱惑时，容易丧失理性，这对于人的时空智慧的增长是不利的。但如果利益是适度的，为了争取利益，人就会认真地进行商业分析、做出合理的选择、提升时空智慧。

第三，**情绪情感**。刘备之所以要去攻打东吴，就是因为桃园三结义的兄弟关羽被杀了。诸葛亮想阻拦刘备，因为之前的战略是和东吴合作，但刘备没法超脱兄弟之情，而打仗切忌意气用事，所以刘备攻打东吴，就破坏了诸葛亮帮助刘备确立的战略，刘备进攻失败，最终导致了蜀国的惨败。中国历史上还出现过"烽火戏诸侯"的故事，周幽王为博美人褒姒一笑，多次点燃烽火，慢慢地诸侯们都不相信烽火了，最终西戎攻破镐京，除掉了周幽王。人当然都有七情六欲，但在面临重大决策问题时，切忌情绪化，要能够平息自己的情绪状态、等到情绪稳定的时候再来做出理性的决定。

第四，**年龄**。对于一般人来说，一个人在年富力强的时候是有可能做出理性的决策的，当然也有少数特别有智慧的人即使高龄也能保持头脑清醒、思路敏捷、身体健康，因此会做出特别好的决策。但一般来说，如果一个人年龄很大，考虑重大决策时，就会想如果决策失败自己就会晚节不保，所以就容易陷入保守主义。年龄很大的人也许还会过于重情，过于宽容老下属犯的错误。如果一个人年龄很小，比如一个七八岁的孩子，可能会不理解"忍一时风平浪静，退一步海阔天空"的道理，凡事都凭喜好和情绪、随心所欲。可见，对于一般人，年龄过大或过小，都容易理性不足。有人曾说过人生有三大错误：一是向糊涂人说了明白话，二是和不靠谱的人做了正经事，三是和无情的人谈起了感情、讲起了交情。当然，每个人的情况都不一样，有的人尽管很年轻，但是很早熟，性格和情绪比较稳定；有的人尽管年龄较大，但身体、心理的各项指标都很好，这时年龄对时空智慧的增长就不会有负面的影响。

第五，**身体状况**。人的身体状况对人的时空智慧有很大的影响。比如，一个人在饥饿时，血糖会降低，大脑营养不足，其时空智慧是下降的，所以良好的身体状况有利于时空智慧的发展。当然，也要注意极端的情况，身体特别健康的人和身体特别虚弱的人都容易不理性。身体特别健康的人认为自己身体强健如牛，所以特敢干；身体特别虚弱的人又特不敢干。也许只有那些身体还不错、但偶尔也会生个小病、生了小病就会加强保养的人，才会比较理性。

第六，化学物质。诸如酒精和毒品等化学物质，都是可以让人丧失理性的东西。酒精是日常生活中的一种常见的、可以让人丧失理性的化学物质，它可以抑制一个人的大脑功能，让人无法进行正常的思考、判断、决策等。当一个人喝醉酒后，他可能会做出一些在自己清醒状态下不会做的不好的事情，比如和人吵架、打架。毒品对大脑的影响则更为严重，会扭曲人的感知和思维，严重降低人的智慧。

12.3　领导者时空智慧发展的过程和影响因素的整合

12.3.1　空间个体层次的多维度分析

从上节的阐述中，我们讨论了成败、利益、情绪情感、年龄、身体状况和化学物质等会影响领导者的理性和时空智慧的发展。例如，一般情况下，领导者越经常取得成功、取得越大的成功，就越盲目自信，也就越难在"吉"的状态下进行反思和改进，也越听不进他人的意见，越不容易从外部的吉凶中警醒自己；领导者越经常遭受失败、遭受越大的失败，就越难积累起足够的信心和韧性，也就越难在"悔"后再次取得成功；巨大的利益和诱惑会让领导者产生"飘飘然"的心态，很难听得进外部的提醒和建议，做决策也会失去应有的理性和谨慎，从而更容易遭遇失败；一些过重的情绪情感，比如亲人之间的感情、朋友之间的情谊等，也可能会阻碍领导者在做决策时进行客观理性的思考，从而遭遇失败；年龄、身体状况和化学物质则是直接作用于领导者的身心，影响领导者自我反思、及时悔悟、从外部的经验和教训中学习、从自己的经验和教训中学习的意愿和能力。

上述分析是在个体层次上进行的，可以看出个体自身的因素会对领导者的理性、时空智慧的发展的影响。但是，人是社会性动物，因此人的理性和时空智慧的发展也会受到其所在的群体和组织等的影响。

12.3.2 空间群体层次的多维度分析

从群体层次上分析，人在群体中表现出的行为会不同于其在独立情境下的行为。当一个人发觉自己的行为和意见与群体中多数人不一致时，心理上会产生一种压力，这就是群体压力（group pressure）。群体压力促使人与群体主流的行为和意见趋于一致，这被称为社会从众行为（social conformity）。组织行为学家经过长期研究，还发现群体在决策中存在群体盲思（groupthink）、阿背伦悖论（Abilene paradox）、群体偏移（group shift）、群体极化（group polarization）等特殊的行为，这些行为通常都会带来负面的结果。群体盲思是指一个内部高度团结、与外部高度隔绝、领导方式高度强势的群体在决策过程中表现出高度一致的行为，做出错误的决议，产生不良后果的现象。阿背伦悖论是指群体在决策过程中由于各成员没能公开发表自己的真实意见，结果导致群体采取的决策与行动和他们真正意图完全相悖的现象，尤其当决策过程追求一致性而掩盖不同的意见和问题时，阿背伦悖论更容易发生。群体偏移是指群体讨论使群体成员的观点朝着更极端的方向偏移，即群体讨论会放大群体最初的观点。群体极化是指群体会做出比个人更冒风险的决策。

根据著名心理学家勒庞的分析，在群体情境中，会出现各种使得个体理性减弱的现象，笔者将这种现象总结为群体异化。这主要是因为聚成群体的人会获得一种集体心理，这使得他们的情感、认知和行为变得与他们单独一人时的情感、认知和行为颇为不同，主要体现在以下三个方面[1]。第一，情感方面，构成群体的个体会相应表现出特定的情感特征和道德观，包括：冲动、多变和急躁；轻信且易受暗示；情绪夸张而单纯；偏执、专横和保守；不受任何规则的束缚。上述这些情感特征和道德观使得群体情境下的个体在行动时无法充分调动理性思维，从而处于一种无意识状态。第二，认知方面，构成群体的个体会表现出以下三方面特征：其一，更易于接受那些简单明了的、形象化的观点；其二，群体推理往往只是把本质不同、只在表面上相似的事物搅在一起，较少遵从任何理性的逻辑；其三，群体形象化的想象力强大而活跃，群体还非常敏感。正是因为以上三点特征，在群体情境下的个体，其理性的发展程度往往落后于其单独一人的情境。第三，群体易受暗示的影响。因此，当情境中出现一个具备强烈信仰、坚强意志、鲜明个性的领袖时，群体容易被其说服和影响。

---

① ［法］古斯塔夫·勒庞（Gustav Le Bon）. 乌合之众——大众心理学研究 [M]. 冯克利，译. 北京：中央编译出版社，2016.

与此同时，领导者能够影响群体的说服手段往往包括以下几个步骤：其一，断言。断言使得群体能够对暗示作出迅速的反应。其二，重复。重复会深化群体对某个断言的深信。其三，传染。断言会在群体中不断传染，迫使个体接受某些意见和情感模式。

12.3.3 空间组织层次的多维度分析

在组织层次上，组织被比喻为心灵的监狱[1]，组织有其文化，充满了象征和隐喻，组织文化会对处在组织中的个体形成某些束缚，这些束缚影响了个体的行为和思维，限制了个体的改变和创新。组织的结构漏洞和政治漏洞会导致可预测的灾难（predictable surprises）[2]。也就是说，组织结构经常被划分为互相有墙的孤岛，导致信息的分散和曲解，进而导致组织的领导者做决策时所掌握的信息是不完整的，甚至扭曲的，再加上组织中存在的权力不平衡，导致组织的领导者的决策视野是狭窄的，重视某一些群体的利益，而轻视其他一些同样重要的群体的利益。这些因素共同构成了领导者的盲区，导致其忽视早期的预警信号，无视潜在危机还表现出过度自信，最终导致可预测的灾难。

12.3.4 时间动态分析

在个体层次、群体层次和组织层次上共同存在的一个因素是年龄，领导者自身的年龄会影响其理性；随着群体和组织的年龄的增长，群体和组织的惰性也会逐渐增加，导致其理性的下降。

12.3.5 整合

因此，以上这些个体层次、群体层次和组织层次的因素会影响领导者的理性和时空智慧的发展。这些因素可能阻断了在"吉"的状态进行反思和改进、可能阻断了在"吝"的状态及时进行悔悟、可能阻断了领导者从外部的智囊和外部的吉凶中反思和改进的意愿和能力、可能阻断了领导者通过犯小错误来获

① Morgan G. Images of Organization[M]. London: SAGE, 2006.
② Watkins M D, Bazerman M H. Predictable Surprises: The Disasters You Should Have Seen Coming [J]. Harvard Business Review, 2003, 81(3): 72-85.

得经验和教训进而"小题大做"的意愿和能力、可能同时阻断了先天和后天相结合、内因和外因相协同的时空智慧发展过程，甚至可能导致领导者直接从"吉"的状态走向"凶"的状态。

反过来，领导者时空智慧发展的过程也会影响个体层次、群体层次和组织层次上的相关因素。当领导者的时空智慧发展到一定的境界后，领导者已经养成了在"吉"的状态进行反思和改进的习惯，能够意识到自己什么时候处于"吝"的状态并及时悔悟，能够听取外部的智囊的意见，善于通过头脑风暴法、德尔斐法和列名群体法等方法改进群体决策，经常通过外部的吉凶来激励和警醒自己，努力做到"小题大做"，甚至有时故意犯一些小错误来让自己不断成长，经常采用 RPM 过程（recognize-prioritize-mobilize，识别—确定优先级—采取行动）来识别（R：recognize）组织所处的环境以找到新出现的威胁、确定优先级（P：prioritize）并采取行动（M：mobilize）等，他就能够使自己的时空智慧发展得更快、更完善。

图 12-5 为领导者时空智慧发展的过程和影响因素的整合图。一方面，领导者时空智慧发展的过程受到多层次、多维度、动态的因素的影响。从个体层次来看，包括个人的成败、利益、情绪情感、身体状况、化学物质等方面的因素。从群体层次来看，包括群体压力、群体盲思、阿背伦悖论、群体偏移、群体极化、群体异化等方面的因素。从组织层次来看，包括组织的文化、权力、结构等方面的因素。从时间视角来看，包括个体、群体和组织的年龄等方面的因素；另一方面，领导者时空智慧发展的过程也会反过来影响多层次、多维度、动态的因素。譬如，在数字化转型过程中，现任总经理在总结和反思前任总经理转型失败的原因时，会影响其在推进组织当前的数字化转型中改变文化、权力结构等因素。

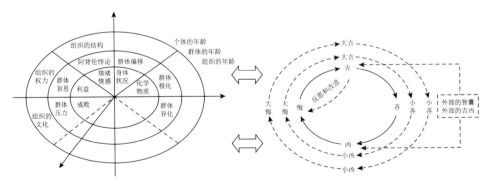

图 12-5　领导者时空智慧发展的过程和影响因素的整合图

人民航空公司是美国航空史上的奇迹，它在 20 世纪 80 年代初成立，仅用五年时间便成长为美国第五大航空公司。公司的飞速发展，加上其有特色的发展战略和组织文化，曾经在商业界引起轰动。然而，由于公司的创始人唐伯尔不能随着环境的变化理性地调整组织的经营策略，公司很快陷入困境。唐伯尔是一个具有理想主义色彩的人，他曾说："只要人们积极奉献，一种建立在自由和信任基础之上整个组织的组织投入，人们可以改变一方世界，使其变得更加美好"，这是他的理想，但是最后没有实现。一个伟大的理想要变成现实，其实是路途遥远的。还有很多的故事，比如《上海滩》中许文强和冯程程的感情挺好的，但是最后没有如愿成为夫妻；梁山伯和祝英台的爱情很美好，但最后也没有终成眷属。要让爱情变成现实，其实是有很长的一段路要走的，如果这段路走不过去就只能停留在故事里了。

单凭着一腔热血和丰满的理想，并不足以支撑一个现实。一个美好的想法要变成现实，也是要经过现实土壤的培育，要经历不少风浪，这并非一件容易的事情，要非常理性才可以。那么，如何保持理性，避免"信息茧房"的产生？人们常说"空杯心态"，但没有多少人能够真正做到。人们业已形成的一套经验和教训，会形成思维定式，影响人们的行为。只有彻底抛弃人性的束缚，才有可能不被重新洗牌，这对于个人、企业和国家等来讲都是极其重要的。

进一步地，时空智慧也是一个不断螺旋上升的过程。人的理性是有限的，但有限的理性可以通过不断修炼来达到"羽翼丰满"的状态。时空智慧的增长过程需要一个系统的机制，如训练自我反思、建立连接外界的机制，从而不断发展自身的时空智慧。本书后面第 14 章的图 14-3 为时空智慧发展中的阶段性结果示意图，它反映了个体、群体、组织、地区、国家如何从最左边的原始状态发展成为最右边"羽翼丰满"的状态。

以领导者为例，在图 14-3 的左上角，领导者的时空智慧处于原始状态，时空智慧还没完全建立起来。从左上角到右上角的圆弧形箭头代表着个体经历的每一次"小吝"或"小凶"或"大悔"。领导者每经历一次"小吝"或"小凶"或"大悔"后，就能够突破已固化的"信息茧房"，理解一个新的层次、新的维度、新的时间段，即在"层维动"上不断地精进。如果领导者不经历"小吝"或"小凶"或"大悔"，就会在"信息茧房"中自我茧化。因此，领导者的时空智慧是需要通过犯非毁灭性的错误来不断自我迭代、自我更新、破除茧化，从而在不同的时间上获得对空间层次、空间维度更深刻的认识和理解，进而使自身的时空智慧不断得到提升。

　　总体上，随着时空的发展，问题呈现，"严峻的考验"显现，但是领导者通过每一次"小吝"或"小凶"或"大悔"，其时空智慧在这个过程中都能够不断增长，不断进阶到新的境界，最终达到右上角"羽翼丰满"的状态。印度故事《三等车票》①中有一句话"栽种思想，成就行为；栽种行为，成就习惯；栽种习惯，成就性格；栽种性格，成就命运"。领导者随着时间的推移，在空间层次、空间维度上不断得到新的智慧，能够据此调整自身的思想，种下善因、智慧因，就能形成好的行为，进而养成良好的习惯，塑造优秀的性格，成就个人前程，最终达到"羽翼丰满"的状态。

　　领导者在时空智慧变得"羽翼丰满"的过程中，一定会经历很多的"山峰"和"低谷"；站过一些"风口"，也踩过很多"坑"；经历过"避风港"的温柔相待，也体会过"陷阱"的冷酷无情。当然，虽然饱经成功的喜悦和失败的痛苦，但是这些丰富的经历会使领导者变得更加成熟。真正内心强大、具有大智慧的领导者不会因此"看破红尘"，反而会对人生和社会的理解更加通透，思想和行为上更加淡定和从容，达到著名文学家罗曼•罗兰所说的那种境界——"世界上只有一种真正的英雄主义，那就是在认识到生活的真相之后依然热爱生活！"经历了成功、经历了失败，体验了山峰的无限风光，也感受了很多的人间疾苦。但是所有这一切只会使他的内心变得更加强大，他的时空智慧更加圆满。而且在经历过这一切之后，他依然保留着对世界、对生活的热爱，体现出一种真正的英雄主义。

---

① [加] 希瑟•伍德．三等车票 [M]．黄芳田，译．台湾：马可波罗文化事业股份有限公司，2010．

第13章

组织学习的时空理论和方法

下面，我们先看一家初创民营银行的组织学习情况。民营银行 M 处于初创时期，其高管团队正在位于北京的会议室里讨论如何制定企业的学习战略，以在当前众多银行占据市场的环境下找到自己特有的生存空间，谋求迅速有效的发展。作为银行业的新进入者，一方面，他们需要学习和采用行业里已有的国有银行及民营银行成熟的经营管理制度、流程和方法，这样既有利于取得合法性，又有助于节省经营管理上试验和试错的时间及成本。另一方面，为了在市场竞争中获得独特的优势并尽可能在经营管理的某些方面实现赶超，他们还需要向内认清自己轻装上阵、潜力巨大的优势，向外研究市场和客户的特性及需求，尽量为客户提供创新和超预期的服务，从而得到发展和壮大。M 银行创始人在进入银行业之前，曾经营过一家大型的民营制造业企业，取得了很好的成效，当然也有一些教训。因此，在一些通用的经营管理措施方面，高管团队也需要从这家民营企业经营管理的经验和教训中学习。除此之外，考虑到目前银行在日益发展的数智技术和移动互联网环境下面临的挑战和机会，高管团队还要从今后的这些发展趋势中学习，并采取相应的措施，从而为未来的可持续发展提供必要的知识和资源。

M 银行的案例反映了新企业在初创期发展的过程中，面对已经有一定规模和实力的同行们，需要制定全面系统的组织学习策略，以获得生存和实现可持续发展。那么企业在实践中如何开展组织学习？为此，本章将首先详细阐述国内组织学习的时空理论的相关思想和方法，然后对国内知名企业北汽福田汽车股份有限公司，采用组织学习的时空理论中六种基本的学习模式的实践做法进行具体分析。

13.1　组织学习概述

当今复杂多变的政治、经济、社会和技术等环境对组织发展提出了新的要求，组织只有建立动态和系统的思想理念、不断提高自身的学习和适应能力，才能在现代社会环境中取得良好的绩效，建立和保持竞争优势，从而实现可持续及健康和谐的发展。20 世代 80 年代以来，组织学习（organizational learning）和学习型组织（learning organization）受到国外学术界的重视，国外一些组织也开始尝试提升组织学习能力、建立学习型组织的实践。

在中国，组织学习研究从开始发展至今，从不同角度都取得了一定程度的进展。其中，笔者从学习的来源出发，提出了组织学习的时空理论[①]；从学习的目标出发，提出了面向时空发展的组织学习理论[②]。首先，组织学习的来源包括时间视角和空间视角。其次，组织不仅会从过去的经验中学习，而且会从当前的现状和未来可能的情景（scenarios）中学习——因为时间是无尽永前的；组织不仅会从自身经验中学习，而且会从外部其他组织乃至自然界的万事万物中学习——因为空间是无界永在的。因此，组织学习的来源涉及时间和空间两个视角，组织学习的实现是时间视角的某些方面和空间视角的某些方面组合的结果。"前事不忘，后事之师""千里之行，始于足下""人无远虑，必有近忧"分别揭示了关注过去、现在和未来的重要性；"知己知彼，百战不殆""不知彼而知己，一胜一负""不知彼，不知己，每战必殆"同时强调了关注内部和外部情况的重要性。更进一步，"不谋万世者，不足谋一时；不谋全局者，不足谋一域"同时强调了关注更长时间（过去、现在、未来）和更大空间（内部、外部）对组织发展的重要意义。

基于此，组织学习的时空理论从动态和系统的视角，从组织学习的来源出发，提出组织学习的来源包括时间视角和空间视角的观点，并建立组织学习的

---

① 陈国权 . 组织学习的时空理论 [J]. 技术经济，2016，35（8）：15-23.

② 陈国权 . 面向时空发展的组织学习理论 [J]. 管理学报，2017，14（7）：982-989.

时空理论模型。基于过去、现在和未来的时间视角以及内部和外部的空间视角，该理论构建了组织学习的六种基本学习模式，并通过排列组合建立包含 64 种组织学习方法的组织学习方法库，进而结合组织外部客观环境和内部状况，分析这些学习方法的适用环境，然后提出组织选择的学习方法可能随着发展阶段的推移而变化的观点，以期从组织学习的来源角度丰富组织学习领域的理论研究，推动组织学习实践的发展。

13.2　组织学习的时空理论模型

以企业从创立之初到之后数十年甚至上百年的发展历程为时间轴，并将其划分为过去、现在和未来——这是从时间视角划分组织学习来源的三个细分阶段。其中，"现在"是一个时间区间，是指企业目前的经营活动、当下经历的事件或正在解决的问题等所覆盖的时间段，其长度可以是一个项目周期、一个季度，甚至一个财务年度或更长，而非特指某个固定时刻。"过去"是指从"现在"到以前（任意）的时间段，包含过往的各种事件。"未来"是指从"现在"往后（任意）的时间段，包含今后可能发生的各种事件。图 13-1a 显示了组织学习来源的时间视角。从空间视角来说，组织学习的来源包含内部和外部两个方面。以企业为例，内部来源包括企业内各层次的管理者和员工或由这些人组成的所有部门和团队等。显然，组织中的每个人和每个部门都具有自身独特的知识和经验等资源，组织可以从内部的这些知识和经验中学习。对于企业来说，外部一般包括所有其他相关的组织，如政府、供应商、合作伙伴、分销商、客户、同行企业、所在的社区以及间接相关的其他企业和组织等。从广义上来看，外部包括组织内部以外的一切，既包括前面所列举的各种由人所形成的社会组织，也包括社会组织之外其他类别的群体或事物，甚至包括自然界的事物及有关现象。显然，组织外部具有丰富的知识、经验和现象等资源，组织可以从中学习。图 13-1b 显示了组织学习来源的空间视角。

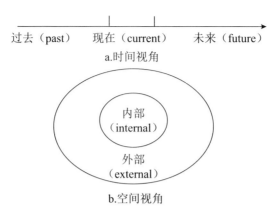

a.时间视角

b.空间视角

图 13-1　组织学习来源的时间视角和空间视角

13.2.1　组织学习来源的时空模型和基本学习模式

从时间（过去、现在和未来）和空间（内部和外部）两个视角可以构建组织学习的六种基本学习模式，绘制组织学习来源的时空模型和基本学习模式图（见图 13-2），并定义每种基本学习模式。

空间视角

	过去 past	现在 current	未来 future
外部 external	PE-Learning 从外部 过去经验中学习 基本学习模式PEL	CE-Learning 从外部 现状中学习 基本学习模式CEL	FE-Learning 从外部 未来的情景中学习 基本学习模式FEL
内部 internal	PI-Learning 从内部 过去经验中学习 基本学习模式PIL	CI-Learning 从内部 现状中学习 基本学习模式CIL	FI-Learning 从内部 未来的情景中学习 基本学习模式FIL

时间视角

图 13-2　组织学习来源的时空模型和基本学习模式

基本学习模式 PEL（past external learning）：通过回顾组织外部过去发生的事件获得相应的经验、教训和知识，提出改进自身的方案和 / 或采取适当的行动。

基本学习模式 CEL（current external learning）：通过分析组织外部的现状、机会和挑战获得相应的知识，提出改进自身的方案和 / 或采取适当的行动。

基本学习模式 FEL（future external learning）：通过想象组织外部未来可

能出现的情景获得相应的知识，准备改进自身的预案和/或采取适当的行动。

基本学习模式PIL（past internal learning）：通过回顾组织内部过去发生的事件获得相应的经验、教训和知识，提出改进自身的方案和/或采取适当的行动。

基本学习模式CIL（current internal learning）：通过分析组织内部的现状、机会和挑战获得相应的知识，提出改进自身的方案和/或采取适当的行动。

基本学习模式FIL（future internal learning）：通过想象组织内部未来可能出现的情景获得相应的知识，准备改进自身的预案和/或采取适当的行动。

组织学习的六种基本学习模式在可获得性（availability）和实现难度（difficulty）上存在较大差异。相比未来，组织更直接地受到当下和过去发生事件的影响，更易于将识别、分析优势和劣势的注意力集中于现在的情况和过去的经历，从而开展相关的学习活动。相比外部，组织主要受到内部的影响，更易于关注和聚焦于组织内部而非其他外部组织，进而更多地开展相关的学习活动。从自身现在的状况中学习（CIL）和从过去的经历中学习（PIL）以及从外部过去的经历中学习（PEL）更为直接，对组织资源和投入的要求较低，是企业在实际管理活动中可能更易采用的学习模式。从自身未来可能出现的情景中学习（FIL）和从外部可能出现的情景中学习（FEL）以及从外部现在的状况中学习（CEL）对企业的学习具有更高要求，需要企业将更多的资源和注意力从日常的生产经营活动转移到对潜在问题、机会、挑战和外部世界的识别和分析上——这体现了组织应对环境变化的更高愿景和更强的危机意识，因此CEL、FIL和FEL在管理实践中的实施难度更大。基于每种组织学习的基本学习模式的本质及其对组织学习意愿和能力的要求，六种基本学习模式的实现难度存在差异（见图13-3）。

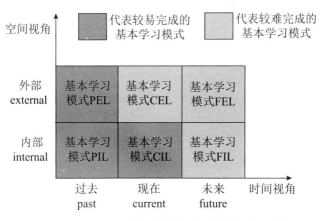

图13-3　组织学习的六种基本学习模式的实现难度

13.2.2 基于不同组织学习的基本学习模式排列组合的组织学习方法

从上述六种组织学习的基本学习模式出发，通过数学上的排列组合，组织学习的时空理论建立了 64 种组织学习方法，并归纳了这些组织学习方法适用的环境和条件。

未采用任何一种组织学习的基本学习模式。若组织未采用六种基本学习模式中的任何一种，则排列组合为 C_6^0 =0。这是很少出现的特殊情况。

一种组织学习的基本学习模式单用。若单独采用六种基本学习模式中的一种，则排列组合为 C_6^1 =6，即共有六种情况——图 13-2 中的 PIL、CIL、FIL、PEL、CEL 和 FEL。

两种组织学习的基本学习模式并用。若并用六种基本学习模式中的两种，则排列组合为 C_6^2 =15，即共有 15 种情况，分别为 PIL-CIL、PIL-FIL、PIL-PEL、PIL-CEL、PIL-FEL、CIL-FIL、CIL-PEL、CIL-CEL、CIL-FEL、FIL-PEL、FIL-CEL、FIL-FEL、PEL-CEL、PEL-FEL 和 CEL-FEL。

三种组织学习的基本学习模式并用。若同时采用六种基本学习模式中的三种，则排列组合为 C_6^3 =20，即共有 20 种情况，分别为 PIL-CIL-FIL、PIL-CIL-PEL、PIL-CIL-CEL、PIL-CIL-FEL、PIL-FIL-PEL、PIL-FIL-CEL、PIL-FIL-FEL、PIL-PEL-CEL、PIL-PEL-FEL、PIL-CEL-FEL、CIL-FIL-PEL、CIL-FIL-CEL、CIL-FIL-FEL、CIL-PEL-CEL、CIL-PEL-FEL、CIL-CEL-FEL、FIL-PEL-CEL、FIL-PEL-FEL、FIL-CEL-FEL 和 PEL-CEL-FEL。

四种组织学习的基本学习模式并用。若同时采用六种基本学习模式中的四种，则排列组合为 C_6^4 =15，即共有 15 种情况，分别为 PIL-CIL-FIL-PEL、PIL-CIL-FIL-CEL、PIL-CIL-FIL-FEL、PIL-CIL-PEL-CEL、PIL-CIL-PEL-FEL、PIL-CIL-CEL-FEL、PIL-FIL-PEL-CEL、PIL-FIL-PEL-FEL、PIL-FIL-CEL-FEL、PIL-PEL-CEL-FEL、CIL-FIL-PEL-CEL、CIL-FIL-PEL-FEL、CIL-FIL-CEL-FEL、CIL-PEL-CEL-FEL 和 FIL-PEL-CEL-FEL。

五种组织学习的基本学习模式并用。若同时采用六种基本学习模式中的五种，则排列组合为 C_6^5 =6，即共有六种情况，分别为 PIL-CIL-FIL-PEL-CEL、PIL-CIL-FIL-PEL-FEL、PIL-CIL-FIL-CEL-FEL、PIL-CIL-PEL-CEL-FEL、PIL-FIL-PEL-CEL-FEL 和 CIL-FIL-PEL-CEL-FEL。

六种组织学习的基本学习模式并用。若同时采用六种基本学习模式，则排

列组合为 $C_6^6 = 1$，即共有 1 种情况，为 PIL-CIL-FIL-PEL-CEL-FEL。

总体上，以六种组织学习的基本学习模式为基础，结合组织对是否采纳每种基本学习模式的选择，可以建立 64 种（$C_6^0 + C_6^1 + C_6^2 + C_6^3 + C_6^4 + C_6^5 + C_6^6 = 1+6+15+20+15+6+1=64$）组织学习方法，并绘制组合时采用的组织学习的基本学习模式数量和组合形成的组织学习方法的数量的关系图（见图 13-4）。

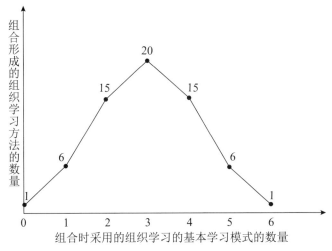

图 13-4　组合时采用的组织学习的基本学习模式的数量和组合形成的组织学习
方法的数量的关系图

从时间视角分析，任何组织都是一个动态的系统，都可将其连续发展的历程视作时间的函数。心智模式等概念揭示了组织的过往经历对其日后发展动态及趋势的影响。每个组织都要经历三个时间阶段——过去、现在和未来。鉴于此，基于时间视角的组织学习强调组织应尽可能地同时采取涵盖过去、现在和未来的学习模式，基于动态视角分析，找到提升组织绩效和可持续发展能力的管理方法及措施。

从空间视角分析，任何组织都是一个独特的系统。资源基础观（resource-based view）认为，企业拥有的有价值的、稀缺的、不能完全模仿的、难以替代的资源，是其获得可持续竞争优势的重要来源。因此，任何企业都要充分发现和了解自身的独特性，从自身特有的知识和经验中学习，以获得良好的绩效，建立可持续的竞争优势。此外，任何组织都是一个开放的系统，需要从外部获取资源来促进自身的发展。资源依赖理论（resource dependency theory）揭示了外部环境及其他主体通过资源对组织内部发展的影响和作用。组织只有不断地从外部获取信息和资源以提高自身的能力，才能更清晰地识别发展环境、确定正确的战略方向。综上所述，组织发展状况是内部情况和外部环境共同作用的结果。

鉴于此，基于空间视角的组织学习强调组织应尽可能地同时关注组织内部和外部，基于系统视角分析，找到提升组织绩效和可持续发展能力的管理方法及措施。

同时，多种组织学习的基本学习模式并行意味着组织会将很多资源投入组织学习活动中，所涉及的方面越多，所需的资源就越多。这在一定程度上给组织同时实施这些组织学习的基本学习模式带来了挑战。

13.2.3　组织学习方法选择的影响因素

（1）外部环境

组织在每个阶段的发展都嵌入在外部环境中，组织的日常运行状态、经营策略以及未来发展方向不仅会受到政府、供应商和顾客等各利益相关者的影响，而且会受到行业及地域市场和政策状况等影响。同时，为顺应市场需求，组织更要遵循政治、经济、社会和技术等大环境及其运行规律。上述这些外部环境呈现出复杂性和动态性等特征。复杂性体现为外部环境中影响组织经营管理和运作模式等方面因素的数量，因素越多，组织所处的外部环境就越复杂。动态性体现为外部环境中影响组织经营管理和运作模式等方面因素的变化速度，变化速度越快，组织所处的外部环境的动态性就越强。外部环境中的各类主体及其呈现的复杂性和动态性等共同对组织学习方法的选择提出了客观要求。外部环境在对组织提出要求的同时，也为组织学习方法的选择提供了资源和机遇。因此，组织所处的外部环境对其学习方法的选择提出了客观要求；为应对环境变化、更好地实现组织目标，组织需要根据外部环境的特征选择恰当的学习方法。

（2）内部因素

组织内部拥有的决策时间、注意力和资源都是稀缺的，总量在一定的时空范围内也是有限的。同时，不同组织的学习能力也存在差异。鉴于此，组织对64种学习方法的选择并非随机、任意和不受限制的，而是由其学习意愿和学习能力等内部因素决定的。总体上，组织的学习意愿和学习能力等内部因素共同影响了组织学习内部实现的可行性，是组织基于自身情况选择恰当学习方法的内部条件。每一种学习方法都由六种基本学习模式经排列组合而成，它们所包含的基本学习模式的类型和数量是不同的。实践中组织对学习方法的选择受到外部环境的客观要求和内部实现的可行性的共同影响（见图13-5）：当外部环境高度复杂而富有动态性且组织自身具有很强的学习意愿和能力时，组织可能具备同时采用六种基本学习模式的条件；当外部环境简单而稳定且组织自身的学习意愿和能力都较低时，组织可能仅采用一种基本学习模式，甚至不开展组织学习及相关活动，仅维持组织的稳定状态。

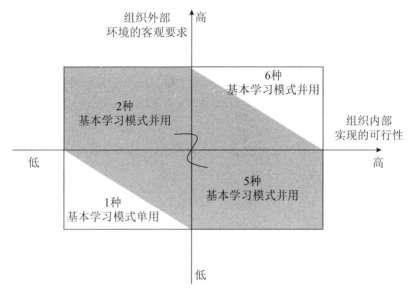

图 13-5　组织外部环境的客观要求和内部实现的可行性同其可能选择的学习方法的对应关系

13.2.4　组织发展不同阶段学习方法的动态变化分析

组织的成长和发展是有机的，每个发展阶段其资源、组织结构、领导力和人力资源等都呈现出不同的特点。由于新成立的组织没有可以回顾的历史，因此组织在成立时采用的学习方法将不包括从内部过去经验中学习（PIL）。基于前文的分析，组织对学习方法的选择受到外部环境的客观要求和内部实现的可行性的共同影响。一方面，组织的外部环境中包含的复杂性和动态性等方面在不同的发展阶段可能呈现出不同的特征，这在客观上促使组织在不同阶段对学习方法的选择需要动态地变化；另一方面，组织的学习意愿和学习能力等在影响其组织学习内部实现可行性的因素时也可能在不同的发展阶段存在差异，因此组织在不同发展阶段选择的学习方法可能呈动态变化趋势。

基于研究现状、对企业实践的观察和分析，组织所选择学习方法的变化可以分为波动型、上升型、下降型和稳定型等。

（1）波动型

波动型组织学习方法变化是大多数企业的实际情况。一般来说，组织在成立之初主要会考虑外部某些组织过去已有的经验和实践、自身当前的状况以及自身未来发展中可能会遇到的变化，因此可能会同时采用三种基本学习模式——PEL、CIL 和 FIL。成立后，组织在创业发展初期需对市场、产品等投入大量精力，在一定时间段内可能减少基本学习模式的数量，以增加对日常经营活动的投入。在组织逐渐步入正轨后，随着内部资源的扩充以及忽视学习导致的不利事件的发生，组织会进一步增加基本学习模式的数量，进行更为广泛的学习，甚至会达到五、六种基本学习模式并用的状态。这种状态持续一段时间后，由于兼顾内外部和各时间段的学习过度占用组织资源，影响了主营业务的发展，因此组织很可能减少所采用的基本学习模式的数量。总体上，波动型组织学习方法变化是指按照一定的周期规律来回调整不同组织学习方法的情况，具体学习方法的选择由组织外部环境的客观要求和内部实现的可行性共同决定。图 13-6 描绘了波动型组织学习方法变化的情况。

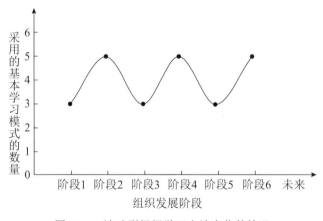

图 13-6　波动型组织学习方法变化的情况

（2）上升型

上升型组织学习方法变化反映了如下情形：组织成立时只采用单一学习模式，随着组织逐渐认识到从内部和外部及从过去、现在和未来中学习的重要性，以及外部环境要求的提高，组织内部的学习意愿和学习能力等逐渐提高、资源逐渐增加，组织同时采用的基本学习模式数量也持续上升。其中一种可能的情形是，在成立之初，由于认识不足、意识不强、能力有限，组织仅从自身内部的现状或外部组织的过往经验中学习，即仅采用从内部现状中学习（CIL）或从外部现状中学习（CEL）的基本学习模式；随着自身的不断发展，组织逐步增加从自身过去经验中学习（PIL）的基本学习模式，并运用情景规划方法预想自身的未来，增加从自身未来可能的情景中学习（FIL），乃至从外部现状中学习（CEL）和从外部未来可能的情景中学习（FEL）的基本学习模式。总体上，上升型组织学习方法变化反映了组织所采用的基本学习模式的数量随着发展阶段的推移而单调上升的趋势，是一种存在于企业实践中比较特殊的情况。图13-7描绘了上升型组织学习方法变化的情况。

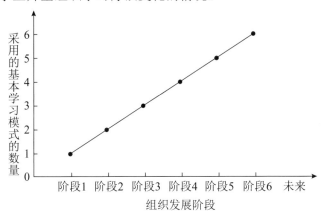

图 13-7　上升型组织学习方法变化的情况

（3）下降型

下降型组织学习方法变化反映了如下情形：在成立时考虑周全，同时采用除从自身内部过去经验中学习（PIL）之外的其他五种基本学习模式；但是，随着自身的不断发展，组织逐渐将资源投入日常生产经营活动中，陆续减少了基本学习模式的数量，甚至仅采用单一学习模式或不进行组织学习。总体上，下降型组织学习方法变化反映了组织所采用的基本学习模式的数量随着发展阶段的推移而单调下降的趋势，也是一种存在于企业实践中比较特殊的情况。图13-8描绘了下降型组织学习方法变化的情况。

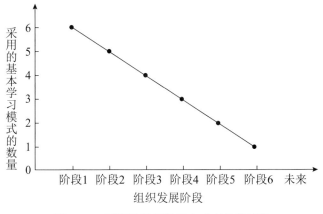

图 13-8　下降型组织学习方式变化的情况

（4）稳定型

组织在各个发展阶段采用的基本学习模式的数量保持不变，甚至采用的具体基本学习模式可能也不发生变化。这里有两种可能的情况。第一种情况是，该类组织主要将资源投入已有的经营管理和运作方式中，未根据自身发展的实际情况和外部环境的变化调整学习方法。第二种情况是，该类组织在成立时经过深思熟虑找到了某种可长期有效使用的经营管理和运作方式，并从中不断取得良好的成效，因此一直保持某种类型的学习方法。当然，该类组织保持某种类型的学习方法不变也可能有其他方面的原因。基于组织的学习方法，稳定型组织可大致分为低水平稳定型组织和高水平稳定型组织。低水平稳定型组织是指组织一直只采用少量几种甚至单独一种基本学习模式的情况，高水平稳定型组织是指组织一直采用多种甚至五六种基本学习模式的情况。图 13-9 描绘了稳定型组织学习方法变化的情况。

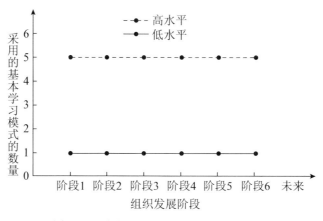

图 13-9　稳定型组织学习方法变化的情况

以上阐述了组织学习方法在不同发展阶段变化的四种类型（波动型、上升型、下降型和稳定型）的内涵和特征。随着研究的不断深入，还有其他类型有待发现、分析、归纳和总结。

13.3　企业开展组织学习的综合案例

许多中国企业在组织学习方面进行了大量的实践。这里以北汽福田汽车股份有限公司为例，基于对福田的访谈、实地调研以及查阅档案记录和企业文件等，下面将阐述其进行组织学习的六种基本学习模式。

福田于 1996 年在北京成立，目前在商用车行业处于世界领先地位，员工达数万人，累计产销汽车突破 1000 万辆。2017 年，福田汽车"商用汽车产业链资源汇聚及研发创新平台"项目成功入选工信部制造业"双创"平台试点示范项目；福田汽车工业互联网项目——"商用车辆智能制造试点示范项目"入选工信部智能制造试点示范项目名单。2018 年，福田进行了大规模组织变革，取得了良好的成效，包括绩效提高、服务改进、员工精神面貌焕然一新，并重返国内商用车行业第一的位置。

福田进行组织学习的来源包含组织学习的六种基本学习模式（如图 13-10 所示），下面详细阐述其在各种基本学习模式中的实践。限于篇幅，本部分不对其组织学习方法选择的影响因素等展开说明。

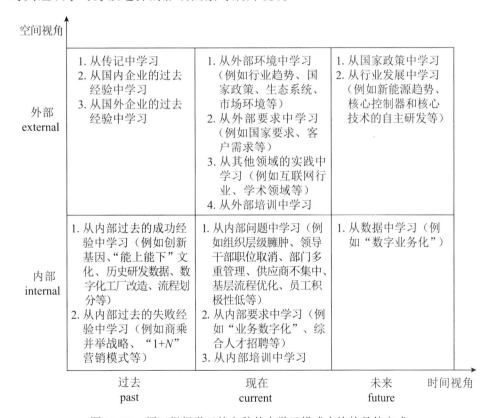

图 13-10　福田组织学习的六种基本学习模式实施的具体方式

13.3.1 从外部过去的经验中学习

福田一把手向全体员工推荐了《一生的旅程》《一网打尽：贝佐斯与亚马逊时代》《以奋斗者为本》等传记书籍，鼓励员工阅读这些书籍，并从中学习迪士尼、亚马逊、华为等标杆企业的宝贵经验。在学习标杆企业的宝贵经验方面，福田学习了国内企业华为"以奋斗者为本"的文化，并将其改进为"成就客户价值，创建奋斗者家园"的使命，将供应商、合作伙伴、客户等外部利益相关者都囊括在福田奋斗者的范围内。

福田还向国外企业 IBM 学习，购买了 IBM 的集成产品开发模式（IPD），并根据自身产品特点，不断改进，形成独特的产品开发体系。此外，福田还在其数字化改造后的工厂推行稻盛和夫的 MCU（Mini Cost Unit），即微型经营（成本）单元管理，有效地管控成本。

13.3.2 从外部现状中学习

（1）从外部环境中学习

福田从外部环境中的行业趋势、国家政策、其所在的生态系统、市场环境中学习，并最终决定进行大规模的数字化转型。在行业趋势方面，"十三五"期间，汽车行业提出了"电动化、智能化、网联化、共享化"的"新四化"战略，从传统能源向新能源转变的趋势越来越明显。在国家政策方面，国家强调要促进制造业的数字化、网络化和智能化，即实现制造业升级，并将创新驱动作为基本方针之一。2020 年，工信部发布《关于工业大数据发展的指导意见》，大力促进大数据和工业的融合。在福田所在的生态系统中，由于外部竞争愈发激烈，价值链上的供应商、整车制造商、经销商等从新车中获得的利润大幅下降，需要寻找新的增长点。在市场环境方面，新时代的客户对服务、个性化等的要求越来越高，客户群体年龄呈现出年轻化的趋势，更倾向于通过互联网平台查询、比较汽车信息并进行购买。这些外部环境的改变促使福田从中学习，并进行大规模的数字化转型，涉及组织、部门和员工等的软实力和硬实力的各个方面。

（2）从外部要求中学习

福田作为国有企业，在国家多个重大场合都承担并圆满完成了关键任务。譬如，在 2019 年国庆阅兵仪式中，福田旗下的各个品牌，如欧曼、欧辉等，将生产车辆设计成致敬方队礼宾车、群众游行主题彩车、和平鸽和联欢晚会的烟花装置运输车等。福田欧曼设置了十多道质量门，新增了两百多项产品质量标准，用来保证制造流程质量。福田欧曼还组建了由研发、采购、质量、生产、服务等部门员工组成的跨部门专项保障小组，制订了"彩车项目专用车质量保证实施计划"，确保按时保质保量完成生产。又如，2020年1月，新冠肺炎疫情暴发，福田接到工信部对自己提出的负压救护车的紧急排产需求后，迅速组织生产复工，组成生产突击队，24小时双班生产，将30天的生产周期压缩至10天，赶制负压救护车支援湖北抗疫一线，保障了抗疫一线的医疗救治能力。

商用车的产品属性要求企业考虑客户的用车场景，不断优化汽车的设计制造，为客户的盈利保驾护航。因此，福田成立了营销总公司，创新性地提出浸入式调研的方法，用"扫街"的方式研究客户的个性化需求，具体化客户的用车场景，并提出"场景化"的产品研发模式。具体来说，福田的员工每天清晨到各地市场和商用车车主深入交谈，将商用车车主的需求转化为产品定义，调查车主需要花费多少时间拉载货物、途经什么地理特征的区域、货物保存具有哪些特殊要求等因素，根据这些因素识别了两百多种场景，研发部门再根据这些场景进行对应的产品开发。这种研发模式使得福田深入研究客户需求，在不同的用车场景下不断完善产品细节，打造更有针对性的产品，提供更细致的服务。

（3）从其他领域的实践中学习

现在已经进入互联网时代，福田作为传统汽车企业，也在努力转型，以更好地和互联网时代融合。福田学习了互联网企业简单高效的文化。最明显的改变就是，高层领导者在开会时改为身着牛仔裤等休闲装。此外，福田一把手还调研了字节跳动科技有限公司，关注"今日头条"业务的发展现状，学习到"自驱型组织"和"分布式智慧"的管理理念。因此，福田一把手在组织内部强调有效授权、合理授权，让事业部、基层员工实现自我驱动。福田一把手还经常检查领导者对员工授权的"度"，即其是否根据外部环境、组织支持、员工内在能力等在"集权"和"授权"之间保持平衡，并给予需要高度授权的事业部和员工更多资源，创造更好的环境。

为了宣贯组织变革相关的新思想，福田参考《哈佛管理评论》《清华管理评论》等杂志，创办了《福田管理评论》。一方面，高层领导者经常在《福田管理评论》上发表文章宣传组织变革相关的新思想，另一方面，高层领导者会确定每个月的主题，通常是企业发展的思想和理念，宣传部负责组织各部门领导者根据该主题撰写稿件，将这些思想和理念落实为具体的行动。《福田管理评论》也成为高层领导者和基层员工及时了解及监督各部门计划执行的渠道，各部门领导者会在上面定期发布部门计划。

（4）从外部培训中学习

福田定期组织管理者和员工参加外部培训，例如政府、行业协会等举办的会议、论坛和培训，还经常和华为、阿里巴巴等云服务提供商交流。在外部培训场合，福田可以深入了解同行企业采取的行动、其他行业企业的优秀实践、行业发展趋势、政策指导方向等，同时也能反思自身组织实践中存在的问题，从而促进技术、管理的学习、改进和升级。

13.3.3　从外部未来的情景中学习

（1）从国家政策中学习

福田设立了重点项目办公室（也称政府项目办公室），负责研究国家的方针政策，紧跟国家政策脚步，把握技术发展趋势。重点项目办公室还负责申请国家的课题研究项目，不仅能够获得一定的经费支持，还能够在实施项目的过程中通过和高等院校、研究机构等学术组织的合作，为福田积累前沿的科学技术。

（2）从行业发展中学习

汽车行业正在从使用传统能源向使用新能源转变，许多乘用车企业已经将新能源汽车作为重点研发和销售的产品，行业发展趋势有利于新能源汽车市场占比的提高。再加上考虑到未来可能出现的传统能源资源短缺、价格上涨等情况，福田加快了新能源相关的产业布局和技术布局，包括纯电动汽车、氢能源汽车和混合动力汽车的研发。福田在和供应商多年的交易中意识到，如果所有的零部件都从供应商那里购买，其在产品预算、质量等各个方面都会受到供应商的制约。因此，福田在整车服务器、电极控制器、电池控制器等核心控制器、电喷和整车控制等核心技术以及动力电池上进行自主研发，从而掌握核心技术，具备核心竞争力。

13.3.4　从内部过去的经验中学习

（1）从内部过去的成功经验中学习

福田一把手曾说，"福田的核心就是创新基因，其一直引领整个行业的变革"。福田一直是一家有自我驱动力的创新企业，员工也都继承了其创新基因。因此，福田在进行数字化转型时，其员工能够较快地认识到数字化转型的重要性和必要性，从而认可和支持组织的数字化转型。福田一直以来强调的"能上能下"文化也使得员工在数字化转型的过程中，能够接受公司的干部人才结构改革，理解公司对自身职位的调整。

福田整合历史研发数据，开发了工程师使用的软件。福田的工程师在设计汽车时，可以在此软件上看到其他工程师在设计时使用过的零部件，并能根据价格、销量等排序分析，从而更好地实现设计制造的规模效应，提高成本优势。

在福田的数字化转型中，很重要的一项举措是对工厂进行数字化改造。福田首先对山东潍坊的传统工厂进行数字化改造，推出山东潍坊超级卡车工厂 1.0版本，后来在工厂运行过程中不断地积累经验、解决问题，逐步将其升级为 2.0版本。随后，福田新建了湖南长沙超级卡车工厂，一方面学习借鉴山东潍坊超级卡车工厂 2.0 版本中成熟有效的数字化生产技术，另一方面引进新的技术，通过软、硬件一体化设计，达到更高的自动化率和数字化率，并且实现"一件一码"、自动纠错等功能。福田在工厂中还开展了精益制造的树标杆活动，将某一工厂内的优秀实践经验推广到其他工厂，实现经验的可复制化。譬如，山东潍坊超级卡车工厂整理了《现场管理手册》《设备管理手册》《故障案例手册》等标准化手册，还针对不同角色的行为，总结了"班长的一天""车间生产主任的一天"等行为准则。这些手册、准则不仅为员工提供了生产操作和行为规范的范本，也为管理者监督检查员工行为提供了参考。对于复杂的生产操作，工厂还会请操作熟练的员工录制标准的作业视频，帮助其他员工更直观地进行学习。

福田在向 IBM 公司咨询后还对流程进行了重新梳理和划分，提出"端到端"流程体系变革的工作计划，将流程细分为"从客户需求／期望到产品规划流程""从产品开发到客户需求验证流程""从计划到交付流程""从线索到回款流程"和"从客户问题到解决流程"。

（2）从内部过去的失败经验中学习

由于商用车市场逐渐趋于饱和，加之乘用车市场蓬勃发展，福田曾在 2015年前后进军乘用车市场，希望通过其在商用车领域的经验和实力，在乘用车领域也能够占有一席之地，增加企业利润。然而，种种原因导致福田乘用车业务大幅度亏损，对乘用车业务的巨额投资也导致对商用车业务的研发投入不足，商用车业务利润下滑，市场占有率下降。福田新一代领导班子上任后，从过去的失败经验中学习，放弃了商乘并举（即商用车和乘用车并重发展）的战略，提出了"聚焦价值，精益运营"的核心运营理念。福田不仅放弃了乘用车业务，还精简了商用车业务，取消了低利润、亏损的产品线，从而更好地将资源集中在高效、盈利的产品线上。

福田曾经采用"1+N"的营销模式，即设置 1 个营销运营管理部，负责管理各个品牌的销量和绩效，设置 N 家营销公司，负责各自品牌的市场运营。但是这种营销模式使得福田旗下的各个品牌由于战略不清晰，相互竞争，经常出现压价、抢占市场的情况，不利于整个组织的发展壮大。福田从这一失败经验中学习，将营销运营管理部重新命名为营销总公司，为各品牌的营销公司提供战略定位、资源分配和经营管理等服务，从而在市场战略和产品战略上对各个品牌进行区分，不仅消除了内部竞争，而且能够更好地支持各个品牌的发展，提升整个组织的竞争力。

13.3.5　从内部现状中学习

（1）从内部问题中学习

针对企业沟通效率低、组织层级臃肿的问题，福田首先对组织层级进行大幅精简。福田最基层的科室层级造成了"部门墙"，流程难以被打通，而且科室业务过于单一，不利于员工拥有多元化的技术和能力。因此，福田从这一造成负面影响的组织实践中学习，取消了科室这一层级，同时还取消了中高层的总监、总助等职位，削减了大约 50% 的领导干部。

层级削减、中高层管理职位取消，随之而来的就是受到影响的领导干部如何安置的问题。为了妥善解决这一问题，福田采取了以下两项措施。第一，将原本的"管理 + 专业"两条晋升通道扩展为"管理 + 专业 + 项目群"三条晋升通道。针对原本的"专业"这一晋升通道能够到达的职位上限不如"管理"这一晋升通道，使得员工纷纷转入"管理"晋升通道，导致"管理"晋升通道拥堵、技术人才缺乏等现象，福田提高了"专业"晋升通道所能达到的职位上限，使其和"管理"晋升通道齐平，并增加了和产品创造流程相关的"项目群"晋升通道，有效地缓解了"管理"晋升通道中的拥堵情况，"专业"晋升通道和"项目群"晋升通道也因此有了更多的后备力量。第二，考虑到领导干部的"面子问题"，福田对转移晋升通道的干部采取"平转"的方式，保持一段时间内待遇不变，之后再对其重新考核评估。同时，成立专家中心，根据这些领导干部的经验、能力、行业地位等进行专家称号评选，发放专家津贴。

针对制造部门、采购部门和质量部门存在多重管理的问题，福田将这三个部门有机整合在一起，取消各自部门的副总裁这一职位，新设了供应链副总裁，对这三个部门进行统筹管理，促进产供销的协调统一。

针对供应商分布不集中、质量良莠不齐的情况，福田提出压缩供应商体系，提高供应商准入条件，加强对供应商产品的质量审核，从而实现规模经济，降低了采购成本。

福田还建立了流程改善平台，员工可以实名反馈问题，帮助福田自下而上地优化流程。譬如，曾经有员工提出，入职时发放的笔记本电脑等办公设备，采购次数是一个月一次，因此员工入职时很可能遇到办公设备库存不足的情况，导致员工办公不便，降低了新员工的工作满意度，提高了员工离职率。福田在流程改善平台接收到这个问题后，便迅速对流程进行优化，提供一站式服务，有效解决了这一问题。

针对员工积极性低的情况，福田改变了原来薪酬体系中组织绩效和个人绩效界限分明的设置，通过抓关键人才的绩效，将各层次纵向的绩效、各部门横向的绩效相互关联，强调利益共同体的概念，从而将个人绩效、部门绩效、组织绩效紧密结合，大大激发了员工的积极性。福田还鼓励事业部一把手将事业部作为经营体承包下来，并将员工的激励权下放给领导者，从而促进了领导者对员工的授权，也增强了领导干部的活力。

（2）从内部要求中学习

福田乘用车业务造成的亏损要求其在商用车业务上增大盈利空间，新上任的领导者及其团队对数字化转型的重要性和必要性理解得较为深刻，因此大力推动了福田的"业务数字化"，加深了对云、大数据、车联网系统等的使用。随着车联网系统的成熟，福田利用收集的大量数据进行大数据分析，为供应商和客户提供有偿服务。譬如，福田可以根据零部件维修的大数据，提供预测性维修，在一些重点区域建立前置仓，布局常用配件。当系统自动分析出客户驾驶的车辆可能出现故障时，就会提醒客户前往最近的服务站维修，从而加快维修服务的速度、提高质量。零部件维修的大数据还能帮助供应商有针对性地改进其零部件设计，减少不同用车情景下不同零部件的损坏。又如，通过车联网系统，福田可以为车队提供动态监控的服务，车队不仅能够知道车辆的实时定位，进行高效调度，还能够分析不同司机的驾驶习惯、车辆使用情况等，进行车队安全管理。福田还开发了"福田E家"应用程序，整合了车型信息、线上下单等购车功能，并为客户提供驾驶行为分析、故障诊断、维修保养等个性化服务，在方便客户使用的同时，也更好地协同了经销商、维修商、供应商等生态系统中的企业，使各方都能够第一时间响应客户需求。

在组织变革的过程中，福田逐渐意识到，传统汽车制造业中只拥有较为单一技能的员工已经无法满足组织变革尤其是数字化转型后的要求，因此，福田开始招聘拥有机械、电力电子、控制、数据、管理等各方面技能的综合人才，并扩大信息技术团队、供应商质量工程师（SQE）的队伍，以支持组织数字化转型和其他重大项目的开发。

（3）从内部培训中学习

福田各部门内部每周都会组织进行知识分享，鼓励员工之间、部门之间交流协作，分享彼此的知识、技能和经验，并从中学习。福田高层领导者也经常在企业内部发表讲话、分享心得。福田有完善的试岗、轮岗、转岗制度，并鼓励老员工发挥"传帮带"作用，使员工能够掌握不同部门的知识、技能和经验。福田还建立了福田大学，为其员工提供线上和线下课程，员工每年都需要完成一定的课时，以更好地应对变化的职业要求。

13.3.6　从内部未来的情景中学习

福田设想其未来拥有的数据资源会越来越多，这些数据可以用来带动整个产业链的发展，并为福田创造新的利益增长点，即实现"数字业务化"。为此，福田成立了全资子公司智博，主要负责提供传感器、智能控制系统等产品，以及全资子公司智科，主要负责提供车联网相关的数据服务、数字化平台的开发管理等服务。

从上述分析中可以看出，福田进行组织学习的来源包含组织学习的六种基本学习模式，在每一种基本学习模式中都有丰富的实践。福田良好的组织学习很好地助力了其高速发展。

第14章

组织时空智慧的发展过程

14.1 时空智慧发展的总体过程

组织时空智慧的发展可以分成主动（proactive）和被动（reactive）两个过程，如图 14-1 所示。

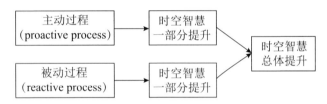

图 14-1　时空智慧发展的总体过程示意图

主动过程是自我革命，源自内在的提升动机，是有设计、有规划、自我进化的时空智慧发展过程。这一过程需要组织具备前瞻意识、危机意识，主动进行反思和改进，并对未来的发展前景进行构想，在空间层次、空间维度和时间动态上去主动地发展智慧，对应图 14-2 中从"吉"到"悔"的反思和改进过程。

被动过程是被动革命，源自外在的机会和挑战，是反应式、应对机会和挑战的时空智慧发展过程。这一过程具有目标性和指向性。组织经历了外部环境的挑战，例如失败、"小凶""小吝"等，知道了自己在哪个空间层次、哪个空间维度、哪个时间被外部环境所打败，这一"从哪里跌倒，从哪里站起来"的过程属于组织时空智慧发展的被动过程，对应图 14-2 中从"小凶"到"大悔"的过程。

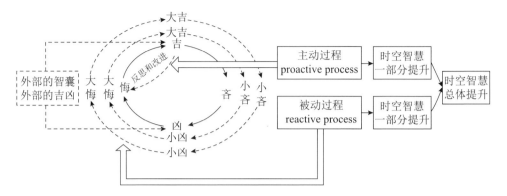

图 14-2　组织的时空智慧发展过程和领导者的时空智慧发展过程的关系图

总体上，主动过程是主动布局，被动过程是被动破局。这两个过程都能够使组织的时空智慧得到一部分提升，两个过程相加才能使组织"羽翼丰满"。

然而，组织并非总能很好地把握住时空智慧发展的主动过程和被动过程。如果企业的前瞻性思维不足、很难进行时空智慧发展的主动过程，就很有可能会通过时空智慧发展的被动过程来弥补。

主动过程和被动过程的结合是最好的状态，如果做不到主动过程和被动过程的结合，只依靠被动过程，组织就很容易失败。下面几家企业的例子就反映了这一点。

譬如，柯达公司的工程师于 1975 年就研发出了世界上第一部数码相机，但直到 2003 年，柯达才正式宣布数字化战略，在全球数码市场高速增长、胶片市场快速萎缩的时代，柯达没能阻止利润的下滑，最终于 2012 年递交了破产申请。柯达的失败并不在于其没有掌握和投资新技术，而在于"无法真正拥抱颠覆性变革开启的全新的商业模式"，只是将其看作现有商业模式的扩展[①]。1999 年，时任柯达首席执行官的乔治·费舍尔在接受采访时提到："柯达将数码摄影视为敌人，这个恶魔可能抹杀以化学为基础的胶片、相纸行业，而这正是柯达数十年来的盈利基础"[②]。因此，柯达很早就意识到了空间维度的变化（数码技术冲击胶片市场），其工程师主动进行了技术开发，但柯达却没有主动采用和发展这项技术，仍以发展胶片业务为主，甚至担心发展数码业

①　Anthony S D. Kodak's Downfall Wasn't About Technology [J/OL]. Harvard Business Review, 2016-07-15. https://hbr.org/2016/07/kodaks-downfall-wasnt-about-technology.

②　Deutsch C H. Chief says Kodak is pointed in the right direction [N/OL]. The New York Times, 1999-12-25. https://www.nytimes.com/1999/12/25/business/chief-says-kodak-is-pointed-in-the-right-direction.html

务对其主业的负面影响。直到在商业竞争中，佳能和尼康等公司更快地适应了数字时代，占领了市场份额，导致柯达的利润下降，柯达才被动地转移重心至数码业务，但已无法扭转局势。

又譬如，摩托罗拉公司提出了铱星计划，这是第一代借助卫星通信系统提供联络的全球个人通信方式，虽然摩托罗拉在技术上实现了全球卫星通信的愿景，但商业模式上的缺陷和运营管理的失误最终导致了该计划的失败。铱星计划作为摩托罗拉主动提出的全新的通信方式，虽然在技术维度上取得了突破，但由于没有解决好其他相关维度的问题，如商业模式、运营管理、市场和消费者需求等，最终不得不以失败告终。

还譬如，20世纪90年代，姜万勐和合伙人孙燕生成立了万燕电子系统有限公司，并发明了世界上第一台VCD机和第一张VCD。万燕在技术维度上处于领先地位，然而在其他维度上较为落后，例如版权和专利意识较为薄弱，他们发明的产品很快就被国内外其他公司效仿。在前期研发阶段投入了较高成本的万燕未能在VCD市场立稳脚跟，反而"为他人作嫁衣裳"，最终被收购，退出了该市场。

由上述案例可见，组织仅仅依靠一种方式，譬如被动过程，是很难应对市场竞争的。

进一步地，企业仅仅依靠自身的强大也很难在市场竞争中实现可持续发展，企业还需要上下游企业、同行企业等商业生态系统中其他参与者的支持。优秀的上下游企业对组织的发展是必不可少的，同行企业的存在和发展也有利于帮助企业锻炼和培养优秀的上下游企业，以达到"生态兴盛"。反之，若企业只关心自己的成长和发展，忽略甚至挤兑上下游企业、同行企业的利益和生存空间，则可能会导致"生态坍塌"。在当今万物互联的社会，企业之间的竞争是多层次、多维度和动态的，两家企业之间的竞争成败，不仅取决于两家企业的掌舵人之间的竞争、高管团队之间的竞争，拥有的软实力和硬实力的综合竞争，还取决于两家企业所依附的生态系统之间的竞争，甚至两家企业所在的国家的国运之间的竞争……因此，这里提出的"生态兴盛"和"生态坍塌"需要引起企业领导者的高度关注，尽量让自己带领的企业处在"生态兴盛"，而不是"生态坍塌"的商业系统中。

下面讨论时空智慧发展中的阶段性结果，如图14-3所示。

一个人在他成长过程中的不同时期，其时空智慧的发展程度是不同的。例如，当他处于婴儿时期，他只会考虑自己，而且考虑的维度只有食物。随着他不断成长，他就会逐渐发展出多层次思维和多维度思维，除了考虑自己，也会考虑到家庭，比如要为父母分担一些家务、要照顾兄弟姐妹，还会考虑到班级，等等。此时，人考虑的层次从个体扩展到群体，维度从个人身体素质的发展到三观（即世界观、人生观和价值观）的形成、攒长辈给的压岁钱、结交朋友等等。成年之后，除了考虑自己、团队和家庭，还会关心组织、国家大事，会形成自己的目标定位，以及确立达到这个目标定位需要走的道路、确定和别人的利益分配关系、具备一定的信仰和价值观、形成自己为人处事的原则等，他还会积攒自己的人脉资源、经济资源、物质资源等。从时间视角来看，人在发展的过程中，其学习能力、创新能力也是在不断增强的。因此，总的来说，人的成长过程就是层次不断扩大，维度不断填充，学习和创新能力不断发展的过程。

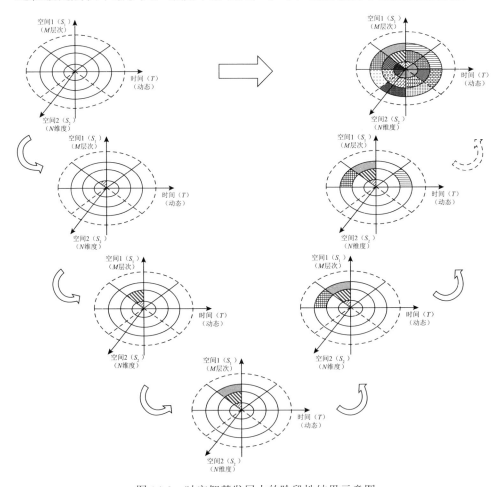

图 14-3 时空智慧发展中的阶段性结果示意图

如果仔细观察领导者的行事作风，会发现有些领导者初期的演讲稿是较为青涩的，是单层次、单维度地看问题，中后期逐渐变得成熟，会多层次、多维度地看问题，他的学习能力、创新能力也会越来越强，这样他就为自己赢得了更长远的发展时间窗口和更广泛的空间的范围。

治疗一个患上多种疾病的人，应该每一次调整某一个层次或者某一个维度，然后下一次再调整另一个层次或者另一个维度，比如第一次调整血脂，第二次调整血管的韧劲，第三次调整气血，等等。如此循环往复，通过螺旋式的调整，才能治好疾病。人是如此，家庭、团队、组织、国家也是如此。

如果研究那些失败的企业家和组织，就会发现一个组织的衰落是因为其发展的层次和维度在萎缩、学习和创新能力在下降。此外，战争还可能造成一个国家的衰落，如通过战争直接消除该国家的某个维度。人的成熟、组织的发展、国家的成熟发展等，都是随着时间和空间的变化，其相应的时空资源发生变化。

在图 14-3 中，以时空智慧用于组织（国家）的变革为例，最左边是一个时空系统，代表了组织或国家在变革前的状态，最右边也是一个时空系统，在不同层次、不同维度上填充了不同的纹样，代表了组织或国家在不同层次、不同维度上变革后的状态。一个组织或国家是如何从最左边的原始状态变成最右边的全新状态的？主要有两种路径。

第一种是"休克疗法"，即从最左边到最右边的直箭头代表的路径，这意味着组织或国家在很短的时间内完成全面变革。休克疗法的特征是短时间和全面性，这种做法看似很快，实则危险巨大，会给整个组织或国家的成员带来巨大的心理冲击，他们会强烈地感觉到变革的压力，组织或国家的秩序会被打乱。因此，休克疗法对于很多组织或国家来说是难以应对的过量刺激。

第二种是"渐进式变革"，即从最左边到最右边的圆弧形箭头代表的路径，这是一个逐步的、分层次的、分维度的过程。从最左边的第一个组织状态到第二个组织状态是变革的第一步，只是在微观层次的某个维度上进行了变革，例如，组织的领导者在思想方面发生了改变。第二步是将变革扩大到团队层次，也就是在团队中进行思想的改变，这就是从第二个组织状态到第三个组织状态。第三个组织状态到第四个组织状态是在整个组织层次的思想变革，也就是说，无论是高层领导者还是重要的团队，以及整个组织或国家的成员，都能够了解变革，在思想上达成一致，这是目标和方法维度上三个层次的依次变化。第四个组织状态到第五个组织状态是宏观层次的另一个维度的变革，例如，思想一致了之后，就可以在利益和权力维度上进行变革。利益分配机制的改变使财力得到提升，接下来就可以在财力维度上进行变革，也就是从第五个组织状态到第六个组织状态。第六个组织状态到最右上角的组织状态之间用了虚线箭头，表示这中间经历了不同层次上目标和方法维度、利益和权力维度、信仰和价值观维度、人力维度、财力维度、物力维度等的变革，最终实现全面的变革。渐进式变革是一条 U 形曲线，和一步到位的休克疗法比起来，最大的优势就是它给人们所带来的冲击是比较小的，而且组织或国家可以在这个过程中不断地迭代、不断地改进、不断地完善，因此有容错的机制，是一种可进可退的方法。

在历史上，国外有些国家采用了休克疗法，但是效果并不好。中国采用的就是渐进式变革，通过试点、总结、扩大、推广，在经济改革上取得了成功。《道德经》[①] 里面有一句话叫做 "曲则全，枉则直；洼则盈，敝则新；少则得，多则惑 "，有些时候通过弯曲的道路，反而会得到更好的结果。因此，使用时空思想进行组织或国家的变革，首先要把时间跨度变大，然后在空间上要多层次、多维度、动态地加载，降低变革的负荷，从而让国家逐渐 "羽翼丰满"。

14.2 时空智慧发展的主动过程

时空智慧发展的主动过程需要设计规划。譬如，团队的组建是个 "羽翼丰满" 的过程，每个团队成员都知道不同层次、不同维度、不同时间的知识，例如某个成员知道个体层次的技术维度的知识，一个成员知道团队层次的利益和权力维度的知识，另一个成员知道组织层次的目标和方法维度的知识，等等，这样组成的团队就具有丰富的、异质性的知识，也就实现了团队知识的 "羽翼丰满"。

华罗庚提出的优选法 [②] 可以在有限的资源和时间下，成本最低、过程最快地找到最优或较优的实验方案。正交试验法是优选法的一种，其基本思想起源于 20 世纪 20 年代英国统计学家、工程师费舍尔创立的试验设计。到了 40 年代末、50 年代初，日本质量管理专家田口玄一提出了 "正交试验法"，这是一种处理多因素、多水平优化问题的设计方法。进一步地，田口玄一依据试验的优化规律，将正交试验选择的因素和水平组合列成表格，形成了正交表，便于试验者查阅，从而能以较少的试验次数获取最大信息量。一个 M 层次、N 维度（假设 M 小于 N）的组织，不可能把所有的可能性穷尽了来找到最好的达成时

---

① 张景，张松辉，译注 . 道德经：中华经典名著全本全注全译丛书 [M]. 北京：中华书局，2021.
② 华罗庚 . 优选法与统筹法平话 [M]. 北京：北京出版社，2020.

空智慧"羽翼丰满"的方法和过程，即进行 M^N 次变化来对每个层次的每个维度进行变化和提升。一个组织也很难像优选法建议的那样反复调整变量及其水平来找到最优方案，例如按照正交表进行 $M(N-1)+1$ 次实验。考虑到在组织实际运作中，在某个层次、某个维度上的变化和提升往往可以推广到其他层次，因此一个 M 层次、N 维度（假设 M 小于 N）的组织要实现时空智慧"羽翼丰满"的目标，即各个层次的各个维度都有变化和提升，只需要进行 N 次变化，且 $N < M(N-1)+1 < M^N$。例如，要提拔一位经历过所有部门历练的领导者，不能让他走 L（level，层级）$\times D$（department，部门）级阶梯，即不能在每个部门都经历从基层到高层的锻炼，而应该让其先在某些部门的基层历练，再提升至其他部门的中层历练，最后到剩下的部门的高层历练。这样，领导者所需要经历的历练次数就是 D 次（假设 L 小于 D），既节省了时间，又充分地考察了领导者全方位的能力。

如图 14-4 所示，横坐标是时间，纵坐标是组织时空智慧的状态，该图体现了一个经典的三层次、六维度的组织的时空智慧的提升随着时间的变化，每个时间上都用组织的时空模型图以及将时空模型图平面展开对应的方格图来体现组织时空智慧的状态。在 T_1，该组织的个体层次上的目标和方法维度发生变化；在 T_2，该组织的团队层次上的利益和权力维度发生变化，这种变化带来了团队层次的"打开"，因此，T_1 中个体层次上的目标和方法维度的变化能够"漫延"至团队层次；在 T_3，该组织的组织层次上的信仰和价值观维度发生变化，这种变化带来了组织层次的"打开"，因此 T_1 和 T_2 中的变化能够"漫延"至组织层次，并且 T_2 中的变化也"漫延"至个体层次；在 T_4，该组织的团队层次上的人力维度发生变化，T_3 中组织层次上的信仰和价值观维度的变化也"漫延"至团队层次和个体层次；在 T_5，该组织的个体层次上的财力维度发生变化，T_4 中团队层次上的人力维度的变化也"漫延"至个体层次和组织层次；在 T_6，该组织的团队层次上的物力维度发生变化，T_5 中个体层次上的财力维度的变化也"漫延"至团队层次和组织层次；在 T_7，T_6 中团队层次上的物力维度的变化也"漫延"至个体层次和组织层次。

因此，这不仅仅是个向前看（forward）的过程，即每个时间上都有新的层次和新的维度发生变化，也是个向后看（backward）的过程，即每个时间上都有以往发生过变化的层次上的经验推广至其他层次，且之前发生过变化的层次和维度也会不断优化；每向上开启一个新的层次，就代表以往发生过变化的维度的"层次天花板"被打开了，其经验就可以推广至新的层次。因此，由于同一

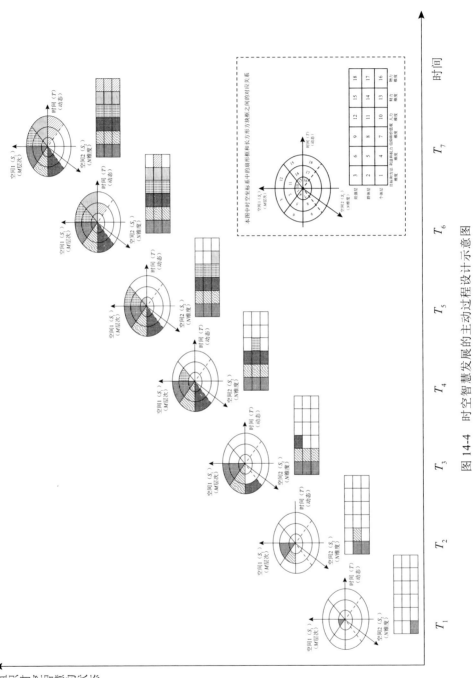

图 14-4 时空智慧发展的主动过程设计示意图

个维度上的变化和提升可以"漫延"至多个层次，大大降低了组织时空智慧"羽翼丰满"所需要花费的时间和资源，组织每进行一个新的层次和维度的变化和提升，之前的层次和维度也会跟进变化和提升，这是个动态的、"水漫金山"的过程。

上面的论述考虑的是，在每个时间点开启一个新的层次和维度，组织相应的变化和提升的简单情况。如果结合华罗庚提出的统筹法的思想，还可以进一步规划不同部分提升的逻辑顺序和时间顺序，节省时间、提高效率，最终达到时空智慧"羽翼丰满"的目标。为此，组织可以抓住"主要矛盾"，也就是要找到影响时空智慧"羽翼丰满"的最核心的、决定性的因素。例如，对于数字化转型来说，组织的"主要矛盾"可能是组织层次的目标和方法的改变、信息技术部门的整体技术能力的提升、个体员工的思想意识的改变等。确定了"主要矛盾"，就要确定"次要矛盾"。例如，对于数字化转型来说，组织的"次要矛盾"可能是组织和团队层次的利益和权力的改变、个体员工的人力资本的提升等。组织在花更多的时间解决"主要矛盾"的同时，可以花较少的时间同时解决"次要矛盾"。

接下来，以我国实行家庭联产承包责任制为例进行具体说明。家庭联产承包责任制是农村改革中的一项重要措施，"包干到户"是家庭联产承包责任制的主要形式之一。在20世纪七八十年代国家资源有限、试验成本高昂的情况下，国家对农村改革采取了从试点到扩大再到全面推广的策略，这正是运用了优选法的思想来帮助国家确定最佳的实施方案。党的十一届三中全会召开以后，中共中央决定对农村进行改革。农村改革从安徽开始，1978年11月安徽省凤阳县小岗村首创试点"包干到户"，生产队将土地、牲口、工具等按照每户农民家庭人口进行分配，农民自己耕种的粮食除了上缴国家和集体外，剩余的粮食归自己所有，农业生产因此取得了更大的发展。这次试点是在安徽省凤阳县小岗村这一个点开始的，试点村明确了目标和方法、利益和权力。结合小岗村实行"包干到户"的相关成果数据，例如受到农民的热烈欢迎、农民的参与意愿非常高、土地利用效率高、农民收入大大增加等，"包干到户"的试点取得了很好的成效。但"包干到户"在全国范围内的推广仍然受到了很多阻碍。在当时的条件下，"包干到户"被认为是资本主义性质的，引起了很大的争论。一种观点认为不要推广，另一种观点认为不要限制其发展。可见，"包干到户"从试点地向全国范围推广的过程中受阻，最主要的阻力来自信仰和价值观这个维度。对此，1983年1月2日，中共中央印发《当前农村经济政策的若干问题》，从理论上说明了家庭联产承包责任制"是在党的领导下中国农民的伟大创造，是马克思主义农业合作化理论在我国实践中的新发展",论证了家庭联产承包责任制的合理性,统一了全党对家庭联产承包责任制的价值观念。此后,国家继续根据实施情况,识别对家庭联产承包责任制推广影响最大的关键因素,调整了相应的政策和制度设计,进一步优化家庭联产承包责任制的推广方案,例如对土地承包期限、产权保障、农民收益分配等都做出了明确的规定。由此可见,国家运用优选法更加科学地推广家庭联产承包责任制,在有限的试验条件下获得最多的信息,通过合理选择最核心的、决定性的因素,减少试验次数并降低推广成本,更好地制定和实施农村改革政策,推动农业发展和农民收入增长。

14.3 时空智慧发展的被动过程

时空智慧发展的被动过程通常是外部环境的机会和挑战引起的,组织在发现机会和挑战后,一方面,需要识别和选择能够抓住机会和应对挑战的空间层次、空间维度和时间动态;另一方面,需要考虑不同空间层次之间、不同空间维度之间、不同时间动态之间以及空间视角和时间视角之间在变革内容上的多级别协同,并相应地优化变化和提升的方案,从而更好地应对外部环境的机会和挑战。

第一,组织需要识别和选择能够抓住机会和应对挑战的空间层次、空间维度和时间动态。

譬如,邓小平同志选择深圳作为改革开放的第一个经济特区,最早实行对外开放,这是因为深圳临近香港,可以很方便地学习香港成熟的经验,并且深圳原先就是一个小渔村,发展得好就可以体现出很大的对比度,从而体现改革开放的成效。在以深圳为首的经济特区设立后,中国又对外开放了 14 个沿海城市,然后进一步设立了沿海经济开放区,最后开放内地。如果当时没有选择深圳等沿海城市,而是先选择了内陆城市,可能就无法达到很好的阶段性效果,改革开放就难以推进下去。

还譬如,20 世纪 80 年代,国内兴起了留学热潮。当时的俞敏洪也在准备出国,但由于一些特殊情况,他错过了美国所有大学的奖学金发放和招生录取的时间点。为了自己攒钱出国,他开始参加一些培训机构的教学工作。后来,为了更快地获得金钱,他在北大成立了一个托福培训班。1990 年,俞敏洪选择离开北大,自己出来办培训班。在国内的出国热潮下,俞敏洪意识到对这些想要出国的人进行英语培训、帮助他们出国将会成为一个热门生意,因此他选择了从托福、GRE入手开办英文培训班。他认真培养老师，给这些老师传授了轻松、幽默、励志的授课方法。1993年11月，北京新东方学校成立，后来逐渐发展壮大成新东方教育科技集团，成为了中国教培行业的领先企业。2021年7月，中共中央办公厅、国务院办公厅印发《关于进一步减轻义务教育阶段学生作业负担和校外培训负担的意见》，即"双减"政策，这对教培行业带来了很大的冲击，新东方的中小学学科辅导业务也受到了很大的影响，迫使其被动地做出相应的变化和转型。在空间层次上，新东方的语言培训开始走向国际，如在美国开展中文培训课程。在空间维度上，一方面，新东方对教育细分领域进行了调整，向非学科类的教育辅导拓展。另一方面，俞敏洪发现，新东方培养出来的老师口才好，能够轻松、幽默、励志地进行知识输出，可以将这种能力迁移到直播电商业务中，因此新东方上线了东方甄选，在国内激烈的电商竞争中，形成了自己独具特色的带货风格，其双语直播带货的模式取得了很大的成功，使新东方扭亏为盈。在时间动态上，新东方还开拓了面向中老年人的文旅新业务，从时间视角拓展新赛道。

再譬如，从2018年开始，华为就受到国外的技术打压，面对外部的这一挑战，华为的时空智慧得到了加强。具体来说，可以从四个维度来分析华为应对这一外部挑战时所做出的变化和提升。这四个维度包括：目标和方法系统、利益和权力系统、信仰和价值观系统、学习和创新系统。在目标和方法系统方面，华为积极向非洲、拉美、东南亚等新兴市场拓展。在利益和权力系统方面，华为对人力资源一直坚守"高投入"原则，并实施了"天才少年"计划和"高鼻子人才"计划等，投入丰厚的资金加强建设人才的空间金字塔的"塔尖"。在信仰和价值观系统方面，华为建立了自己的精神力量，提出了"我们还在冰库中，不知道能不能活下去""没有伤痕累累，哪有皮糙肉厚？""突破乌江天险，实现战略突围""我们的飞机已经被打得千疮百孔了，多一个洞也没有关系，我们沉着、镇静、保持队形，这是华为人共同的信念"等战胜苦难的奋斗精神。在学习和创新系统方面，华为加强自主研发和创新，降低对国外技术的依赖，在芯片、操作系统、云服务等方面加强了投入。

又譬如，字节跳动强调"自驱型组织"和"分布式智慧"，其招牌产品"抖音"就是字节跳动抓住短视频在全球崛起的机会推出的。字节跳动坚持创新，拥有强大的数据分析能力，不仅能够为用户提供个性化的服务，还促进了数据驱动的决策。这种决策方式让字节跳动能够及时、准确、有效地识别机会和挑战，并制定有效的应对策略。例如，面对越来越庞大的用户数量，抖音开设了"直播带货"平台，进军电商领域，增加新的收入增长点；字节跳动还积极开拓海外市场、抓住全球化的机会，2022年Tiktok（抖音海外版）的全球日活跃用户数量已经突破10亿。面对快速增长的业务，字节跳动十分重视高素质人才的引进和培养，这又为字节跳动提出了要用更好的方式来管理人才的要求。因此，字节跳动开发了飞书来更好地促进企业内部的沟通和协作。随着飞书功能的不断优化和完善，字节跳动顺势将飞书作为产品开放给外部企业使用，从而打开了为企业提供服务的市场。

第二，组织还需要考虑不同空间层次之间、不同空间维度之间、不同时间动态之间以及空间视角和时间视角之间在变革内容上的多级别协同，并相应地优化变化和提升的方案，顺利实施变革。

譬如，某大型跨国公司在全球范围内进行组织变革。该公司需要考虑不同空间层次之间的协同，例如总部与分公司之间的协同、不同国家或地区的团队之间的协同等。为了确保变革的顺利进行，该公司需要确保各个层次之间的沟通、协调和合作，以避免产生冲突和重复工作。同时，该公司还需要考虑不同空间维度之间的协同，例如目标和方法系统、利益和权力系统、信仰和价值观系统之间的协同、人力系统、财力系统和物力系统之间的协同、不同业务部门之间的协同等。该公司需要整合各种资源，确保各部门、各系统之间的协同和匹配，以提高整体效率和业绩。另外，该公司还需要考虑不同时间视角之间的协同，例如"学习系统变革"和"创新系统变革"之间的协同、长期规划和短期目标之间的协同、不同变革阶段之间的协同等。该公司需要制定明确的变革计划和时间表，确保各个阶段之间的衔接和连贯性，以避免出现混乱和延误。最后，该公司还需要考虑空间视角和时间视角之间的协同，例如"时间系统变革"和"空间系统变革"之间的协同。一方面，时间系统中学习系统和创新系统的变革为空间系统中软实力系统和硬实力系统的变革提供了知识和经验。另一方面，空间系统中软实力系统和硬实力系统的变革为时间系统中学习系统和创新系统的变革提供了思想动力和物质条件。

14.4　时空智慧发展的迭代过程

本章前三节主要阐述了组织时空智慧发展的阶段性结果以及达成阶段性结果的过程，本节将阐述达成每个阶段性结果的学习方式和迭代过程。

下面用组织的学习能力 / 智慧半径模型 ① 来分析组织在不同的阶段应该如何选择学习方式来达到时空智慧"羽翼丰满"的阶段性结果。

组织在成长的时空中，无论在时间上和还是空间上，都会面临可预测和不可预测两方面的变化。由图 14-5 可知，当组织处于目前时空位置 O 点处，由于知识、经验和智慧的差异，不同的组织以 O 点为中心，向上下左右所能看到和认识到的时空范围，能认识和了解事情和变化的情况是不同的。笔者围绕组织的时空发展提出了组织的学习能力 / 智慧半径模型，模型包括学习能力 / 智慧半径、学习能力 / 智慧覆盖区、学习能力 / 智慧盲区、学习能力 / 智慧覆盖区和盲区的共存区等要素。在图 14-5 中，横坐标代表时间，纵坐标代表空间，包括地理范围、员工人数、产品类型总数、资金规模等；A、B、C 分别代表了组织的学习能力 / 智慧的不同区域，以及其与组织学习模式选择之间的关系。

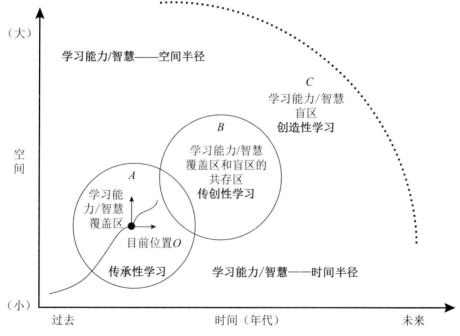

图 14-5 组织的学习能力 / 智慧半径模型

学习能力 / 智慧半径是指，在组织成长的时空图中，以组织当前所处的时空位置 O 点为中心，根据其能认识和了解的事情及变化的情况，向上下左右所能看到和认识到的时空范围的长度。组织的学习能力 / 智慧半径越大，其对时

_____

① 陈国权 . 面向时空发展的组织学习理论 [J]. 管理学报，2017，14(07)：982-989

间（过去和未来）和空间的了解范围越广，能看到可预测的变化越多，不可预测的变化越少。反之，对时间（过去和未来）和空间的了解范围越小，能看到的可预测的变化越少，不可预测的变化越多。当然，不同组织的学习能力 / 智慧半径可能有所不同。此外，学习能力 / 智慧半径又可以进行以下划分：①学习能力 / 智慧的时间半径，即学习能力 / 智慧半径的时间视角，是指组织在 O 点处，向左右所能看到和认识到的时间年代范围的长度。②学习能力 / 智慧的空间半径，即学习能力 / 智慧半径的空间视角，是指组织在 O 点处，向上下所能看到和认识到的空间范围的大小。根据学习能力 / 智慧半径，可将组织的认知区域进行以下划分。

（1）学习能力 / 智慧覆盖区。该概念和学习能力 / 智慧半径相对应，是指在组织成长的时空图中，以组织当前所处的时空位置 O 点为中心，根据其能认识和了解的事情和变化的情况，向上下左右所能看到和认识到的时空范围的区域（如图 14-5 中圆 A 区域）。组织的学习能力 / 智慧覆盖区越大，其对时间（过去和未来）、对空间的了解范围越广，能看到的可预测的变化越多，不可预测的变化越少。反之，其对时间（过去和未来）、对空间的了解范围越小，能看到的可预测的变化越少，不可预测的变化越多。不同组织的学习能力 / 智慧覆盖区可能不尽相同，在该区域组织可以采用传承性的学习模式。

（2）学习能力 / 智慧盲区。该概念和学习能力 / 智慧覆盖区相对应，是指在组织成长的时空图中，其不能认识和了解的事情和变化的时空范围的区域，即覆盖区以外的区域（如图 14-5 中 C 区域）。组织的学习能力 / 智慧盲区越大，其对时间（过去和未来）、对空间的了解范围越小，能看到的可预测的变化越少，不可预测的变化越多。反之，其对时间（过去和未来）、对空间的了解范围越大，能看到的可预测的变化越多，不可预测的变化越少。不同组织的学习能力 / 智慧盲区可能各有不同，在该区域组织可以采用创造性的学习模式。

（3）学习能力 / 智慧覆盖区和盲区的共存区。该概念是一个类似并集的概念，是指在组织成长的时空图中，其所遇到的事情和变化的情况，一部分处于学习能力 / 智慧覆盖区，一部分处于学习能力 / 智慧盲区（如图 14-5 中圆 B 区域）。在组织的学习能力 / 智慧覆盖区和盲区的共存区中，若学习能力 / 智慧覆盖区所占的比例越大，其对时间（过去和未来）、对空间的了解范围越广，能看到的可预测的变化越多，不可预测的变化越少；若学习能力 / 智慧盲区所占的比例越大，其对时间（过去和未来）、对空间的了解范围越小，能看到可预测的变化越少，不可预测的变化越多。不同组织的学习能力 / 智慧覆盖区和盲区的共存区会有所不同，在该区域组织可采用传创性的学习模式。

具体来说，组织的学习能力／智慧半径越大，组织可以采取相对较多的传承性学习；组织的学习能力／智慧半径越小，可采取相对较多的创造性学习。当组织处在学习能力／智慧覆盖区时，组织可以采取相对较多的传承性学习、相对较少的创造性学习。当组织处在学习能力／智慧盲区时，组织可以采取相对较多的创造性学习、相对较少的传承性学习。当组织处在学习能力／智慧覆盖区和盲区的共存区时，组织可以采取相对较多的传创性学习，单一的传承性学习和创造性学习都会相对较少。

接下来通过收敛、不收敛和发散的三张图（如图14-6）来阐述时空智慧"羽翼丰满"过程中在某个层次、某个维度、某个时间上应该如何达到最优解。

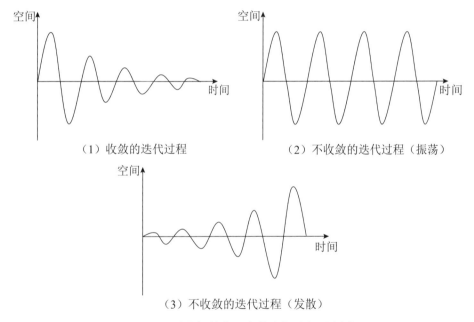

（1）收敛的迭代过程　　　　（2）不收敛的迭代过程（振荡）

（3）不收敛的迭代过程（发散）

图14-6　时空智慧发展中的迭代过程示意图

一个人可以犯错，但是不要犯两次同样的错误，这是毛泽东同志常说的"不二过"。要做到不二过，就要减少迭代的次数，并迅速达到收敛（如图14-6（1）所示）。人们迭代的次数越少、收敛的速度越快，就说明可以迅速地掌握问题的本质、不会重复犯错。在收敛的过程中，我们可以使用证实和证伪两种方法。当我们要证实一个结论，只要证明存在一个实例符合观点即可。但是当我们要证伪一个结论，就要证明存在一个相反的实例。所以当我们寻求某种道理、真相时，有些时候需要证实思维，有些时候需要证伪思维。譬如，在实践中发现某个道理不完全成立，就需要通过证伪进行修正，让其不断接近正确。牛顿定律 $F=ma$ 可以找到很多例子证实，但如果将其运用到微观粒子的运动，牛顿定律就不成立了。由此可见，通过证伪可以发现，$F=ma$ 只在某种情况下适用，这就好比某种领导方式只在某种情况下适用。这种认识过程是一个收敛的过程，这个时候我们需要提高自身的能力，让我们能够从有限理性中得到更快的收敛。我们还要能够吸取经验和教训，举一反三。譬如，遵义会议就是反思了打败仗的教训，纠正了指挥路线。如果一个人不认真地对待错误、没有从错误中吸取教训，就会重复犯错、一直处于振荡的状态中（如图 14-6（2）所示），甚至可能犯的错误越来越严重、由小错酿成大错、呈现出发散的状态（如图 14-6（3）所示）。

组织在发展的过程中，也要能够快速达到收敛。华罗庚曾提出优选法和统筹法[1]，并领导中国科学院应用数学小组分队，将这些方法应用于纺织、电子、冶金、煤矿、电力、通信和交通、建筑和建材、食品和粮油加工、设计、化工、石油、轻工业、机械制造、制药等领域的生产中，帮助工人在较少的实验次数内迅速找到生产的最优方案，取得了显著的经济成效。笔者认为，组织在管理上也应该学习华罗庚的优选法和统筹法，并将其运用于多个方面，例如判断哪些规章制度的组合能够更好地促进员工学习创新、提高组织成效等，减少试错的时间成本和空间成本，降低组织因制度调整而产生的动荡，快速地找到最适合本组织的管理体系和方法。例如，要获得个人绩效中关于个人表现和团队表现的恰当比例，就可以使用华罗庚提出的"折叠纸条法"来做实验，对比团队表现占比 0.618 和占比 0.382 时员工的动机水平和受激励程度，如果团队表现占比 0.382 时更好，则剪去 0.618 右边的纸条，对折纸条继续对比团队表现占比 0.236 时员工的动机水平和受激励程度，直到找到最适合组织的团队表现在个人绩效中的占比。

总的来说，时空智慧发展的主动过程设计示意图（图 14-4）体现的是如何做正确的事（do right things），即在不同的时间段选择不同层次、不同维度来发展时空智慧，尽快达到"羽翼丰满"，着眼的是更宏观的发展阶段；而时空智慧发展中的迭代过程示意图（图 14-6）体现的是如何正确地做事（do things right），即在选择了要发展时空智慧的层次和维度后，尽快地迭代收敛获得最优解，着眼的是更微观的每个阶段内的发展。图 14-7 结合了图 14-4 和图 14-6，展现了时空智慧的发展既要主动设计每个阶段应该发展的层次和维度，也要在每个阶段使用收敛的迭代模型来更好地发展。

---

[1]　华罗庚.优选法与统筹法平话 [M].北京：北京出版社，2020.

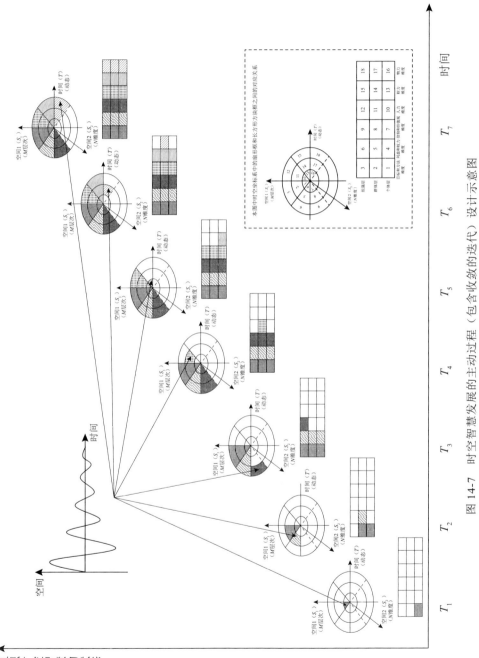

图 14-7 时空智慧发展的主动过程（包含收敛的迭代）设计示意图

第15章

时空思维在组织博弈中的应用

15.1 时空思维用于以弱力战胜强力

在组织博弈中，如何以弱胜强常常是组织面临的主要挑战。下面借用物理学的原理，用图 15-1（1）和（2）来阐述以弱力战胜强力时可以采取的方法和策略。

图 15-1（1）和（2）各自分为 A、B 两个部分。其中，A 部分展示的是，一个物体在力 F 和摩擦力的作用下以速度 v 向右做匀速运动。摩擦力的大小和力 F 相等、方向相反，力 F 始终和速度 v 的方向一致，以保持速度大小不变。如果现在有另外一个力 f（小于力 F），它想让物体朝左运动，即改变物体的运动方向，使其和初始速度方向相反，有什么样的解决方案呢？

在图 15-1（1）中，如果我们盯着 A 部分看，看到的是侧面的投影，力 F 和力 f 在同一条直线上，而且方向相反。由于力 f 小于力 F，所以它无法使物体向左运动。但是如果换个角度，如俯视，我们就可以看到更大的空间，从而找到解决这个问题的办法。在 B 部分中，我们看到的是 A 部分的俯视视角，我们不再只是看到 A 部分中的一条线，而是看到一个面。因此，我们可以采用扩大运动空间的方法，来达到改变物体运动的方向、使其朝力 f 的方向（向左）运动的目的。具体来说，我们不再针锋相对地施加反作用力试图让物体往左走，而是给物体施加一个始终垂直于力 F 和速度 v 方向的力 f。根据力学的基本原理，力 f 提供了物体的向心力，而力 F 和摩擦力始终保持平衡、和速度方向一致，物体会做匀速圆周运动。经过一段时间，当物体运动了半个圆周的时候，物体的速度方向、力 F 的方向就变成了向左，和初始方向相反。此时，撤销力 f 的作用，物体就可以自然而然地向左做匀速直线运动。例如，在溜冰场上，如果你遇到一个向右滑行的人，你想改变他运动的方向、让他向左滑行，但又不能直接和他产生对抗行为，否则很容易就会受伤。那么你就可以使用上述思路，只要你作为圆心站定（比如抱着一个柱子），伸出手拉住他，自然地，他就会绕着你做圆周运动，等他滑行了半个圆周时，你松开手，这样他就朝着左边滑行了。

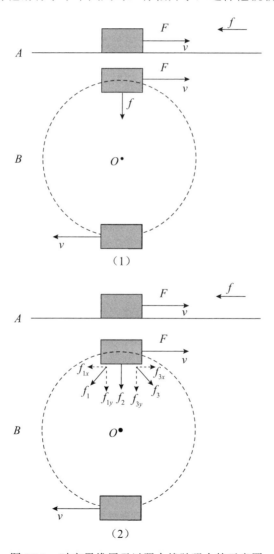

图 15-1　时空思维用于以弱力战胜强力的示意图

上述解决这个问题的思路给我们的启示是，我们可以变换视角，扩大空间。扩大空间后，我们就可以避开力 F 的"锋芒"，使物体产生一种新的运动路径。然后，通过时间换空间的方式，使其运动一个半圆的轨迹，最后就自然地达到了改变它的运动方向的目的。借助物理学的知识，图 15-1（1）说明了如何通过空间视野的放大（即从线到面），以及通过用时间换空间这两个思路，最后达到以弱力战胜强力的目的。

其实上述解决这个问题的思路更准确地说是避开，如果不避开、针锋相对，就很难改变物体的运动方向。可见，在这种情况下应该采取的策略是不竞争，不竞争就是要垂直于原来的力的方向，也就是正交、不和它产生正面冲突。这一点可以进一步运用到两个企业之间的竞争中，比如企业 A 和企业 B 都投入资金来发展某个产品的性能，企业 A 的资金多，企业 B 的资金少，所以如果针对同一个性能进行改进，投入更多资金的企业 A 在这个性能上的改进一定比企业 B 更具有竞争优势。因此，企业 B 就应该把资金投资到产品的其他性能上，也就是不和企业 A 进行同质化竞争，而是进行差别化竞争，这就是一种垂直的思路。又如，组织管理者要改变企业文化，如果直接提出口号，可能会遇到很大的阻力，但如果组织管理者通过引进新的信息系统，而这个信息系统又嵌入了人和人之间工作的新方式，那么在实施新的信息系统的过程中，由于在信息系统中嵌入了改变文化的基因，使用该系统的人的思维和行动就在潜移默化中得到了改变，以此达到改变企业文化的目的。

笔者认为，上述讨论还可以进一步衍生出三种形态，如图 15-1（2）所示。

第一，采取力 f 垂直于力 F 时的策略（f_2），即以不直接产生影响的方式达到目的。正如毛泽东同志所说的："你打你的，我打我的"。换言之，在直接硬碰硬没有优势的时候，可以换一种方式，以己所长影响对手。譬如，在四渡赤水战役中，毛泽东同志指挥红军充分发挥了红军的优势，即擅长游击战和运动战，避开了国民党所擅长的阵地战和正规战打法，多次巧妙地变换作战方向，使得国民党军队多次扑空，最终红军以少胜多，掌握了战场的主动权。

第二，如果对手特别敏感，对你使用 f_2 进行隐蔽的竞争有所提防，那么你可以采取力 f 与力 F 稍微进行一定反向偏移的策略（f_1），即采取声东击西、迷惑对方的方式。在这种情况下，f_1 可以进一步分解为 f_{1x} 和 f_{1y} 两个分力，力 f_{1x} 可以吸引对手的注意力，会让他误以为你和他在竞争，从而针对力 f_{1x} 开展行动，这样他会忽略你实际在垂直方向上使的力 f_{1y}。

第三，如果你使用 f_2 策略被对手识破，你可以采取力 f 往力 F 方向进行一定同向偏移的策略（f_3），如采取和平演变、颜色革命等方式。在这种情况下，f_3 可以进一步分解为 f_{3x} 和 f_{3y} 两个分力，f_{3x} 可以在一定程度上给对手制造"幻觉"，即你和他的行动方向一致，从而麻痹对手，让他忽略你实际在垂直方向上使的力 f_{3y}。因此，这种策略也可以被称为"刀片上抹蜜"的策略。

15.2　时空思维用于组织（国家）之间竞争策略

图 15-2 是将上述思想更加具体地应用到组织之间或国家之间的竞争策略上。图 15-2 的 A 和 B 可以分别代表两个组织，或者两个国家。组织或国家 A 有一种向右的力 F_A，组织或国家 B 有一种向左的力 F_B。此时，B 希望 A 改变其方向，向左运动，但又不想通过强力对抗的方式达到目的。所以，B 就不用力 F_B 直接产生作用，而是在另外一个方面施加某种软力 $C_{B \to A}$，比如文化的力量或者思想意识的力量，如输出一些文化或意识形态方面的电影、书籍、舆论，对 A 施加影响。这种影响和力 F_A 方向垂直。相似地，B 可以让 A 做圆周运动。最后，通过时间换空间，使得 A 向 B 所预期的方向运动。

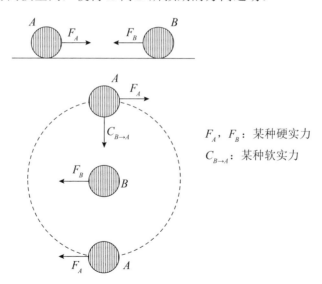

图 15-2　时空思维用于组织（国家）之间竞争策略示意图

在图 15-2 中，我们可以将不同的组织或者国家视为一个时空系统，F_A 和 F_B 代表硬实力的一个方面，例如人、财、物，而 $C_{B \to A}$ 代表软实力的一个方面，例如目标和方法、利益和权力、信仰和价值观等。组织或国家 B 一开始想使用强力，但组织或国家 B 意识到，如果强力对抗，即使竞争胜利，自己也会有损失。所以组织或国家 B 的策略就是通过软实力的应用，以及时间换空间的方式，不用硬实力来达到目的。从某种意义上讲，这就叫做"和平演变"，通过和平的方式来达到改变对方的目的。图 15-2 同样是扩大空间的思维，寻找到不同空间上的变量，通过垂直于力 F_4 方向的使力方式，以时间换空间，进而达到了改变方向的战略目标。

15.3 时空思维用于两个实力差异较大的国家间博弈

图 15-3 描述了时空思维如何用于两个实力差异较大的国家之间的博弈，即一个国家在弱小的时候如何从空间视角或时间视角解决和大国之间的博弈问题。A 和 B 分别代表两个国家，A 的力量比 B 强大，二者在进行某种竞争或对抗。站在国家 B 的角度，怎么能够在这种实力差别较大的博弈中占有优势呢？有两种方式，一种是基于时间视角的方式，一种是基于空间视角的方式。

第一种方式如图 15-3 的左下角图。有 A、B、C 三个国家，B 发现世界上还有很多其他的实力强大的国家，比如 C，而且 C 和 A 之间还存在某种竞争关系。于是，B 通过寻求和 C 的某种合作，获得 C 的信任。同时，由于 C 和 A 之间存在对抗关系，B 就有了举足轻重的地位，因为 B 偏向任何一方，都可能使 A 和 C 之间的平衡被打破。所以，B 通过扩大它的空间视野，寻找和 A 具有某种竞争关系的 C，并通过和 C 建立某种协作关系，在 A 和 C 之间扮演某种举足轻重的角色，获得生存和发展的机会。因此，图 15-3 左下角图代表的是空间视角下的解决方式。

第二种方式如图 15-3 的右下角图。B 意识到，随着时间的变化，A 和 B 的实力不断发生变化。目前来看，A 的力量比 B 强大，但是 A 的力量是相对稳定的，而 B 的力量是随时间而显著增长的。所以，如果 B 能够采用韬光养晦的策略，寻找更长的发展的时间窗口，抓住机会寻求发展，在不久的将来，B 的力量就会超过 A。这样，B 也达到了生存和发展的目的。所谓的韬光养晦，就是采取不对抗的策略，保持不刺激的友好策略，来获得发展机会。因此，图 15-3 右下角图代表的是时间视角下的解决方式。

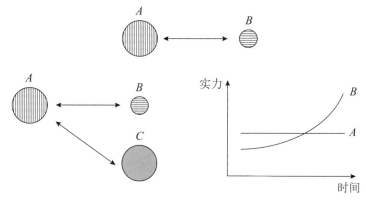

图 15-3　时空思维用于两个实力差异较大的国家间博弈示意图

15.4　时空思维用于两个实力相当的国家间博弈

图 15-4 描述了如何将时空思维用于两个实力相当的国家之间的博弈。国家 A 和国家 B 实力相当，而且存在严重的对抗，如果爆发冲突，对彼此、对世界各国都不利，此时应该如何维持两个国家之间的和平、稳定和安全？这是牵涉到全人类的和平安全的问题。

有两种解决办法，一种是空间视角的方法，如图 15-4 左下角图。例如，存在一个更强大且有影响力的国家 C，C 和 A、B 都保持着友好的关系。由于 C 的力量强大，而且和两个国家之间都有信任关系，所以它有资格和能力在 A 和 B 这两个国家之间进行斡旋。因此，通过"中间人" C，A 和 B 也都有台阶可下，从而避免了直接对抗。关于这一解决办法有一个例子，就是中国成功地斡旋了沙特和伊朗两个国家之间的矛盾。这个过程可能不是 A 和 B 主动寻求的，而是 C 主动发起的，希望能够为和平作贡献。当然，也可能是 A 或 B 向 C 发出信号，请 C 来充当"中间人"的角色。所以，实力相当的国家之间要想避免强烈的对抗、冲突，走向和平，可以借助另外一个大国的协调来实现。

另一种解决的方法是从时间视角来分析。如图 15-4 右下角图，A、B 之间对抗的强度实际上是一个随时间变化的曲线，现在的对抗强度很大，但是随着时间的变化，对抗强度会越来越小。原因可能是 A、B 的对抗有某种特定的因素，而这种因素随着时间的变化，其重要性在减弱、数量也在减少，因此由这个因素引发的竞争也就消失了。比如，两个国家之间争夺某种自然资源，而这种资源随着时间的变化，其重要性在减弱、数量也在减少。那时，由资源引起的矛盾就会减弱。所以，从时间视角来看，这两个国家就可以通过时间来实现和平。

当然，图 15-3 和图 15-4 都有非常重要的前提假设。在图 15-3 中，B 的实力随着时间的变化而增强，A 的实力则基本不变，这个假设在一些情况下存在，例如新兴国家创新、老牌国家守成就基本符合这个假设。图 15-4 中的对抗因资源而起，而资源本身又在减少，其对抗强度随时间而降低，这个假设在现实中也存在。

另外，合适的时机也是成功使用上述办法的前提。在电视剧《狂飙》中，徐江和白江波作为泰叔的两个手下，两人一直不和，互相牵制。一次，白江波派人吓唬徐江的儿子徐雷，没料到却要了徐雷的命。徐江知道后，悲痛欲绝，发誓要为儿子报仇。徐江采取了血腥的手段，去破坏白江波的赌场生意。两边势力的矛盾和冲突不断激化和升级。就在这个时候，白江波找到了京海市建工集团的泰叔（影响力更大）来说和，想要了断和徐江之间的恩怨。然而，白江波找的时间点并不是求和的好时机，他并没有选在两方势力都精疲力竭、不想继续冲突的时候，而是选在冲突强度最大、徐江想为儿子报仇雪恨这一情绪化比较严重的时候，让泰叔来当和事佬。和谈中，在泰叔面前，徐江大大方方地表示愿意握手言和。然而，走出和谈的地方，为自己儿子报仇的决心还是使徐江采取血腥手段来对付白江波。这就是在时机不合适的情况下进行斡旋导致最后失败的一个例子。

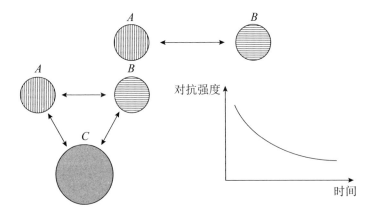

图 15-4　时空思维用于两个实力相当的国家间博弈示意图

第16章

领导者带领组织发展的时空轨迹

在本章，笔者将从时空论的思想出发，融合古今中外的思想，尝试从宏大的时空视角来整合古今中外的智慧，探索领导者带领组织发展的时空轨迹。

16.1　组织发展的几个基本过程

这里先介绍四篇现代西方的经典文献，包括三本书和一篇文章，分别是《从0到1》（*Zero to One*）、《从优秀到卓越》（*Good to Great*）、《基业长青》（*Built to Last*）和《为什么好公司会变坏》（*Why Good Companies Go Bad*）。

（1）《从0到1》

《从0到1》^① 这本书探讨了组织从0到1的方法，它想要解决的最重要的问题是如何创建唯一性的问题。在这里，领导者要独立思考，重新认识和构建这个世界，尝试别人从来没有尝试解决的问题，要对人的惯有思维进行挑战。

这本书强调突破性创新和创造性垄断。突破性创新指的是要去做新的产品和服务，而不是简单地重复别人已经做过的事情，也就是蓝海战略。高度竞争的市场是很难赚到钱的，赚钱最好的方法之一就是绕开竞争。创造性垄断指的是通过提供独一无二的

---

① [美]彼得·蒂尔，[美]布莱克·马斯特斯. 从0到1：开启商业与未来的秘密 [M]. 高玉芳，译. 北京：中信出版社，2015.

产品和服务，自然而然就会形成优势地位。

书中认为，所有成功的企业都是基于鲜为人知的秘密而创立的，探索秘密的最佳之处就是无人关注的地方，所以要去思考那些没有人尝试解决的问题。当然，一个企业要能从 0 到 1，除了有好的产品和服务的创意、好的商业模式外，还必须实事求是、让想法落地。因此，日常运作经营的基础就非常重要，比如所有权、经营权、控制权的设置、合伙人的选择、资金的来源、激励制度和组织文化的建立等，这些都是非常重要的。

（2）《为什么好公司会变坏》

《哈佛商业评论》的文章《为什么好公司会变坏》[①] 探讨了组织从好到坏的原因，提出了四个观点：战略框架变成眼罩、流程固化为成规、关系变成束缚、价值观变成僵化的教条。

第一，战略框架变成眼罩。企业的战略框架可能会趋于固化，从而看不到新的市场机会和挑战。例如，柯达专注于胶片相机，专注于巩固其在胶片相机市场上的地位，这就让它忽略了数字化技术，没有及时看到数码相机带来的挑战和机会。所以企业的战略框架有时候会让人们看不到眼前新的东西，或者是更长远、更大范围内的东西。

第二，流程固化为成规。每个企业都有标准化的流程，但是流程固化之后就失去了灵活性。例如，麦当劳、肯德基等快餐企业的流程可以保证质量标准，但是进入中国后，它们都进行了本土化的改进，以快速响应当地的市场需求，这有助于避免原有的流程固化为成规。

第三，关系变成束缚。企业和客户、供应商、合作者等保持良好的关系是非常重要的，但关系固化后，一旦市场环境发生变化，就有可能变成束缚。例如，航空公司起初立志于为客户提供低价的航空飞行服务，客户是满意的，但如果航空公司始终坚持低价去讨好客户、不敢提高价格、不考虑自身的服务能力可能跟不上暴增的客户数量等，那它可能会面临崩溃。因此，企业和客户、供应商、合作者等的关系应该是不断变化的，而不应该成为"手铐"。

第四，价值观变成僵化的教条。每个企业都有它崇尚的价值观，但价值观也要随着环境的变化做一些调整。例如，一家高科技公司要充分发挥每个人的创造力，可能就会推崇发扬个人英雄主义，但是当公司的产品有了调整、需要很多员工的合作时，可能就要调整为强调集体合作文化、淡化个人英雄主义。

---

① Donald Sull. Why Good Companies Go Bad [J]. Harvard Business Review, 1999 July-August.

（3）《从优秀到卓越》

《从优秀到卓越》[①] 这本书探讨了组织从优秀到卓越的方法，提出了第5级经理人、先人后事、直面残酷现实但决不失信念、刺猬理念、训练有素的文化、技术加速器、飞轮和厄运之轮等观点。

第一，第5级经理人。组织领导者的谦逊很重要，能认识到人的智慧是有限的，正所谓"人外有人、天外有天"。第5级经理人的特点是能够把个人谦逊的品质和职业化的坚定意志相结合，同时把组织的利益放在第一位。

第二，先人后事。只要人有好的品质、好的能力、在一起能够相互合作，那么这些人在一起干什么事情都有可能取得成功。比如新东方最早做的是教育培训，但由于"双减"政策，就转而进行直播带货了，这种业务转型的成功主要得益于新东方有一批口才好的老师。

第三，直面残酷现实但决不失信念。人要有很好的心理资本，包括希望感、自我效能感、韧性、现实的乐观主义。

第四，刺猬理念。领导者选择一个行业、做一个企业要想清楚三个问题：什么事情是自己可以做得很好的？什么事情是可以带来利润的？什么事情是可以让自己感觉到充满激情的？满足这三个条件的事情就是最好的选择。

第五，训练有素的文化。组织一方面要让员工有纪律、有原则、有规则可遵循；另一方面又要让员工有自由、有创造力可以发挥。这类似于前文中提到的组织里既要有瀑布效应，又要有涌泉效应，既能让组织制度影响每一个人，又能让每一个人的创造性涌现到组织层次。

第六，技术加速器。领导者应该把技术作为加速的装置和放大的杠杆，让好的商业模式、好的产品和服务借助技术走得更好、更远。

第七，飞轮和厄运之轮。组织在发展的时候，要慢慢积蓄能量让飞轮转动，到一定时候飞轮就会形成巨大的惯性，推动组织不断变好，这是一种正循环。而厄运之轮则是一种负循环，会让组织越来越弱。

（4）《基业长青》

《基业长青》[②] 这本书探讨了组织实现基业长青的方法，提出了造钟而不是报时、拥护兼容并蓄的融合法、超越利益的追求、保留核心刺激进步、宏大的目标、教徒般的文化、择强汰弱的进化、自家长成的经理人、永远不够

---

① ［美］吉姆·柯林斯. 从优秀到卓越 [M]. 俞利军，译. 北京：中信出版社，2019.

② ［美］吉姆·柯林斯，［美］杰里·波勒斯. 基业长青：企业永续经营的准则 [M]. 真如，译. 北京：中信出版社，2019.

好等观点。

第一，造钟而不是报时。这是一个比喻的说法，强调的是底层逻辑，先有钟才能报时，组织最好是能够制定那些具有长远意义的、更基础的目标定位，这样的目标定位才能让组织的发展更具有持久性。

第二，拥护兼容并蓄的融合法。强调兼容并蓄，不要受到二分法的限制，如非此即彼，而是要掌握适当灰度的智慧，要能够把看似矛盾、看似相反的东西融合到一起。

第三，超越利益的追求。企业除了追求利润，还要追求价值和意义。我们经常说做生意，做生意不完全等于做买卖，有人认为"生意"一词也可以理解为"生命的意义"，意思是在做生意的过程中可以体会到很多人生的价值和意义。例如制取青蒿素卖到疟疾肆虐的地区，这样不仅获得利润，也能够拯救很多人的生命，这是超越利润的意义。

第四，保留核心刺激进步。组织的核心和原则不变，但外在形式可以改变。只有很好地把握了变和不变的关系，比如人性相对稳定，但科技一直在变化，企业才能保持稳健的发展。

第五，宏大的目标。宏大的目标可以更长时间地激励人们，给人们留有足够的想象空间、追求空间。

第六，教徒般的文化。教徒般的文化强调真正的信仰是一种执着的追求，比如企业强调客户至上、强调员工的价值，就要把这种文化做到极致。

第七，择强汰弱的进化。择强汰弱的进化就是组织要接受自然选择，不断保留好的东西、抛弃不好的东西，不断追求进步、迭代、优化，哪怕每天进步一点点，积累下来就是强大的力量。

第八，自家长成的经理人。组织要从内部培养领导者，这样才能让他对企业有感情、尽心尽力、更好地履行职责。

第九，永远不够好。没有最好只有更好，因为组织总是可以持续改进的。

分析和总结上面四篇现代西方经典文献，可以总结出组织发展的几个基本过程，第一个过程是从无到有、也就是从 0 到 1，第二个过程是从有变得更好、从优秀到卓越，这可以比喻为从 1 到 10，第三个过程是从更好变得更加持久、从卓越到长青，这可以比喻为从 10 到 100，在这过程当中也存在组织变坏的情况，如好公司变坏，这可以比喻为从 1 到 -1。

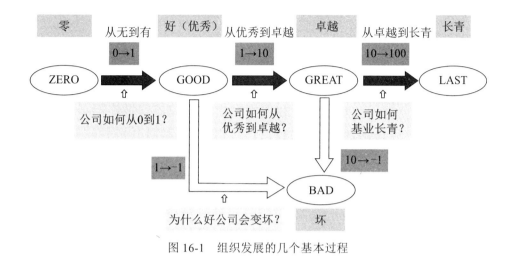

图 16-1 组织发展的几个基本过程

图 16-1 为组织发展的几个基本过程。从中可以看到，组织发展的理想过程是从 ZERO 到 GOOD（即从 0 到 1）、从 GOOD 到 GREAT（即从 1 到 10）、从 GREAT 到 LAST（即从 10 到 100），但也有可能从 GOOD 到 BAD（即从 1 到 -1）、从 GREAT 到 BAD（即从 10 到 -1）。其中有四个过程可以对应上述四篇现代西方经典文献，而从 GREAT 到 BAD（即从 10 到 -1）是笔者增加的。需要说明的是，在这里，0、1、10、100 和 -1 这几个数字只是象征意义，而不是代表程度的绝对值。

16.2 领导者带领组织发展的时空轨迹

前面我们阐述了组织发展的几个基本过程，接下来，请大家思考一下：是什么促使组织从无到有、从优秀到卓越、从卓越到长青，又是什么导致组织从好变坏、从卓越变坏？显然，领导者在其中起重要的作用。

在第 12 章中，笔者讨论了领导者时空智慧发展的过程。领导者的时空智慧需要不断发展，但是时空智慧的发展是有条件的。如果领导者只是重复"吉、凶、悔、吝"的自然循环、无法摆脱人性的弱点，时空智慧就不能增长，那么就不能带领组织持续向前发展。如果领导者在发展时空智慧方面能做到先天和后天相结合、内因和外因相协同，即：先天就是在吉利的时候进行反思和改进，后天就是犯小错时就能够"大悔"，内因就是从成功的经验和失败的教训中学习并进行反思和改进，外因就是能够有外部力量（外部的智囊和外部的吉凶）的帮助，这样领导者就能够跳出"吉、凶、悔、吝"的自然循环，不断增长其时空智慧。显然，领导者时空智慧增长的这一过程会促进组织从无到有、从优秀到卓越、从卓越到长青这三个过程。反之，领导者重复"吉、凶、悔、吝"的自然循环、无法摆脱人性的弱点，就很有可能导致组织从好变坏、从卓越变坏。

在组织发展的几个基本过程（图 16-1）的基础上，笔者提出领导者带领组织发展的时空轨迹（图 16-2）。第一，一个组织的发展首先是从 T_0 到 T_A，经历了从 0 到 1、从无到有的过程，在这一阶段，组织会经历顺境，也会经历逆境，但最终还是存活下来，成为了一个好组织。第二，这个好组织从 T_A 到 T_B 有两个走向：一个是经历从 1 到 10、从优秀到卓越的过程，组织虽然会经历逆境，但经历逆境后能够拥有更大的荣耀，成就卓越的组织。另一个是经历从 1 到 -1、从好到坏的过程。第三，卓越的组织从 T_B 到 T_C 也有两个走向：一个是经历从 10 到 100、从卓越到长青的过程，组织在这一过程中，经历了起起伏伏，有逆境也有顺境，最终成为了一个持久的、基业长青的组织。另一个是经历从 10 到 -1、从卓越到坏的过程，即再卓越的组织也有可能变坏。第四，根据定义，长青的组织则能够保持可持续的发展。

老子在《道德经》①中有一句话："曲则全，枉则直；洼则盈，敝则新；少则得，多则惑。"这句话也在图 16-2 中。很多时候，组织成长的最佳路径不是直线，而是曲线。因为组织的发展不可能一直顺利、不犯任何错误，大部分组织是按曲线成长，有顺境，如成功、高光、荣耀等；也有逆境，如挫折、失败、"严峻的考验"等。组织之所以有顺境，除了有领导者的智慧外，还不能忽略时间的红利、空间的红利，如国运、人类发展大趋势等。组织之所以有逆境，是因为有限的时间资源、有限的空间资源、有限的学习和创新能力所导致的有限的理性。

正所谓"智者千虑，必有一失"②，人的智慧是有限的。譬如，范蠡作为春秋时期越国的谋士，帮助越王勾践复国，随后急流勇退，经商积累了财富。然而范蠡也有决策失误的时候，在《史记》③中记载道，范蠡有三个儿子，有一次他的二儿子在楚国杀了人，被判斩首，范蠡经过深思熟虑决定让小儿子带着钱去楚国救二儿子，这时大儿子有意见了，他认为自己作为大哥，应该由自己出面，甚至以自己的性命威胁范蠡，范蠡最终无奈妥协，让大儿子带着信件和钱去找楚国的庄生帮忙，并让大儿子听从庄生安排，不要自作主张。庄生收

① 张景，张松辉，译注．道德经：中华经典名著全本全注全译丛书 [M]．北京：中华书局，2021．
② 汤化，译注．晏子春秋 [M]．北京：中华书局，2021．
③ 司马迁．史记（精注全译）（套装共 6 册）[M]．李瀚文，主编．北京：北京联合出版公司，2016．

到信件和钱后，进宫说服楚王，让其大赦天下。大儿子得知楚国已经大赦后，认为给庄生的钱白送了，便去要了回来。大儿子把钱拿走后，庄生非常生气，因此再次向楚王进谏不能大赦，最后二儿子还是在闹市中被斩首了。可见，范蠡在用人的问题上，也有决策失误的时候。

此外，当组织中的领导者出现佛家说的"贪嗔痴慢疑"，即贪婪、生气、愚痴、傲慢、怀疑时，也会影响其理性。譬如，在《三国演义》[①]的夷陵之战中，当时的刘备痛失了两位义弟，正处于悲痛、愤怒之中，复仇的情绪影响了他的理性，他不顾大臣们的反对，一意孤行要向东吴进攻。东吴任命了年轻的陆逊为这次战役的总指挥，陆逊选择避开蜀军的锋芒，坚守城池，打防御战。由于蜀军是远征而来，补给非常困难，加上天气十分炎热，士气很快大受影响，面对这一情况，刘备"移营夹江，横占七百里，下四十余屯，皆依溪傍涧，林木茂盛之处"，此次战役诸葛亮没有随军出征，而后诸葛亮得知了刘备"七百里连营"后大感不妙，而此时陆逊看准了时机，采用火烧的方式，大破蜀军，取得了夷陵之战的胜利，而刘备惨败，逃回了白帝城。

有时即使人很聪明，明白这是一个圈套、这是别人做的局，但由于缺少人力、财力、物力等资源来扭转局面，回天无力，这就是有限的时间资源和空间资源导致的逆境。一个企业只要往前走，随着企业发展的时间越长、空间层次越高、空间维度越多，碰到"严峻的考验"的概率就越大，甚至直到企业倒下为止。诸葛亮把司马懿父子围困在上方谷时，下了一场大雨，诸葛亮火攻的计划被大雨浇灭。司马懿父子感叹有救了，而诸葛亮则感慨汉室气数已尽，这就是诸葛亮无法预见到的逆境。可以说，诸葛亮只要不停止北伐的想法，只要继续推进其大展宏图的理想，就很有可能遇到如上方谷之战这样的逆境，直到鞠躬尽瘁。

随着时空的发展，环境中呈现出打击个人或者组织的脆弱之处的概率增大，个人或者组织更有可能遭遇挫折。墨菲定律告诉人们，如果事情有变坏的可能性，不管可能性有多小，它总会发生，所以个人或者组织一定会遇到考验和逆境。面对考验和逆境有两种观点，一种是被动停在不称职的岗位上，如西方学者劳伦斯·彼得提出的彼得原理，他认为组织不断提拔称职的员工直到他到达不再称职的岗位，才会不再提拔，因此人们总是到达他所不能胜任的地位[②]，也就是勇往直前，直到倒下为止。另一种是主动停在称职的岗位上，也就是急

---

① 罗贯中 . 三国演义（全二册）[M]. 北京：人民文学出版社，1998.
② ［美］劳伦斯·J. 彼得 . 彼得原理 [M]. 闫佳，译 . 北京：机械工业出版社，2007.

流勇退，一些学者提出一种学说叫做"止学"，就是在适当的时候不往前走了，这就是人们常说的这辈子"官拜至此"了。换言之，到此为止，不再往前走，再往前走可能会有灾难，就是"严峻的考验"。一些人不相信前面所说的这些观点，偏要以身试法，最后在历史上留下令人叹息的案例。个体就如沧海一粟，当世界这个系统在进化的时候，它很难顾及个体的命运，企业家在集体进化的过程中几乎不会考虑个别企业家的得失，而从他们身上得到经验和教训却是一个不争的事实。所以，在历史舞台上、在生态系统中扮演什么角色、拿什么剧本在某种程度上是自己挑选的，选择停止还是前进是由一个人的世界观、价值观、人生观、个性、天赋等决定的。

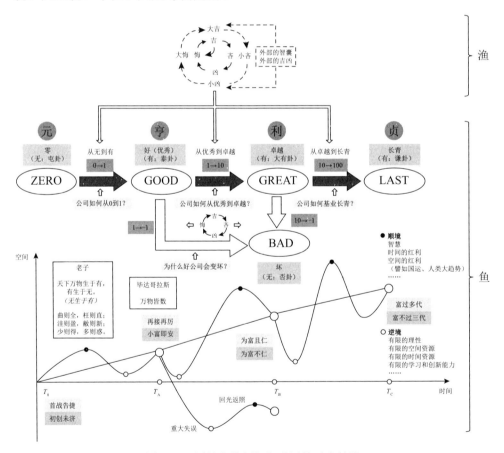

图 16-2　领导者带领组织发展的时空轨迹

进一步地，结合中国古代的智慧，运用《周易》① 中乾之四德"元亨利贞"

① 　郭彧，译注．周易：中华经典藏书 [M]．北京：中华书局，2006．

的思想来分析组织发展的时空轨迹。"元亨利贞"也在图 16-2 中。"元"就是春生之德，从 0 到 1 的过程要有一个好的种子，对组织来说就是要有一个很好的商业模式、要走正道、要为社会带来福祉，重要的是播种的能力；"亨"，亨通，就是夏长之德，好的种子要能够长大就需要掌握种子的生长规律，在恰当的时候浇水、施肥、松土、除草、剪枝，为种子的生长创造条件，发挥其最大的潜力，对组织来说就是要有人才的加入、有资金的投入、有政府的支持等；"利"就是秋收之德，要取得突破性的业绩，也就是万事俱备后的临门一脚，把之前的积累变成真正的收获；"贞"就是冬藏之德，守成、行远，就是要不断地储存来年的种子，科学播种、持续收获。

下面引用《周易》[①] 的几个卦来进一步分析组织所处的不同状态。第一，屯卦和组织处在"元"的状态相对应。《周易》的《大象传》中关于屯卦的表述是"云雷，屯。君子以经纶"。在这里，屯卦启发我们如何克服创业的困难、找到立足点、步步为营、稳健发展。第二，泰卦和组织处在"亨"的状态相对应。《大象传》中关于泰卦的表述是"天地交，泰。后以财成天地之道，辅相天地之宜，以左右民"。在这里，泰卦启发我们在事业初步取得成功的时候，如何遵循规律、谨慎行事、持盈保泰。泰卦是地（坤）在上、天（乾）在下，表示天地交合、上下畅通。相反，否卦则是天（乾）在上、地（坤）在下，天地不交，也就是闭塞。第三，大有卦和组织处在"利"的状态相对应。《大象传》中关于大有卦的表述是"火在天上，大有。君子以遏恶扬善，顺天休命"。在这里，大有卦启发我们如何在发展壮大到一定程度的时候正确行事、坚持诚信、为富要仁。第四，谦卦和组织处在"贞"的状态相对应。《大象传》中关于谦卦的表述是"地中有山，谦。君子以裒多益寡，称物平施"。谦卦是六十四卦中唯一每一爻都吉祥的卦。在这里，谦卦启发我们在成功之后也要向内全面深入地进行反思和改进，向外广泛持续地获取信息和增长智慧，并且要保持低调、平衡各方利益、精进为公。好组织的持续不仅需要谦卦的思想，还需要有辩证的观念。图 16-2 中可以看出"有"和"无"之间的关系，从无到有建立一个企业，但也有可能从有到无失去一个企业。《道德经》[②] 中说："天下万物生于有，有生于无。"因此，这一段话也出现在图 16-2 中。其实，反过来也是一样的，无生于有。一个人可以一夜暴富、腰缠万贯，也可以一贫如洗、负债累累。第五，论述完屯卦、泰卦、大有卦和谦卦之后，笔者还在图中给出了否卦，否卦和组

---

① 郭彧，译注. 周易：中华经典藏书 [M]. 北京：中华书局，2006.
② 张景，张松辉，译注. 道德经：中华经典名著全本全注全译丛书 [M]. 北京：中华书局，2021.

织处在"坏"的状态相对应。《大象传》中关于否卦的表述是"天地不交，否。君子以俭德辟难，不可荣以禄"。在这里，否卦启发我们，要认真分析出现挫折和失败的原因，在不利的情况下，要建立信心、坚守正道、团结奋斗、创造条件、利用条件，从而否极泰来、进入良好的状态。

上面这五卦（屯卦、泰卦、大有卦、谦卦、否卦）都出现在图 16-2 中。

对组织来说，既有可能"首战告捷"也有可能"初创未济"；既有可能"再接再厉"，也有可能"小富即安"；既有可能"为富且仁"，也有可能"为富不仁"；既有可能"富过多代"，也有可能"富不过三代"。这些词语也都出现在图 16-2 中。

在古希腊哲学中，毕达哥拉斯曾提出"万物皆数"（All is Number）的哲学思想。以上我们提到的四篇西方现代经典文献、中国古代的智慧，以及笔者提出的组织发展的时空轨迹曲线图等主要是对组织发展方面定性的描述和表达。然而，在现实中，影响组织发展的变量是各种形式的"数"。因此，领导者还需要关注定量的数据。总体上，领导者带领组织发展的时空轨迹图中同时强调了定性和定量相结合的重要性。

在图 16-2 中，领导者带领组织发展的时空轨迹图中的内容十分丰富。一方面，有来自中国古代的《周易》①的《文言传》中的"乾之四德"（元、亨、利、贞）、《周易》的《易经》中的五卦（屯卦、泰卦、大有卦、谦卦、否卦）、老子在《道德经》中的"天下万物生于有，有生于无""曲则全，枉则直；洼则盈，敝则新；少则得，多则惑"的思想，也有来自中国现代的组织发展的时空轨迹曲线图；另一方面，有来自古希腊哲学家毕达哥拉斯"万物皆数"的哲学思想，也有来自西方现代的四篇经典文献（三本书和一篇文章）。如果将上述这些智慧都理解为"鱼"的话，那么时空智慧增长的先天和后天的结合、内因和外因的协同方法就是"渔"。正所谓授人以鱼，也要授人以渔。笔者形成此图的初心，也是践行时空论的思想，融合了古今（古代和现代）和中外（中国和外国）的思想，从宏大的时空视角整合人类的智慧，推动组织的发展和人类的进步，为个人和组织的时空智慧的增长注入新动能和开辟新空间。在此图中，同时包含了"鱼""渔"以及二者之间的互动，也是希望给组织领导者提供必要的指导和工具，使领导者能够带领队伍行稳致远、创造佳绩，从而给人们带来美好的生活、贡献国家、造福社会！

---

① 郭彧，译注. 周易：中华经典藏书 [M]. 北京：中华书局，2006.